U0057363

婚姻與家庭

Marriage and the Family

黃明發◎著

作者序

　　「有情人終成眷屬」,「從此王子與公主過著幸福快樂的日子」,已成為現代人及家庭的神話與迷思。隨著社會變遷、家庭結構轉變(如婦女需出外就業,雙薪家庭成為主結構等)、人口結構改變(高齡化及少子化)皆為新一代的年輕人帶來很大的衝擊,無形中也影響了家庭,如家庭暴力、離婚等。不同世代(generation)對家庭皆有不同的感受與觀點,中生代的族群如同海綿世代,占據社會中上階層,掌握各種資源及優勢,而老年家庭則退出資源社會環節,回歸家庭;此外,新生代的年輕人面對全球化競爭的考驗、就業環境的嚴苛、總體經濟環境嚴竣與人口紅利銳減等問題外,尚要面臨人生種種考驗,經驗過不同家庭生命周期的這些新生代,其成年早期的首要功課即是家庭的經營。

　　本書企圖以家庭生命歷程,介紹以婚姻形成的歷程為經的相關議題,如親密關係與愛情、約會與擇偶、婚姻形成;此外尚以婚姻形成後的議題為緯,如夫妻權力與溝通、家庭暴力等有所著墨;最後綜合社會變遷因素對台灣社會之影響議題,如社會變遷下的家庭型態,家庭政策及家庭生命周期的發展服務。

　　本書共分為十章,包括緒論、家庭理論與研究方法、親密關係與愛情、約會與擇偶、婚姻之形成與結束、夫妻溝通與權力、家庭類型及社會變遷、家庭生命周期與發展任務、家庭暴力、家庭政策等,整理婚姻與家庭之相關議題,配合世代的時序,期使讀者能因本書而對「婚姻與家庭」有初步的認識與瞭解,進而得以運用本書在實際家庭生活層面,或作為有志研究者進一步學術學理上的協助。

　　本書得以順利出版,要感謝揚智文化事業股份有限公司總經理忠賢,在葉經理給予鼓勵鞭策之下,並為本書之付梓提供各種協助,方能使本書順利交稿,在此特表敬意及誠摯的謝意。

目錄

Chapter 1
緒 論

「男大當婚，女大當嫁」是過去傳統社會的傳統，甚至過去還會為男大不婚，女大不嫁貼上標籤，如「老姑婆」、「王老五」等負面評價。當世界變遷中也帶來現今社會的流行三不政策：不婚、不生、不養，曾幾何時，過去「羅漢腳」、「老處女」搖身一變成為「單身貴族」、「最有身價的黃金漢」，而且也成為當代家庭類型第二大族群（單身家庭）。儘管如此，成人是否選擇婚姻，以及婚姻有何意義及目的，仍是成人階段的個體必須面臨的課題。

第一節　婚姻與家庭的定義 ♥ ♥ ♥

一、婚姻的定義

王雲五（1971）將婚姻定義為依社會認可之配偶安排，特別是關於夫與妻之關係。依通常用法，婚姻有兩個重要概念，其一是一男一女同居，共圖創立家庭；其二是婚姻有別於其他方式的結合，如婚前、婚外、通姦等。所以說來，婚姻是一男一女同居且是長期並有養育子女之意圖，如係臨時之交媾，則不能視之為婚姻。我們的社會制度如同歐美般，婚姻是一系列一夫一妻的社會認可制度（a series of monogamy）。

在文化人類學的社會，婚姻具有其社會功能，但其定義與現代文明社會不同，例如有些社會富翁可合法娶若干女子為妻，成為她們合法的丈夫，並有權將妻子們配給其他男人生育子女，以增加「家庭」人口，非洲的 Dahomey 族有女人與女人的結婚制度，古代中國男人可娶多妻，「十大休妻，及三不休」的婚姻制度，摩門教可娶最多四女子為妻的制度，中國少數民族也有走婚族（以女人為主的家庭制度）。人口學對於婚姻的定義為牽涉男女間依法律及風俗而生之權利義務，稱為婚姻（nuptiality）（徐光

國，2003）。

　　婚姻除了具有社會法律上之概念，法律學家認為，婚姻是男女為營共同生活、彼此互助所締結之民事契約；而社會學之概念認為，婚姻是社會認可的配偶安排，這種安排乃是男女間經過相當穩定的結合，且要經過公開宣布和合法登記。但從個人之心理層面來看，結婚不僅是契約行為而已，更要具男女兩方之間的親密關係與承諾（commitment）。因此，婚姻的心理意義實大於法律意義，婚姻雖屬於民事契約，但其內容遠超乎法律契約之外。

　　美國社會對婚姻之定義遠自歐洲的殖民時代，到工業革命，二次世界大戰，六〇、七〇年代的多元文化運動，無過失離婚到八〇年代的平權法案，也使得傳統的婚姻與家族制度產生很大變化。Stephen（1963）指出，婚姻是一種社會對性關係的合法化，且由一個公開化活動開始，而且準備長期生活在一起，且雙方對彼此的權利義務關係有所瞭解。Goodman（1993）指出，婚姻是法律與實際生活的組合，它可以把男人、女人結合成一種相互關係，並據以建立家庭。現代已有制度將法律與習俗對婚姻中雙方互相尊重的權利與義務皆有規定。Macionis（1993）則指出，婚姻是一種社會認可的關係，包括了經濟合作、性活動和子女的照顧，而且婚姻被期望要持續很長的一段時間。

　　美國的社會運動隨著社會的動盪波及於家庭而逐漸萌芽，甚至這些運動也成了選舉的政策議題，如一九六〇及七〇年代的婦女運動所倡議的反文化運動（counter cultural movement），加上無過失離婚（no fault divorce）法則通過，也造成離婚、未婚男女同居、單親家庭增加；此外，1973年的 Roe V. Wade 法案（即著名的羅伊對韋德墮胎案）更使婦女墮胎合法化，使得婦女可自主掌控生育權。八〇年代的平權法修正案（Equal Rights Amendment），但最後因連署人數不足而未能通過，但此修正案也使得媒體與藝術活動的色情成為政治爭議的議題。個人平權的自主及隱私在社會被倡議之後，也使得同性戀團體也爭取其要與異性戀團體享有同樣的權利。荷蘭已成為世界首例通過同性戀婚姻合法化的國家，台灣則在二〇〇一年

由法務部研擬人權保障基本法草案，倡導同性男女得以依法組成家庭及收養子女法制化，但皆未能排入立法院議程。

（一）婚姻的形式

婚姻對象的選取，可分為內婚制（endogamy）與外婚制（exogamy）。

■ 內婚制

內婚制係指婚姻對象的選擇為同族通婚，在英國皇室及清朝皇族中即是，也就是鼓勵個人在某一些特定對象層級中擇偶。同族通婚常見於類似種族背景、宗教、道德規範與社會地位的對象通婚。內婚制可促進族群內的團結與凝聚力，並得維持該社會的既有結構。

■ 外婚制

外婚制是現今社會最普遍的婚配對象的選取原則，也就是限定社會團體內某一個層級的人，是絕對不可被視為婚姻或發展性關係的對象。此種禁忌早在洞穴時代，男女聚集洞穴躲避野獸，然一旦性慾萌起，就近找尋異性，但常引來周遭的同性爭執衝突，於是就發展近親禁忌（incest taboo），也就是亂倫的禁忌。所有世界都嚴禁亂倫，但古埃及與印加帝國則屬例外。外婚制嚴格要求個人必須與家庭以外的人通婚，此種機制造成了極有利的社會經濟結盟，同時也促進社會多元文化之發展。

（二）婚姻的類型

婚姻的基本形式為單偶制（monogamy）與多偶制（polygamy）。此兩種制度在男、女兩性之配置各有不同，且對生活有不同之影響。

■ 單偶制

單偶制是現今社會，也是美國社會的婚姻制度，各在特定時間內要維

持一夫一妻的婚姻制度，又稱為一系列的一夫一妻制。此種制度適合社會男女比例相當，且適齡年齡也一致時最合宜，也提供社會上最多數的人有最多數的婚配機會。在 Murdock（1949）的研究中，發現有四十三個（17%）樣本的社會採單偶制。

■ **多偶制**

此種婚姻制度容許有一個以上的配偶存在。可分為下列三種形式：

1. **一夫多妻制**（polygyny）：此種制度是一名男子同時娶了多個以上的女子為妻。在 Murdock（1949）的研究中，在二百五十個樣本的社會有四分之三容許此種制度。
2. **一妻多夫制**（polyandry）：此種制度是一個女人同時嫁給一個以上男人為妻，此種情形極為少見，在 Murdock（1949）的研究中，只有兩個社會有此制度（N=250）。
3. **群體婚姻**（group marriage）：此種制度產生於兩個以上的男人共同娶了兩個以上的女人，此種情形比一妻多夫更為罕見，在 Murdock（1949）的研究中並沒有發現此種社會。

（三）成功的婚姻

婚姻的成功（marital success）、婚姻的穩定（marital stability）與婚姻的品質（marital quality）是婚姻關係之三大基石，但三者卻有不同的強調要素。婚姻的穩定強調的是婚姻關係的穩定性，不論夫妻關係良好或不佳，其強調婚姻的維繫關係；婚姻的品質所重視是關係的程度；而婚姻的成功是指在一段時間內所發生的婚姻狀況，也是夫妻對婚姻的滿意度。一般而言，婚姻關係的建立期是夫妻最親密也是最滿意的時期（Rice, 1990），但隨時間推移，婚姻滿意度隨之下降，直到中年之後再慢慢回升。

雖然成功的婚姻並沒有放諸四海而皆準的規則，主要是隨著夫妻對婚

姻的期望與看法之不同而有所差異，但對大多數人而言，成功的婚姻具有一些要件。Benokraitis（1913）在一九九〇年的調查發現：不論是對男性或女性而言，愛、性的忠貞、相互傾訴的感受是最重要的成功婚姻要件；而其他如保持生活浪漫、幽默、相近育兒觀念、好的性關係、相似的金錢處理觀念等，也會影響婚姻的滿意與成功。

在兩性交往過程中，吸引力、機會相遇、居住相近性、同質性及人格互補性是影響雙方是否喜歡（like）對方的主要因素；而關心、依戀、親密性及承諾是影響雙方是否愛（love）對方的主要因素。李煜（1999）指出，影響成功婚姻的因素除了「門當戶對」之外，還包括了年齡的差距、教育程度、結婚年齡、親友對婚姻的支持、結婚時間的長短、相近的背景和條件等（郭靜晃等，2007：235-236）：

1. **年齡的差距**：年齡的差距並沒有一定的標準，但年齡意涵著成長時代的差異與觀念的不同才是應注意之處。一般而言，社會較能接受男性年齡高於女性。

2. **教育程度**：教育程度與價值觀密切相關，也影響彼此之互動與溝通；如果相差太大，較容易造成婚姻衝突與產生不滿意。

3. **結婚年齡**：結婚年齡與個人人格成熟度有關，尤其年紀愈輕，成熟度愈不夠，而且因應婚姻的挑戰能力也愈差。

4. **親友對婚姻的支持**：社會支持可幫助婚姻壓力之因應，尤其是來自親友所祝福與支持的婚姻，其婚姻的滿意度及成功比率較高。

5. **結婚時間的長短**：婚齡愈高，婚姻的滿意度及成功比率也愈高（Rice, 1990），除了長時間的夫妻相處，彼此的默契與瞭解對方的期望與看法，也使婚姻滿意度提高。

6. **相近的背景和條件**：物以類聚（similarity）的條件包括社會階層、種族、宗教、角色期待、價值觀及興趣等，當夫妻雙方彼此條件愈接近則婚姻愈容易成功。相似性一方面幫助夫妻調適婚姻生活，減

少婚姻衝突與磨擦；另一方面有助於婚姻的溝通，使得夫妻能因應生活挑戰。

　　人生的順境占十之一二，而逆境卻占據十之八九。在婚姻關係中，危機的出現是正常現象，但處於危機不代表將中止婚姻，反而是人生的轉機，端賴個人對婚姻的因應能力及社會支持。所以，遇到不愉快的婚姻，離婚並不是唯一解決婚姻關係不佳的方式，而是找出原因，並共同設法面對困難及問題，以解決婚姻上的危機，或愈早尋求家庭與婚姻諮商人員的協助，以克服問題癥結及化解婚姻的危機。

二、家庭的定義

　　無人知道家庭是何時開始產生，在最早的黑暗時代（Dark Times）並沒有家庭存在。人類學家認為家庭應始於史前時代（距今約十萬至二百萬年以前），家庭不是由人類（humans）而是由真人（hominid ancestors）所創。當時真人由猿人演化而來，從樹上移居到平原聚居生活，其腦的演化加上手腳功能的演進已可以用手抓、撕裂，甚至瞭解用火、狩獵，更因合作的需求而組成社區（community），並發展語言及符號用以傳達訊息。當時因為狩獵需要很大的疆域，遂發展男人出外狩獵並帶肉食回家（take bacon home），女人留守聚集營區來照顧子女及食物；因此男女之傳統角色便開始分化，男性負責狩獵及抵禦外來侵略而成為主外（bread-winner），女性照顧幼小及家畜而成為主內（household）。

　　而家庭之性愛關係又如何演化呢？人類祖先之一的靈長類（Primates，哺乳類動物之一），雄性也要等雌性在發春期（in heat）才會有交配的行為。而真人的女性則已演化到隨時可以交配，因此種演化也造成男性更能在原有女性繁衍後代的關係之上而形成家庭，也造成做愛（make love）變成皆可能發生。誠如一著名人類學家 Pfeiffer（1969）所言：「當人變成

一自發性的需求及控制，這才能使擇偶（mating or pairing）發生，選擇時間、地方做愛以達成繁衍後代之功能。」所以，最初的個人喜好是一個重要考慮因素，然後才是男女關係的持久，這也是人類愛的開始。

然而，在整個社區聚落中，許多男性與女性同住在一起，又因生理的因素造成做愛的可能發生，那麼家庭或宗族中之近親禁忌是如何產生的呢？因為在同一社區或家庭中，男女之性行為會招致爭吵及妒忌，於是先人祖先為了此原因，便禁止家庭中其他親密家庭成員（close family members）間有性關係的行為發生。

綜觀整個家庭發展的歷史，它是始於人類祖先真人發展的史前時代，男性出外打獵、擴展疆域，女性留在社區聚居中將男性打來的獵物煮成熟食並照顧幼小，而成為男主外、女主內之傳統功能。我國社會在傳統上即以此制度承襲數千年。《禮記·禮運》說：「飲食男女，人之大欲存焉。」孔子說：「食色性也。」可見在中國人的心目中，「食」為人類的生活問題，求自我的生存並反映物質文化和經濟制度；而「色」為婚姻的問題，求種族的生存，並產生婚姻現象、家庭組織，進而發展出家庭制度（阮昌銳，1994：142-143）。為了維持這個重要的家庭制度，我國的婚姻習俗幾千年下來也演變為一種保守且深具特色的傳統，例如婚姻是由父母之命、媒妁之言；男女不得鑽穴相窺、踰牆相從、違背社會規律；強調貞節，女性必須「從一而終」；婚姻是為傳宗接代，男女分工；明確的性關係，性除夫妻之外不得踰越（阮昌銳，1994：144）。此外，傳統的中國社會是以「夫為妻綱」、「夫者天也」、「事夫如事天」之男尊女卑的價值取向，家庭以「男主外、女主內」的家庭生活分工的兩性角色。

近年來，由於生活變遷，加上西方的婚姻及家庭價值觀念的傳入，更由於經濟成長帶來社會結構的改變，也使得環繞在此生態環境的家庭制度受到挑戰因而也有所改變。例如傳統的大家庭制度改變為核心家庭；工業化造成家庭成員互動時間縮短，更亟需溝通品質的維繫；女權運動也帶來夫妻間的平權觀念；經濟的成長刺激婦女就業機會造成雙生涯家庭，而

致使家庭中的現職功能改變。諸此種種變遷，也使夫妻之間的兩性角色產生了變化（魏世台，1988：119-121）。社會變遷或多或少已使當代的婚姻與家庭產生變化；面對這些變化，如果個人與家庭不加以調適個人角色，並積極維護家庭功能，那麼整個社會必因社會變遷而衍生出許多問題（Ambert, 1994: 529）。

家庭之定義為何？從英文字義中（family），就是 Father and mother I love you。也就是在一家庭中要有爸爸、媽媽、還有子女愛他們。不過龍冠海（1967）則將家庭定義為兩個或兩個以上的人，因為婚姻、血統或收養的關係所構成的一個團體，也就是居住在一起的親族團體。因此，家庭的重要概念是共同血源、婚姻或收養等關係，所組成的重要且持久性的社會團體。

（一）家庭的型態

不同社會文化有其社會規範，再加上社會變遷快速且劇烈，各社會之家庭組成其實也有很大不同。然從整體而言，全世界之家庭型態主要有三種基本形式：

1. **核心家庭**（unclear family）：又稱小家庭，是台灣和美國最主要而且也是最為人熟悉的家庭型態。核心家庭基本上是由一對已婚夫妻及其子女所共同組成。核心家庭的起源來自個體出生或透過結婚手續所組成的家庭。在當今社會中，核心家庭已衍生許多不同版本，如單親家庭、無子女家庭，以及同性戀家庭。

2. **擴大家庭**（extended family）：係由兩個或兩個以上的核心家庭，彼此的組成分子是親子關係或手足關係結合在一起所形成的。此種家庭型態又稱之為配偶家庭（consanguineal family），因為所有的成員之間彼此均有血緣關係。擴大家庭通常包括了二代以上的成員，例如子女、父母與祖父母等。

3. **多偶制家庭**（polygamous family）：是經由婚姻關係而結合兩個（或以上）的核心家庭所組成，例如一夫多妻制或一妻多夫制的家庭。

然而，由於各個社會文化存有不少差異性，再加上社會變遷也衝擊舊有的社會文化與制度，現今社會產生很多不婚的單身貴族而形成單身家庭、無子女家庭，加上多元文化下的平權家庭、同居形式等非傳統家庭，也都是另類的家庭形式（周麗瑞等，1999）。

（二）家庭的功能

家庭之所以形成人類最基本及最早的社會制度，有其存在的必要理由及功能，而個人的生存、種族的繁衍及國家的建立與社會的秩序，莫不以家庭為依據。中國早期的史書如《中庸》第十二章「君子之道，造端乎夫婦；及其至也，察乎天地。」《大學》之「格物、致知、誠意、正心、修身、齊家、治國、平天下。」皆指出夫妻關係及家庭之重要性。

家庭的功能有七：生養育的功能、照顧保護的功能、教育的功能、情感與愛的功能、娛樂的功能、宗教信仰的功能及經濟的功能（黃堅厚，1996），茲分述如下：

■ 生養育的功能

家庭主要的功能在透過婚姻關係，傳宗接代，綿延香火，故家庭除了重視優生保健以提升下一代的品質，並要瞭解子女在不同階段的生、心理需求與發展，提供安全、溫暖及適齡、適性的成長環境與教養方法，以協助子女健全的成長與發展。

■ 照顧保護的功能

父母的責任是在子女成長的過程中，給予合理（不放縱）的保護，使

孩子免於恐懼與傷害，並時時給予關懷、支持及指導，以確保孩子的安全，提升其獨立性、適應能力及問題解決能力，以朝向獨立自主的成人作準備。然而現代家庭因社會變遷造成傳統照顧兒童的功能式微，所以家庭之外的正式與非正式社會支持體系應運而生。

■ **教育的功能**

家庭是孩子得到社會化的第一個機構，也是待最久的機構，家庭尤其是孩子人格、行為塑化學習所經驗的早期場合。隨著子女的年齡成長，父母除了照顧、養護子女之外，也應對子女的道德、行為、價值觀及心智發展負起責任，透過過濾、協助、示範、規範、講解、引導與鼓勵之下，逐漸社會化成為能適應社會的獨立個體，故家庭促使孩子從「生物個體」轉化成為「社會個體」。

兒童透過與家人一起生活、遊戲、工作，達到性別角色的認同與學習，行為由他律而自律，進而形成個人之道德、價值觀及良知的形塑，以及社會能力與技巧的習得；同時，家庭也具有獨特的文化及精神價值，所以家庭能形塑人，也可以傷害人。

現代家庭以核心家庭為主，由於社會變遷，造成少子化、隔代家庭、單親家庭或外籍配偶家庭；此外，教養子女的功能也由其他專業化之機構，如托兒所、幼稚園或托育中心，以及電視及電腦所取代。

■ **情感與愛的功能**

家庭是個人情感的避風港，家庭給人安全及歸屬感，同時也是提供愛與溫暖的場所，尤其在工業社會人際關係愈來愈冷漠，彼此間競爭激烈，疏離的社會更需要伴侶的分享及親子關係的情感交流。

家庭透過婚姻關係提供夫妻之間的親密關係，也是個人尋求情緒的滿足與支持之所在，但家庭也是最容易傷害人的場所，例如家庭暴力。因此，父母應對子女傳輸愛的訊息，給予孩子合理之期望，讓孩子擁有外在

衝突及挫折後的庇護，同時也傳輸如何以親密及正向情緒對待別人，以發揮家庭最重要的功能。

■ 娛樂的功能

傳統社會所有的活動均發生在家庭之中，娛樂休閒活動也不例外，如拜拜、過年、節慶等；在現代的社會，此種功能漸漸為家庭之外的休閒娛樂行業所取代，如主題公園、電影院、KTV 等。雖然如此，家中也隨著科技的進步，各種設置於家中的娛樂設備也較以往充足，如電視、VCD/DVD 錄影機、電腦等，也促使個人在家中娛樂。在充滿壓力、緊張、時間緊縮的時代中，家庭休閒娛樂不可或缺，它可提供在共同時間中，有共同興趣、共同目標，從事共同的活動，透過互助、溝通來凝聚家庭成員，形塑共同價值，也可以增加彼此瞭解及傳輸關愛與親密感。

■ 宗教信仰的功能

宗教信仰是家庭中共同價值及人生觀的表徵，同時也是一種家庭的凝聚力量，表達對天、地、人、事物的看法，它亦是凝聚家庭成員表達愛、分享、體恤別人或遵循社會規範的具體行為。傳統的中國社會重家庭，祭祀祖先，擴展家庭各種宗親、社會組織以確保家庭及社會之威權結構，及維繫家庭與社會的組織行為（謝高橋，1994）。

現代社會的宗教信仰趨向多元化、個人化，因此家庭宗教信仰功能日漸式微，甚至已消失此種功能。

■ 經濟的功能

往昔在農業社會時代，家庭是兼具生產與消費的場合，因而家庭是一個自給自足的經濟組織。工業化之後，社會愈加分工，家庭的生產工作逐漸由另外的生產單位（如工廠、公司）所取代，但家庭仍在消費單位中扮演著主要的經濟功能（蘇雪玉等，1998）。現代家庭也愈趨向雙工作及雙

生涯的家庭，造成許多家務工作可能要找人幫忙，即使是專職的母職角色，不出去工作也要處理家務工作，雖然不給薪，但其仍是有經濟效益的活動，這也是「家務有給制」的觀念，只是家庭的經濟活動未如往昔農業社會那般明顯。

　　家庭的經濟功能是家庭成員相互之間的經濟活動，透過互助、互持以保障家庭人員的生活。現代社會透過賦稅、保險，除了家庭的經濟自給自足之外，其餘可以配合社會的支持與福利，來維持個人的生活；因此，家庭不再是個獨立自給自足的經濟單位，必須要配合社會的支持。

（三）台灣社會變遷下家庭功能的轉變

　　前美國總統夫人希拉蕊（現為美國國務卿）曾說：「就像時下許多家庭一樣，今日的美國父母只要一提到撫育孩子的問題，沒有一個人不是憂心忡忡的。」（天下編輯部，2000）。不僅是美國父母有這樣的心聲，這同樣也是台灣現代父母心情的最佳寫照。由於人口結構的改變、家庭型態的重組、女性意識的抬頭，以及病態行為的增加，均致使家庭功能在社會變遷中面臨更大的衝擊與挑戰，家庭亦逐漸成為千禧年以後的公共政治議題。

　　晚近，台灣更在婚姻市場開放與兩岸三地頻繁的互動，連帶影響家庭結構的改變，如外籍新娘、兩岸夫妻、瑪麗亞之子等，這些現象均衝擊到賴以生存的子女，家庭對兒童的照顧功能逐漸式微，諸如單親兒童、鑰匙兒童與受虐兒童等議題，均已成為當今新興的「社會事件」而引起大眾的關注。郭靜晃（2001）便指出，隨著社會變遷，台灣家庭組織結構的多樣化反而造成家庭功能式微，甚至無法承擔子女保護與照顧之職責，而兒童照顧品質不夠，必然會造成日後的青少年問題，甚至潛藏日後的社會危機。以下將逐一討論社會變遷下台灣家庭在功能上的變化。

■ 職業婦女增加，子女照顧責任轉移

　　由於社會結構的變遷，現代婦女必須扮演多重的角色，但在角色間壓力與角色內衝突之下，婦女極易產生兩難的失調現象。美國一九九八年代約有 62% 的女性勞工進入就業市場，日本約有 67.9%，台灣的比率約在 54.1% 上下，已婚女性目前有工作的比率為 49.9%（行政院經建會，2011），特別是家中育有年幼子女之婦女，上班工作比例也很高。一般而言，東方傳統社會中，母親仍是親職中的要角，因此婦女在投入職場後，家庭功能式微，子女照顧責任的轉移產生了很多怪象，諸如鑰匙兒童、網咖安親班、隔代教養、瑪麗亞之子等，均是當代台灣親職教育的新議題。

■ 分居家庭與台商家庭之單親事實所造成的教養困擾

　　Bumpass（1984）曾預估在二十世紀末將有一半以上的未成年人將生活在單親家庭中。今日的美國已有超過 25% 的家庭為單親家庭，甚至有 10% 以上的青少年是未婚媽媽，而台灣自一九九〇年以來，有偶離婚率邊增 70%，已是亞洲之冠，且總家庭戶數中約有 5% 是單親家庭。雖然台灣單親家庭比例較歐美為低，但是值得擔憂的是它的成長型態正逐漸步入西方社會的後塵：有愈來愈多的單親家庭源自於離婚與未婚生子，且居住型態也呈現多樣化面貌。根據薛承泰（2001）的研究報告中指出，分居單親在一九九八年的單親家庭類型比例中高達 17%，甚至高出未婚許多。其原因除了傳統「勸和不勸離」和「為子女犧牲」下的怨偶之外，兩岸三地頻繁互動之後所造成的台商家庭，也造成許多假性單親家庭。據保守估計，台灣地區在二〇〇一年前往大陸之人口已高達 3,441,600 人次，台商於上海人數就有 500,000 人。而台商在離鄉背景的情況，家庭及子女之教養問題仍是其最關切之問題（汪仲、徐秀美、何曼卿，1998）。無論是名存實亡的分居準單親家庭，或兩岸三地的假性單親家庭，時空因素均間接影響夫妻相處與親子互動品質，在我國傳統價值約束下亦會衍生不同的適應問

題，值得關注。

■ 外籍新娘家庭衍生另類子女照顧危機

　　一九九〇年代以來，地球村概念讓全球人口流動蔚為風潮，隨著台灣經濟的起飛與婚姻市場的重分布，外籍新娘與大陸新娘也成為這股人口遷徙之下的副產物。自一九九四到二〇〇〇年間，泰緬新娘即有 10,028 人、印尼新娘 20,425 人、菲律賓新娘 8,787 人、越南新娘 39,419 人，而大陸新娘則已超過 130,000 人。（韓嘉玲，2003）。由於這些「新台灣媳婦」大多扮演料理家務與傳宗接代的角色任務，因此生育率大多高於一般家庭，但她們大多來自中、低社經家庭，加上語言的隔閡，常有社會疏離的現象。加上缺乏教養子女新知，因此常因缺乏刺激造成子女發展上的延遲，衍生另類子女照顧危機。

■ 少子化現象突顯出獨生子女的適應問題

　　根據內政部台閩地區近十年育齡婦女生育率統計顯示，從一九九三年總生育率為 1.76%、二〇〇三年的 1.24% 至二〇一一年的 0.89%，發現台灣近二十年來生育率有逐年降低的趨勢。雖然子女數的降低可以減輕家庭經濟負擔，提升家庭生活品質，但是獨生子女所衍生出來的社會適應與家庭教養問題，甚至肩負將來老年化社會的責任，都是當代重要的家庭議題。

■ 混合家庭社會支持網絡的利弊得失

　　台灣家庭類型中，混合家庭的比例日漸升高，以內政部二〇〇一年台閩地區兒童生活狀況調查報告為例，三代同堂家庭與混合家庭的比例達 40%，較九年前增加了 5.4%；反之，核心家庭占 52%，較九年前減少7%；到二〇〇五年台灣核心家庭略有上升至 55.3%，而三代同堂與混合家庭降至 35.8%（伊慶春，2007）。由於家庭居住型態的改變勢將影響家庭功

能的發揮，混合家庭的高密度社會支持網絡雖然提供子女生活照顧上很大的助力，但是人多口雜的家庭組織往往也容易產生子女教養上的衝突，因此利弊得失需進一步審慎評估。

■ 社會病態因素讓家庭面臨更多挑戰

由於藥物濫用、性行為開放與家庭暴力等問題使社會產生一些不健康或病態因素，間接帶給現代父母親在教養子女時有更多的困擾與壓力。例如，一九九五年福爾摩沙文教基金會所做的「一九九五年台灣婦女動向調查」中即發現，有 17.8% 的婦女曾遭丈夫毆打；此外，張明正（1999），亦指出我國十五至十九歲未成年生育率已超出日本四倍，為全亞洲之冠；更遑論當下層出不窮的兒童疏忽與虐待案件震驚社會。種種社會變態因素均使家庭面臨重大危機，讓父母在教養子女時，孤立無援，無所適從。

 ## 第二節　台灣的婚姻與家庭狀況 ♥ ♥ ♥

一、台灣的婚姻狀況

依內政部戶政司的統計資料（2011）顯示，台灣二〇〇六至二〇一一年間，十五歲以上婚姻分配比率在未婚大約在 34%，有偶約占 51% 至 53% 之間，離婚比率在 6% 至 7% 之間，而喪偶之比率約占 5% 至 6% 之間（參見**表 1-1**）。在近五年間，有偶比率約占 2%，未婚比率維持相當三成五左右，而離婚比率約占 1%，喪偶比率略升 0.3% 之比例。以此比率推估，我國單親家庭之比率，保守估計約占 13% 以上之比率。

表 1-1　十五歲以上人口婚姻分配比率（％）

年代 \ 婚姻型態		未婚	有偶	離婚	喪偶
2006	男	37.55	54.28	5.84	2.34
	女	31.18	53.11	6.43	9.28
2007	男	34.69	53.85	6.10	2.35
	女	31.34	52.55	6.70	9.40
2008	男	31.67	53.64	6.33	2.36
	女	31.32	52.24	6.93	9.51
2009	男	38.02	53.03	6.58	2.37
	女	31.56	51.65	7.17	9.61
2010	男	38.16	52.64	6.82	2.38
	女	31.66	51.20	7.41	9.72
2011	男	38.06	52.55	7.02	2.38
	女	31.52	51.03	7.61	9.83

資料來源：內政部戶政司（2013）。

表 1-2　民國一百年結婚和離婚對數及結婚和離婚率（％）

結婚	結婚對數		165,305
	粗結婚率		7.13
	初婚人數	男	141,072
		女	142,819
	初婚率	男	37.85
		女	45.90
	再婚人數	男	24,233
		女	22,486
	再婚率	男	26.65
		女	13.20
離婚	離婚對數		57,077
	粗結婚率		2.46
	有偶人口離婚率	男	1.11
		女	1.13

資料來源：內政部戶政司（2013）。

台灣的婚姻在民國一百年的結婚對數有 163,305，粗結婚率有 7.13%；其中初婚人數，男生 141,072，初婚率占 37.85%，而女生 142,819，初婚率為 45.90%；再婚人數男生有 24,233 人，占再婚率 26.65%，女生有 22,486，占再婚率 13.20%。相對於離婚對數有 57,077 對，粗離婚率為 2.46%，男生占有偶人口離婚率為 1.11%，女生占有偶人口離婚率為 1.13%（參見**表 1-2**）。

二、台灣的家庭狀況

隨著社會變遷的腳步，台灣的家庭制度的不同面向也有著變化。家庭的組成是小家庭、大家庭、三代同堂的折衷家庭（又稱主幹家庭）等，其實正反應了社會變遷的家庭制度之影響。伊慶春（2007）利用人口資料將一九九五、二〇〇〇、二〇〇五年間家庭結構重新認定區分為五種家庭類型，其消長參考**圖 1-1**。

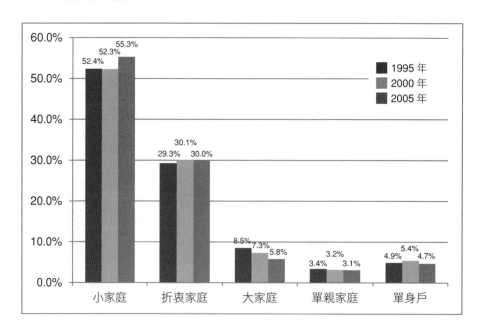

圖 1-1　一九九五、二〇〇〇、二〇〇五年台灣家庭結構之組成

資料來源：伊慶春（2007）。

　　以圖 1-1 之數據來看，小家庭依舊是台灣家庭最重要的類型，由一九九五年的 52.4%、二〇〇〇年的 52.3%，到二〇〇五年的 55.3% 略微上升。折衷家庭在十年間幾乎沒有改變，皆為三成左右（分占一九九五年的 29.3%、二〇〇〇年的 30.1%，及二〇〇五年的 30.0%）；大家庭比例呈現穩定而緩慢的下降，由一九九五年的 8.5%、二〇〇〇年的 7.3%，至二〇〇五年的 5.8%。亦即在三種典型華人家庭結構中，小家庭一直占半數以上，複式家庭（包括折衷家庭及大家庭）則從三成八降至三成六。至於單親家庭的比例，約略在 3.4% 至 3.1% 之間，並如坊間的預測般有大幅度的升高；此外，單身戶在十年間也相對穩定，由一九九五年的 4.9% 到二〇〇〇年 5.4%，二〇〇五年略減為 4.7%。

　　圖 1-2 是一九九〇年以來，十五年間已婚者與父母同住的趨勢，很清楚的，父系規範不言而喻。與父母同住之情形，由一九九〇年的 26.7%、

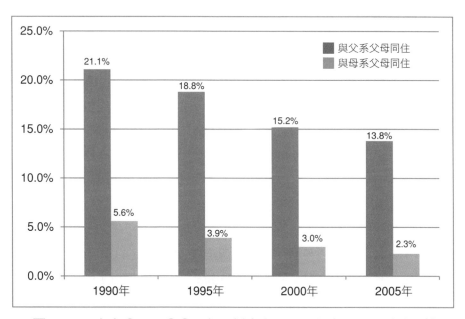

圖 1-2　一九九〇至二〇〇五年已婚者與父母同住之父、母系的比較

資料來源：伊慶春（2007）。

一九九五年 22.7%、二〇〇〇年的 18.2%，至二〇〇五年的 16.1%，呈現
逐漸下降的趨勢。但由分別與父系父母或母系父母同住之比例發現，與
父系父母同住之比例（由一九九〇年的 80.9%，一路上升至一九九五年的
82.8%，二〇〇〇年的 83.5% 及二〇〇五年 91.4%），顯現台灣的父系規範
仍很明顯。（伊慶春，2007）

 ## 第三節　台灣婚姻與家庭的整體圖像 ♥ ♥ ♥

一、一般家庭

（一）婚育現況

　　台灣在二〇〇二年初婚平均年齡，男性為三十一歲，女性為二十六點
八歲。總生育率為 1.34，但至二〇〇九年新生兒只剩 191,310 人，總生育
率為 1.03 人，降至二〇一〇年的 0.895 人，而二〇一一年有提升至 1.06。
在二〇〇二年出生率為 1.34，平均生育年齡為二十八點二歲，超過三十的
比率也上升至 35.6%，顯現高齡產婦趨勢愈為明顯。生育率逐年下降的結
果，使得人口成長遲緩，人口結構也隨之改變。台灣在未成年媽媽的比率
也居亞洲之冠，每千位十五至十九歲之青少年產嬰兒約十三位，超過日本
的四人、南韓的二點八人、新加坡的八人；而在台灣每年三十歲之前的墮
胎婦女中，青少年約占四成。台灣近九年來單親家庭的比例約占 9.0%，
高於日本，其中單親家庭女性經濟戶長占一半以上，所衍生的子女教養與
經濟問題相當嚴重（行政院主計處，2003）。嚴重的少子化及人口老化現
象，加上家庭結構改變，使得社會扶養負擔加重及政府收入萎縮，社會
福利支出增加，這些現象已成為台灣社會極為嚴峻的挑戰，亟待國人正

視。台灣平均初婚年齡男性在三十二至三十三歲左右，女性在二十九至三十一歲左右（內政部，2010）。台灣現今已從傳統的普遍成婚（universal marriage）轉型，婚姻生活已未必是生命歷程的歸宿。

台灣地區育齡婦女生育率的變化，不僅發生在數量方面，在生育步調的模式上，亦可見劇烈變遷。整體而言，台灣在二十世紀下半葉以來的生育步調變化，是以育齡全程分散而朝向高峰集中的特徵，而且高齡（三十五歲以後）以及年輕（二十歲以前）的生育角色比重，已相對式微。台灣如同一般東亞超低生育率國家般，普遍瀰漫著「逃避婚姻」（fight from marriage）的氛圍，年輕人口在無法成家的大環境下，往往選擇逃避婚姻一途，或選擇不婚，或選擇如西方社會的替代婚姻形式的同居，因此更造成生育率的下降、惡化。

（二）家庭型態與家務工作

台灣家庭仍以核心家庭為主流，約占六成，家務多半以女性為主要負責人，男性僅占 6.9%；男性平均投入每日 1 小時，女性（未就業者）為 3.4 小時，就業者為 2.2 小時（行政院主計處，2003）。台灣男女性在未婚時與父母同住比率大約在八成以上，相差不大，但已婚男性與父母同住占三成三，遠高於女性的 2.1%，顯現台灣婚後仍以父系家庭為主。以二〇〇〇年為例，家中有老人或病人需要照顧，女性的家務工作時間就升高至每日 3 小時 55 分，如果家中有三歲以下幼兒需要照顧，女性的家務工作時間就升至每日 4 小時 24 分，而台灣在三歲以下幼兒由父母自己照顧占 72.3%，加上由父母或其他親人照顧的 20.7%，顯現台灣已婚婦女在子女照顧上，仍需靠自己或親屬解決，國家的支持相對顯得不足（行政院主計處，2000）。以二〇〇一年為例，三至六歲的兒童有 77.12% 進入幼兒園接受照顧，每月費用高達 11,695 元，顯示政府缺乏平價的公共托育政策，這也是造成生育率下降的原因之一（內政部兒童局，2002）。

（三）親子關係

　　親子關係仍以女性投入較多心力，對未滿六歲的子女，父母最感困擾的問題為：「沒有足夠時間照顧小孩」最多，占 28.5%；「精神與體力負荷太重」者居次，占 21.3%；經濟方面困擾，占 14.6%。父親的主要困擾是時間不夠，而母親則以精神及體力負荷太重為多，但就業母親仍以時間壓力為最大困擾，占 35.6%。對於青少年，父母不瞭解子女交友情形者占 33.5%；不瞭解子女興趣與專長者占 25.6%；對健康不瞭解者最少，占 5.2%，其中父親對子女的瞭解程度普遍低於母親；在性教育方面，尚有 37.6% 的父母從未與子女討論過，儘量避免討論者占 11.2%，僅有 16.5% 的父母會主動與子女討論性方面的問題（行政院主計處，1998）。

二、原住民家庭

　　原住民人口在二〇一一年計有 519,984 人，是台灣第四大人口群族，計有 164,443 戶，其中平地原住民（plain-land）計有 80,061 戶，山地原住民（mountain）計有 84,382 戶（內政部統計處，2013）。原住民族男女比例差距小，且十五歲以上人口有偶者居多，未婚者男性比女性高，顯現在傳統婚姻制度下，社經地位處於劣勢的原住民男性，尋覓適婚對象時，較原住民女性困難。原住民以核心家庭戶為主，單身家庭戶次之，由於離婚率高，單親家戶比例也較全體單親家戶來得高。原住民族女性戶長比例高，其中又以單親家戶的女戶長比率最高，祖父母及未婚子女家戶次之，祖父母、父母及未婚子女家戶再次之（行政院主計處，2000：26）。原住民族女性戶長比率高，除離婚、喪偶比率高，子女歸屬女方外，與部分因母系社會族群文化有關。此外，原住民族女性擔任家計主要負責人比率 37.5%，其中單親家戶最高，祖父母及未婚子女家戶次之，單身家戶再次之。

三、新住民家庭

根據台灣內政部的統計（2011）台閩地區的外籍配偶人數直至二○一一年二月底，取得國籍及持有外僑居留證者共有 446,143 人，已漸漸逼近原住民人數（截至二○一一年一月底止為 512,701 人），其中尚不包含未取得國籍之外籍配偶人數。新住民已儼然成為現今台灣社會中，繼閩南人、客家人、外省人以及原住民之後的第五大新興族群。新住民家庭來自大陸及東南亞地區所占比例最高。她們的丈夫相較於台灣的一般家庭，以社經地位較低的男性居多，其夫妻相處、生活適應、就業經濟、子女教養均必須關注。此外，所衍生的買賣婚姻貶辱女性，仲介業的兩邊剝削，身分及居留問題等都亟須解決。

四、同性戀團體

我國於二○○一年由法務部研擬人權保障基本法草案，對同性男女得依法組成家庭及收養子女已邁向法制化，但至今仍未排入立法院議程。

針對台灣婚姻與家庭發展變遷的路程，如同東亞國家般，茲列舉由 Jones（2005）所提出的東亞國家在制度與發展人口增殖政策時必須加以考量的事項：

1. 非婚生子率的比例微乎其微，所以婚姻與生育的連結不只直接，而且密切，也就是說，東亞社會迥異於西歐和北歐。
2. 延後結婚或許是東亞社會延後或無意於育養子女的應對策略，然而另外仍存在許多因素左右著結婚的可能性。
3. 婚配對象選擇的傳統規範，在東亞社會依舊存在，而且透過婚姻往上流社會流動的所謂上婚嫁（hypergamy）思想還是很濃厚。這樣的背景下，非志願的不婚現象將會普遍。

4. 由於非志願的不婚將會造成可觀的非志願無子女後果，所以在探討生育相關課題時，不能忽略此一群體而只關注已婚者。

5. 由於「還沒準備好，現在不是時候」的心態，產生相當數量的高齡產婦和高齡不孕問題，成為婦女健康和人口政策必須納入考量的標的。

6. 即便是已婚夫婦，愈來愈多因素也會降低其育養子女的意願，包括就業不確定性、工作與家庭責任衝突、缺乏支持養育的政策服務、要求高品質下一代的思想、家務的性別分工，及都市居住環境等等。

 ## 第四節 社會變遷與台灣家庭困境 ♥ ♥ ♥

原本「家庭」為社會中之基本單位，一方面連結個人與社會，同時也是傳承文化的場所；婚姻契約的建立以家庭命脈的延續最為重要。外國學者 Reiss（1965）指出：「家庭制度是一種親屬團體，主要功能在培育新生嬰兒的社會化。」因此其社會功能涵括下面三個層面：第一，下一代（社會新份子）的生殖；第二，子女的撫育；第三，兒童對於社會的價值傳統與規範的社會化（白秀雄、李建興、黃維憲、吳森源，1978）。家庭是一個孩子成長並發展正面社會功能的背景，但也可能是讓一個孩子既得不到生、心理支持，也沒機會健全發展的背景，例如父母之安全依附的獲得與否是孩子日後發展各層面關係之基礎。

雖然家庭要負起諸多任務，其中之一就是培養獨立自主的兒童，但家庭實際的結構與功能卻要受社會文化及狀況（如貧窮、吸毒、酗酒、種族歧視、離婚、失業壓力等）之影響（Parker, 1983）。但因時代所帶來的衝擊造成都市化，改變了以家庭為單位的基本功能，家庭的聯結也就愈來愈鬆弛。建立家庭的要件「生育」，已不被視為「天職」；工業革命之後，改變了人類的傳統經濟活動方式。同時女性就業機會增加，逐漸走出家庭投

入就業市場；尤其在第二次世界大戰後，除了生產方式改變影響了家庭的功能和社會的流動，使得婚姻的意義與內涵也都受到衝擊，造成台灣外籍新娘已有二十幾年的歷史，在台灣社會潛存著諸多問題（呂美紅，2001；劉美芳，2001）。

隨著愈來愈多的外籍配偶家庭，也伴隨著愈來愈多的女性單親家庭或家庭暴力的出現，我們有必要問：「究竟缺乏男性角色的狀況會如何影響兒童的發展與社會功能？」外籍配偶家庭或女性單親家庭面臨的問題較可能源自於貧窮和壓力，而不是她們本身精神與功能失常的問題（Allen-Meares, 1995）。除此之外，父母親本身的不安或精神疾病，也可能使兒童及少年出現各種發展危機與不適應的行為（例如藥物濫用、憂鬱症或犯罪偏差行為）。所以社會工作實務人員如何在發現家庭喪失功能時，透過有計畫的、適度的干預來減低他們的壓力，並在孩子產生適應不良之行為前給予預防性的干預。

根據薛承泰、林慧芬（2003）的研究指出，從前述關於台灣地區婚姻變遷的趨勢觀之，對社會造成衝擊主要有三個方面：首先，因為離婚率的上升而帶來許多單親家庭，女性再婚率明顯低於男性，也象徵女性單親數量的偏高；其次，因為年輕人口隨著生育率下降而將開始減少；最後，因為男性可婚人口多於女性而造成男性近年來與外籍女性通婚的現象逐年增加。而後因改變社會人口體質而形成的「新人口結構」與「新台灣人」現象等因素如下：離婚與單親家庭增加、新人口政策的整合，以及外籍女性配偶的增加。

台灣近來人口變遷的主要因素在於人口老化與婚姻文化兩方面；前者主要是因為生育率的下降與壽命的延伸；後者則是與前述人口結婚、擇偶與生育的意願有相互影響的交互作用，使得社會負擔不斷加重。這批女性新移民面對著社會與家庭適應、調適問題，又遇到如果外籍配偶普遍教育水準差、語言能力不足（尤其是東南亞女性外籍配偶），這類以買賣為基礎的婚姻情況，在面臨教育下一代時必然會產生障礙。此外，外籍女性配

偶的高生育率勢將改變「台灣人」的人口結構，漠視新台灣人其後的文化背景認同的危機，所導致的問題面貌也將大為不同。

誠如二千五百年前的希臘哲人 Heraclitus 所言：「世界上沒有永恆之事，除了改變。」世界各國在社會變遷中，受到人口結構的改變、家庭組成型態的變化、男女性別角色的改變，以及社會病態行為的增加，使家庭成為社會變遷下的重要議題。例如，美國為順應聯合國在一九九四年明訂該年為國際家庭年，將家庭視為公共政治議題；此外，家庭學者與參眾議員也促使政府要訂定政策因應社會變遷下之家庭危機。美國與台灣社會在社會巨輪牽引下，將帶動其結構因素的改變，而這些因素的變化也衝擊了賴以生存的家庭，茲分述如下：

一、人口結構的改變

世界各國面臨人口消長之壓力衝擊了社會及政府之實體，並改變福利服務之種類，以滿足特定族群之需求。這些改變皆會影響個體所居住之家庭，例如：

(一) 老人人口的激增

美國六十五歲以上人口增加的比率快速是其他一般人口增加的二倍，目前已超過 12%；而台灣在一九九三年底，老年人口突破 7%，已正式邁入「人口高齡化」社會。至二〇〇〇年九月底，六十五歲以上老年人口達一百九十萬人，占總人口比例 8.6%（行政院主計處，2001）。據估計，到二〇一〇年台灣老年人口之扶養比為 16.89%，到二〇二〇年為 23.82%，至二〇五〇年將達 54.42%。換言之，到二〇五〇年，台灣不到兩個工作人口數就要扶養一個老人（王德睦等，2001）。

（二）生育率的降低

美國婦女在一九七〇年代生育子女數比率是 1.8 人；相對地，台灣在一九六〇年代總生育率為 6 人，但到了一九九〇年代降為 1.7 人，至二〇〇〇年實際生育人數為 1.5 人，且比率又有逐年降低的趨勢（王德睦等，2001），如二〇一一年總生育率為 0.895%。

（三）女性勞動就業比率的提增

美國在一九九〇年代約有 60% 的女性勞工進入就業市場，台灣的比率約在 54.1% 上下，已婚女性目前有工作的比率為 49.7%（內政部統計處，2001），特別是家中育有年輕子女之女性，上班工作比例也相當高；此外，單親家庭中的母親為子女家計生存所需，也必須進入就業市場。

（四）離婚率的上升

美國在一九七〇年代離婚率上升至 51%，時至今日維持在 40% 左右，而且也有穩定性的成長，此種現象造成單親家庭比例增加；而台灣目前約有 4.73% 的家庭戶口是單親家庭，其中離婚占 52.3%（內政部戶政司，2001）。根據內政部一九九〇年的統計，有 173,209 對登記結婚（粗結婚率為 7.87 ‰），有 49,003 對登記離婚（粗離婚率為 2.23 ‰），約為 3.5：1。二〇〇〇年時結婚對數為 181,642 對，離婚對數為 52,670 對，當年離婚人口約占十五歲以上人口的 4.2%，男女有偶離婚率達 10.7 ‰，相對於一九九〇年的 6.3 ‰，十年間有偶離婚率增加七成，已是亞洲之冠。此情形到了二〇一一年，總結婚對數 165,305 對，離婚對數 57,077 對，約為 2.89：1。這也意味著家中十八歲以下之子女在成年之前，至少有相當比例會在單親家庭中度過。

（五）遲婚現象

　　婚齡女性進入勞動市場比率上升，適合結婚市場之男性比例下降，甚至更有人選擇不結婚，諸此原因皆可能造成現代人遲婚，也造成婚後生子比例下降，或家庭形成老父（母）少子（女）之現象。台灣在二〇一一年男性初婚為三十一點八歲，女性為二十九點四歲。

（六）隔代教養

　　隨著經濟發達，單親家庭及外籍配偶家庭的增加，也造成台灣兒童由祖父母教養比例的增加，與新三代同堂家庭及隔代家庭的形成。隔代家庭雖然解決子女照顧的問題，但仍有教養代溝、親職替代、體力照顧、親子關係疏遠及影響家庭生活品質之問題應運而生。

二、理想與價值觀的改變

　　現代社會亦因諸種因素，而造成理想與價值的改變，分述如下：

（一）女性運動

　　由於平權觀念，再加上通貨膨脹的壓力，婦女走出家庭投入勞動市場不再受到社會輿論的壓抑，婦女工作機會的增加，造成家庭既有之男女角色分工面臨重新調整的挑戰，養兒育女不再是女性一個人的責任，為了使婦女能無後顧之憂地地安心投身就業市場，政府部門相關福利措施與配合服務措施務必隨之配合，例如二〇〇二年三月八日正式上路之兩性工作平等法，即破除男性獨大之歧視迷思，爭取女性之工作平等及有關家庭照顧假、女性生理假、育嬰彈性工時、企業提供托兒服務，以及與性騷擾相關的防治措施，落實男女兩性平等及平權。

（二）生活型態

　　隨著社會的變遷，國民經濟所得的提升，使得人民生活水準也相對地提升。因此，在台灣過去五十餘年的發展經驗中，除了配合經濟政策的修正與轉向，主要是憑藉著廉價、勤奮與優異的勞動力，不但成功地將台灣社會由農業國家轉型為工業國家，同時也創造了舉世矚目的經濟奇蹟，而成為亞洲四小龍的發展典範（劉小蘭，1999；張瑞晃，1997）。而這些社會經濟的改變無形上也牽引了宗教傳統、道德及家庭制度的改變，甚至造成個人之價值及生活型態的改變。而家庭的形成已成多元化的發展，有傳統家庭、有單親家庭、有雙生涯家庭、有收養家庭、台商家庭等；甚至於家庭的組成是可變的，其組成更是動態而非靜態的，這些變化皆挑戰著新的家庭價值及新的家庭角色。

（三）兩性角色

　　從美國過去的傳播媒體，由一九五○至一九六○年代之 Beaver Cleaver 的連續劇，媽媽在家烤餅乾，阿姨在家照顧小孩，至一九八○年代之《三人行》（*Three's Company*）影集演出一男兩女同居在一住處，共同過著類家庭的生活；《克拉瑪對克拉瑪》（*Cramer v.s Cramer*）敘述夫妻離婚爭取兒子的監護權，而《天才老爹》（*Bill Cosby Show*）則是雙生涯家庭。這些戲劇描繪著兩性角色的變化，也意味著社會男女性別角色再被重新定義。對女性而言，除了平常持家與養育孩子之眾多責任外，還要加增新的角色，例如工作，有時也帶給女性陷入「女強人」症候群和精疲力竭（burnout）之兩難及壓力困境中。而男性也同樣地面臨不穩定的新局面，不僅被要求在工作職場上與女性分享地位與權力、被要求與孩子一起玩、要與母親輪流帶孩子看醫生、煮晚餐、管理家務等。與他們上一代相較，今日的父親在家庭中被賦予了更多的期待。

三、社會病態因素增加

改變是令人迷惑的,因為變動發生在社會中各個重要的組織(Gestwicki, 1992)。父母親在最近幾十年來比之前社會遭遇到更多的困難及快速的變遷,而這個社會也帶給父母及其家庭許多壓力。社會的變遷導致價值觀、法律和行為準則的改變,以致形成不同的生活方式。公民權利運動、婦女運動、藥物濫用、性行為開放等,使社會產生一些不健康或病態因素,分述如下:

(一) 家庭暴力

家庭應具有提供親密性及保護的功能,但在現今社會中,家庭卻是會傷人的。家庭中夫虐妻、妻虐夫、父母虐待子女或是子女虐待父母等時有所聞,嚴重造成家人的受傷、甚至死亡,所以家庭暴力又可稱為親密的謀殺(intimacy murder)。台灣在一九九二至一九九六年期間針對婚姻暴力所做的相關研究發現,早期在一九九二年,台大馮燕副教授調查全國1,310 位已婚婦女中,發現高達 35% 婦女答稱自己有被丈夫虐待的經驗;一九九四年台灣省政府社會處,陳若璋教授也對國內已婚婦女進行「台灣婦女生活狀況調查」中發現,有 17.8% 婦女承認自己曾有被丈夫虐待的經驗;一九九五年福爾摩沙文教基金會也做了一項「一九九五台灣婦女動向調查」,亦有 17.8% 婦女承認遭丈夫毆打;同年,現代婦女基金會也針對全省的婦女做了一項大規模的調查,在回收的七千份有效問卷中,有11.7% 婦女填答自己在家中曾有被毆打的經驗;一九九六年,TVBS 電視新聞台也做了一次電話訪查,受訪者中有 30% 承認,他們的女性親友曾被先生施暴(潘維綱,2001:48)。我國政府為因應有關家庭暴力事件頻傳,特致力於兒童福利法、家庭暴力法,以及性侵害防治條例之立法,以遏阻家庭傷害的產生,並保障弱勢族群(兒童與婦女)之權益保障。

（二）未婚懷孕

二○○二年台閩地區單親家庭調查發現，未婚生子人口 45,938 人，占台閩地區總戶數 0.7%（內政部統計處，2002）。張明正（1999）指出一九九五年青少年未婚懷孕非婚生育個案有九千餘案，十五至十九歲未成年生育率為 17%。超出日本四倍，為全亞洲之冠。而美國青少年未婚懷孕比例為 10%，更為世界之冠。當青少年未婚懷孕，其面臨家人關係改變與同儕異樣眼光，甚至因懷孕而提早結束學業，謀求一技之長，影響其經濟能力及未來自主和自我照顧能力。

（三）中輟學生

中途輟學比率居高不下，甚至有與日俱增的現象。一九八○年代，美洲地區的輟學率仍高達 21%，亞洲地區則有 9%。在一九八五至一九八六年經濟高度發展的美國，有 200 萬名學生有輟學經驗情形產生（Dupper, 1994）。根據我國教育部在一九九九年的統計，從一九九五至一九九七年，平均每年有 9,000 至 10,000 名的學生輟學。教育單位與父母應著重降低學生的輟學率，或協助其提早進入就業市場，以避免因謀職能力不足而流落低社經地位或走上歧途（郭靜晃，2001）。

（四）犯罪率上升

根據法務部（1996）的資料顯示：台灣地區少年犯罪人口占少年人口的比率由一九八六年每萬人中 215.14 人增加至一九九五年的 356.75 人，增加六成之多；但自一九九七年少年事件處理法修訂之後，少年觸犯法律之情勢呈穩定的減緩，然而在質的方面，近年來少年犯罪性質更有惡質化、低齡化、集體化、多樣化、預謀化及財產犯罪的趨勢，由此可見少年犯罪的嚴重性。

 參考書目 ♥ ♥ ♥

一、中文部分

內政部（2010）。《中華民國人口統計年刊》。台北：內政部。

內政部戶政司（2001）。「台灣地區人口調查」。台北：內政部戶政司。

內政部戶政司（2013）。http://www.ris.gov.tw/，檢索日期：2013 年 5 月 20
　　日。

內政部兒童局（2002）。「台閩地區生活狀況調查」。台中：內政部兒童局。

內政部統計處（2001）。「八十九年台灣地區婦女婚育與就學調查指標」。
　　台北：內政部統計處。

內政部統計處（2002）。「台閩地區單親家庭生活狀況調查」。台北：內政
　　部統計處。

內政部統計處（2011）。「台閩地區的外籍配偶人數與大陸（含港澳）的配
　　偶人數」。台北：內政部統計處。

內政部統計處（2013）。「內政部統計年報」。台北：內政部統計處。

天下編輯部（2000）。《從零歲開始》。台北：天下雜誌。

王雲五（1971）。《雲五社會科學大辭典》。台灣：商務印書館。

王德睦，王振寰、翟海源主編（2001）。〈人口〉，《社會學與台灣社會》
　　（增訂版）。台北：巨流圖書公司，頁 537-562。

白秀雄、李建興、黃維憲、吳森源（1978）。《現代社會學》。台北：五南
　　圖書公司。

伊慶春（2007）。《台灣家庭結構之變遷：九〇年代以後》。台北：中研院
　　社會所。

伊慶春（2007）。「台灣社會變遷基本調查」（1995、2000、2005 年）。台
　　北：中研院社會所。

行政院主計處（1998）。「台灣地區社會發展趨勢調查」。台北：行政院主計處。

行政院主計處（2000）。《我國性別統計及婦女生活地位之國際比較研究》。台北：行政院主計處。

行政院主計處（2000）。「婦女婚育與就業調查」。台北：行政院主計處。

行政院主計處（2001）。「台灣地區人力資源調查」。台北：行政院主計處。

行政院主計處（2003）。《主計月刊》。台北：行政院主計處，7：38。

行政院經建會（2011）。「我國婦女就業現況及職場差別待遇問題」。台北：行政院經建會。

李煜（1999）。〈夫妻內在一致性的來源〉，《應用心理研究》。台北：五南，4：97-108。

呂美紅（2001）。《外籍新娘生活適應與婚姻滿意度及其相關因素之研究——以台灣地區東南亞新婚為例》。台北：中國文化大學生活應用科學研究所碩士論文。

汪仲、徐秀美、何曼卿（1998/11/17）。〈經營之外子女教育問題最令台商頭大〉，《工商時報》。台北：工商時報，9版。

阮昌銳（1994）。〈中國婚姻制度變遷之研究〉，《政大民族社會學報》。18、19、20合刊：141-179。

周麗瑞、吳明燁、唐先梅、李淑娟等著（1999）。《婚姻與家人關係》。台北：國立空中大學。

法務部（1996）。《中華民國八十四年犯罪狀況及其分析》。台北：法務部犯罪問題研究中心。

徐光國（2003）。《婚姻與家庭》。台北：揚智文化。

張明正（1999）。〈人口轉型與生育及婦幼衛生有關之研究課題〉，《國家衛生研究院簡訊》。4(5)：17-20。

張瑞晃（1997）。《台灣地區產業結構變遷與生產力解析》。台北：東吳大

學經濟研究所碩士論文。

郭靜晃（2001）。《中途輟學青少年之現況分析與輔導》。台北：洪葉文化。

郭靜晃（2007）。〈婚姻與家庭〉，《社會問題與適應》。台北：揚智文化。

黃堅厚（1996）。《我國家庭現代化之途徑》。台中：中華民國家庭幸福促進協會。

劉小蘭（1999）。《台灣產業結構變遷之研究——以要素稟賦的觀點分析》。台北：國立政治大學地政研究所碩士論文。

劉美芳（2001）。《跨國婚姻中菲籍女性生命述說》。高雄：高雄醫學大學護理學研究所碩士論文。

潘維綱（2001）。〈社會福利團體角色與我國暴力防治政治——以「現代婦女基金會」為例〉，《社區發展季刊》。94：45-59。

龍冠海（1967）。《社會學》。台北：三民書局。

薛承泰（2001）。〈台灣地區單親戶的數量、分布與特性：以一九九〇普查為例〉，《人口學刊》。台北：台大人口與性別研究中心，17：1-30。

薛承泰、林慧芬（2003）。〈台灣家庭變遷——外籍新娘現象〉，《國政論壇》。9：19。

謝高橋（1994）。〈家庭組織與型態的變遷〉，《婚姻與家庭》。8(3)：1-30。

韓嘉玲（2003）。促進弱勢群體享受平等的教育機會（節選）。取自 http://news.yam.com/power/news，檢索日期：2003 年 7 月 8 日。

魏世台（1988）。〈現代婚姻生活的因應之道〉。婚姻輔導專題研討會，頁 119-121。

蘇雪玉等（1998）。〈家庭功能〉，《家庭概論》。台北：國立空中大學。

二、英文部分

Allen-Meares, P. (1995). *Social work with Children and Adolescents*. New York: Longman Publishers, USA.

Ambert, A. M. (1994). An international perspective on parenting social change and social constructs. *Journal of Marriage and the Family, 57*: 529-540.

Benokraitis, N. V. (1993). *Marriage and Families.* Englewood Cliff, NJ: Prentice-Hall.

Bumpass, L. L. (1984). Children and marital disruption: A replication and update. *Demography, 21*: 71-82.

Dupper, D. R. (1994). Reducing out-of-school suspension: A survey of attitudes and barriers. *Social Work in Education, 16(2)*: 115-123.

Gestwicki, C. (1992). *Home, School and Community Relations* (2nd ed.). New York: Delmar Publisher Inc.

Goodman, N. (1993). *Marriage and the Family.* New York: Harper-Collins Publishers, Inc.

Jones, G. W. (2005). The fight from marriage in South-East and East Asia. *Journal of Comparative Family Studies, 36(1)*: 93-119.

Macionis, J. J. (1993). *Sociology.* New Jersey: Prentice Hall.

Murdock, G. P. (1949). *Social Structure.* New York: Macmillan.

Parker, G. (1983). Father, peers, and other family influences on the socialization of the child. *Australian Journal of Sex, Marriage and Family, 4*: 5-13.

Pfeiffer, J. (1969). *The Emergence of Man.* NY: Harper & Row.

Reiss, I. L. (1965). The universality of the family: A conceptual analysis. *Journal of Marriage and the Family, 27*: 443-453.

Rice, F. P. (1990). *Intimate relationships, Marriage, and the Family.* Mountain View, CA: Mayfield Publishing.

Stephen, W. N. (1963). *The Family in Cross-cultural Perspective.* New York: Holt, Rinehart and Winston.

Chapter 2
家庭理論與研究方法

　　研究婚姻與家庭可能來自不同的取向及方法論，每一種取向對事實及現象皆有不同的看法，其可能特別從某一角度看待事物及特定的理解，而可能忽略某些部分，故沒有哪一種方法或觀點可以單獨有效地窺視婚姻與家庭。解釋社會現象，通常會因不同解釋角度而產生不同答案的結果。例如婚姻滿意度為何會隨結婚年數而呈現不同之趨勢？為什麼有些家庭可以在社會變動中屹立不搖，而有些家庭則遇變化即產生變化？為了回答這些問題，有些學者便從事實蒐集後，進而歸納或解釋事件的邏輯架構而形成「家庭理論」。

 # 第一節　家庭理論的萌起與發展 ♥ ♥ ♥

　　家庭理論受到達爾文（Charles Darwin）的進化論所影響，首先是反映當時（尤其是十九世紀）的社會問題，主要是避免家人深受社會問題所害，尤其是離婚對家庭的威脅，到了一八九〇年，因為快速的社會變化、工業化和都市化，皆被視為是破壞家庭完整的主因。美國的社會學理論承襲歐洲的哲理，運用在一個唯物、實務及功利社會，來看社會持續變化的問題，是以在當時，經驗主義和功利主義遂成為王道，理想主義則沒落。

　　演化是一個自然且不容許改變的過程，而家庭在美國社會中所產生的變化是有意義的且必須的，例如婦權運動就是一種重新省思婦女在家庭中的地位。對理性社會學家而言，家庭是一具有適應力，且已變化好幾個世紀的團體，而社會問題正是反映家庭該改變其在社會中之角色。對於社會改革者（社會工作者）而言，其認為家庭是一個脆弱的團體，且容易遭受社會問題的破壞。此兩種不同的觀點不只引導出分歧的研究方法，而且在家庭研究上切入的論點也有所不同。

　　早在二十世紀的初期，社會學家、社會改革者持續提升大眾對許多急迫社會問題的關注，同時也發表了許多期刊及文章，例如婦女的工作與團

體、童工、工資等。之後社會學家 Cooley 承襲心理學家 James 有關自我的概念應用到社會學，並將家庭從基本的團體定位，延伸了同儕、鄰里等成為社會化的基本團體，日後也形成生態理論。此時家庭的概念是透過不同團體之下的交互作用來影響家庭。隨著二次世界大戰，歐洲學者大量湧入美國，許多歐洲的作品也被翻譯成英文，如 Piaget 和 Freud 的作品影響家庭的兒童養育，同時也併入成長中家庭的生活教育行動。

第一次世界大戰、經濟大恐慌和第二次世界大戰，不只重挫了美國家庭，而且對家庭研究及理論也產生了深遠的影響。例如，家庭是堅強的還是脆弱的團體？哪一類型家庭最具處理危機的能力？此種改變也引起政府必須介入以援助這些非常脆弱的家庭。在一九五〇年代之後，家庭研究及理論的發展最為活躍。不管研究結果為何，研究之目的就是要發展反思及重新評估傳統的社會價值。無數的期刊文章在一九七〇年代被發表了，這些文章皆強調研究及理論之重要性：概念架構（conceptual structure）、實證發現（empirical finding）、普遍化（generalizations）、變項（variables）、命題（propositions）以及假設（hypothesis）。

一九五〇年代家庭理論的觀念架構，強調研究家庭當作研究各種學問的現象，其中有六個架構概念最常被使用：(1) 制度的（institutional）；(2) 結構功能（structure function）；(3) 互動角色的分析（interactional-role analysis）；(4) 情境的（situational）；(5) 學習發展（learning-developmental）；(6) 家庭經濟（house-hold economics）。前四個涉及社會學家的基本領域，也包含一些人類學家；第五個則涉及社會心理學家和心理學家的研究，最後一個則是來自家庭經濟學。

一九五〇及一九六〇年代，研究家庭的社會學家提出建構理論的方法論，尤其運用在家庭穩定性（family stability）的構想，透過理性主義的歸納而建立邏輯，以便日後可藉由實徵的驗證，建立更為普遍性的論點，並提供理論以更好的說服力。家庭理論強調經驗結果，並且以邏輯性建立新的理論，此種理論邏輯與實證哲學家的觀點不同，最重要的是要經過偽證

的驗證。一九七〇年代，家庭理論的改革伴隨下列七個目的：

1. 理論是用來瞭解並訂定家庭社會制度的過程。
2. 理論幫助吾人用來斷定什麼是確立的，以及在什麼情況下會產生何種結果。
3. 若無法改進原有理論的構想，那就應該將此構想與其他理論合併。
4. 可以下列方式來改進論點，如釐清概念，重新標示標籤，清楚判定從理論上所演繹的論點，並且判定論點之間的邏輯關係。
5. 檢證和經驗有關的資料。
6. 省思理論上的觀念運用層面。
7. 用來模擬量化程式的發展。

上述目的是要幫助理論建立邏輯（歸納之過程），以及透過演繹過程以提出理論模式，並經實徵資料來加以驗證。本質上，這也是一種歸納演繹的科學化過程。

 ## 第二節　婚姻與家庭的理論 ♥ ♥ ♥

一、結構—功能理論

結構—功能理論（structural functionism）強調社會中存在的部門結構以及如何運作（產生關聯），以期造成社會體系趨於穩定、和諧，並成為一個合理具能力之系統。家庭被視為對社會組織之組成最有利的主體。結構功能理論對家庭的分析集中於家庭的社會結構，其社會關係的網絡（例如，家庭角色）以及對社會及其成員的功能（次系統對整體系統正向且穩定的貢獻，例如養育子女、提供經濟支援）。

結構─功能論之中心概念有功能（function）、次體系（sub-system）、整合（integration）以及平衡（equilibrium）。此學派的開山始祖是 T. Parsons，其以體系（system）觀念來解釋家庭分為不同之次體系，而各體系更要維持穩定及平衡之關係，以傾向於「界限維持」（boundary maintenance）。

Kadushin 和 Martin（1998）即以 Parsons 角色之概念將家庭照顧功能之兒童福利分為支持性、補充性及替代性。

蔡文輝（1987）指出，結構─功能論之體系概念包括下列四個命題（徐光國，2003：17）：

1. 每一個體系內的各部門在功能上是相互關聯的。
2. 每一個體系內的組成單位通常有助於該體系的持續運作。
3. 既然大多數的體系對其他體系皆有影響及關聯，則他們應可被視為整個社會體系的附屬體系（sub-systems）。
4. 體系是傾向於穩定與和諧的，不易有激烈的變遷和破壞。

二、衝突論

衝突理論（conflict theory）的論點剛好與結構─功能理論相對立，其特別呼應社會是變動的，社會變遷是必然的，而且是急遽的，所以社會充滿不和諧，此觀點將社會視為各個競爭團體。衝突理論的淵源溯及早期的馬克斯（Karl Marx）階級鬥爭論和齊穆爾（George Simmel）的形式社會學理論。Sprey 在一九六九年是最早將衝突理論應用到家庭領域，其強調社會學家向來忽略家庭衝突，因此需要建立一衝突架構來解釋家庭衝突現象（Farrington & Chertok, 1993）。

衝突論學者認為有權力者可以迫使其他人接受其意見，他們將家庭視為戰場，夫妻與親子之間皆可能有衝突發生，其原因是社會結構功能不

良，而造成系統間之穩定性被破壞。

（一）衝突論的基本假定

Jonathan H. Turner 將 Karl Marx 的三個基本理論假設擴充成六個結構功能理論相對之觀點（蔡文輝，1987）：

1. 社會關係間涉及利益的衝突。如果一個系統其資源稀少且分配不公平，那此系統中之統治與從屬部門之間的利益衝突將愈大。
2. 社會體系內皆含有衝突成分。愈多的從屬部門察覺到他們真正的集體利益，他們愈可能去質疑稀少資源分配不均的正當性。
3. 衝突是無法避免的。一個系統中察覺其集體利益的從屬部門愈多，他們就會質疑稀少資源分配的正當性，而且愈可能去組織並發起對抗衝突。
4. 衝突常常顯現在針鋒相對的利益上。每一個系統皆有其政治領導結構，當統治部門與從屬部門愈多，愈會形成兩極化。
5. 衝突常常產生於稀少資源的分配問題，尤其對於權力之分配。當統治者與被支配者益趨兩極化，則他們的衝突也就愈激烈；當系統內資源變少，衝突便會產生。
6. 社會體系內產生變遷最主要的因素就是衝突。系統結構一旦改變，就會產生衝突。

（二）衝突論的基本概念

關於衝突理論的基本概念，以下引周麗端等（1999：52）於《婚姻與家人關係》一書中的概念加以說明：

1. **人性**（human nature）：衝突論者主張，因為人人都想達到他人所能達到的境界，得到他人所能得到的所有東西；也就是說，想在物質上、權力上、享受上追求人性平等，因此就會產生衝突。

2. **為有限資源競爭**（competition over scare resources）：資源是有限的，個人為了生存，必然會為有限的資源競爭，因而產生衝突。

3. **階層**（stratification）：人類社會存在上下階層制度，產生結構上的不平等，上位者往往擁有較多權力及資源，但階層高的人少，且階層高的機會亦少，個人為了向上發展，必然產生衝突。

4. **權力**（power）：生存環境中充滿了權力與權力分配，為了爭取權力，必然會產生衝突。

三、符號互動理論

符號互動理論（symbolic interaction theory）有一些重要概念如下：

1. **符號**（symbolic）：符號到處都是，無所不在，包括語言、文字、手勢、肢體動作、表情及各種符號等都是，如紅綠燈代表交通號誌。因為符號本身並無意義，它所代表的意義是社會或人與人互動所賦予它的。因此，在不同文化下，同樣的符號可能代表不同的意義，例如，在國內代表關心與禮貌的問候語「吃飽了沒」，你可不能隨便用在你的美國朋友身上。

2. **自我**（self）：自我並非與生俱來，而是與他人互動的結果。自我指個體所意識到自身存在的實體，其中包括軀體的與心理的各種特徵，以及由之發生的各種活動和心理歷程。因而，個人透過各種符號的運用，在與他們的互動過程中，產生了自我概念（self-concept），它是瞭解個人行為和社會互動的最基本概念之一。自我概念是指個人對自己性格、能力、興趣、慾望的瞭解，個人與他人和環境的關係，個人對處理事務的經驗，以及對生活目標的認識與評價等。

3. **社會化**（socialization）：社會化是指個人由完全無知無助的嬰兒

起，就經由與他人的互動、交往而受到他人行為的影響，使得個人逐漸學到符合社會要求的行為。

4. **角色**（role）：角色是指某一地位有關之社會期待。社會上對每一種角色，均賦予某些期待性的行為特徵，例如，在家庭中為人父、人母該做什麼，就是一種角色，這種角色也是透過生活中的符號而習得。

5. **情境定義**（definition of situation）：當人面臨問題情境時，通常會經過一個自我檢討與考慮的階段，一方面考慮本身條件背景，一方面檢討自己所處的情境因素，此兩項考慮交互影響，以界定個人的行為。所以面臨問題時對所處環境的檢視，稱為情境定義。因此一個人在不同情境中面臨問題時採取的措施可能不同。也就是說，個人會依環境本身透露出的符號訊息，採取行動。

6. **角色取替**（role taking）：指憑個人的想像，以「設身處地」的方式去推敲、扮演別人的角色。個人若有這種能力，則能以他人的觀點想像他人所顯示符號的意義，而將想像所得變成自身行動的依據。

符號互動理論強調社會化及社會互動（social interaction），因而重點在於人與人之間的互動性質、互動過程、互動時的社會符號及個人意義。因此，人與人的互動行為中，個人總會先將別人所傳達出的符號和訊息加以吸收和解釋，然後再決定如何反應。

四、社會交換理論

社會交換理論（social exchange theory）是一九六○年後由社會學家Homans、Blau、Thibaut、Kelley等人共同建構而成。主張人類行為是透過一連串交換的結果，例如家庭中子女年齡還小，母親放棄工作來換取節省保母費支出及妥善照顧子女。社會交換理論的主要假設及概念說明如下：

（一）社會交換理論的基本假設

社會交換理論的基本假設包括對「人性」以及「關係」的假定，分述如下：

■ 對「人性」的假定

社會交換理論對「人性」的假定有以下六點：

1. 人都追求酬賞（rewards），而避免懲罰（publishment）。
2. 個人在與他人的互動過程中，會尋求最大利益（profits）與最少成本（costs）。縱然有時不可能預先知道真正的酬賞與成本，個人也會用期望的酬賞與成本來引導行為。
3. 人是理性的動物，因此他們在行動前，會利用有限的訊息計算酬賞、成本，並考慮替代方案。
4. 用來評估酬賞、成本的標準人人不同，而且這些標準也會隨著時間而改變。
5. 在與他人的關係中，個人認定他人行為的重要性因人而異，而且會隨時間改變。
6. 當酬賞遠高於個人期望，再次得到時，個人對同樣的酬賞評價會較低。

■ 對「關係」的假定

社會交換理論對「關係」的假定有以下五點：

1. 社會交換的特質是相互依存的（interdependence），獲得利益者，通常也是利益提供者。
2. 現存關係的經驗會引導繼起的交換，即在一個人所做過的一切行為裡，若其中某一特定行為時常得到酬賞，那麼該行為會重複出現。

3. 社會交換受制於互惠規範，當交換為單向，其模式會停止。

4. 社會交換受制於公平規範，當交換不公平時，交換模式會停止。

5. 互動關係的變動或穩定，是依據關係中參與者的吸引與依賴的結果。

（二）社會交換理論的主要概念

社會交換理論包括酬賞、成本、利益、交換結果、參照水準、互惠規範等主要概念，其相互關係可參見**圖2-1**，詳細說明如下：

1. **酬賞**（rewards）：酬賞的種類繁多，包括物質的、精神的，如金錢、禮物等屬於物質層面的酬賞，而社會認同、自主權、榮譽、名聲、安全等則屬於精神層面的酬賞；得到酬賞通常會有愉悅、滿足喜樂的感覺。

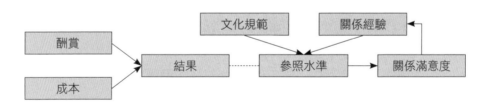

圖 2-1　關係滿意度的中介變項

資料來源：周麗端等（1999）。

2. **成本**（costs）：成本包括三項，分別為投資成本、直接成本及機會成本。投資成本指個人為得到某種期望的結果所付出的時間及努力；直接成本指的是交換過程中直接給予他人的資源；機會成本指當我們利用某種資源來完成某件工作、目標或需求的同時，也減少了該資源未來的可用性。

3. **利益**（profits）：利益指酬賞大於成本。

4. **交換結果**（outcome）：「交換結果＝酬賞＋成本」。當結果是正時，表示得到的酬賞高於付出的成本；結果若是負，則表示成本高於得到的酬賞。

5. **參照水準**（comparison level）：個人以過去的經驗及期望所建立的標準，用來評估交換結果的滿意與否。例如，參照水準高者，雖然在交換過程中獲利了，但由於過去的經驗及預期的期望太高，在獲利不如預期的高時，不免大失所望，而不覺得滿意。當然，個人在訂定參照水準時受到文化規範及個人在關係存在中經驗的影響。

6. **互惠規範**（norm of reciprocity）：在人與人的互動中，互惠是個很重要的準則，在長期的互動過程中，如果有一方認為自己永遠在付出，而沒有獲得適當的回饋，則「不公平感」就會產生，使得原先維持的互動關係結束。

社會交換理論學者主張，人都會傾向於以自己的參照水準，企圖用最少的成本以換取最大的酬賞，也就是追求最大的利益。至於個人對於交換結果是否滿意，不全然只憑交換結果是「正」是「負」而定，個人的先前經驗及期望扮演極重要的角色。

五、家庭系統理論

家庭系統理論（family systems theory）源自一般系統理論（general system theory）；系統理論由德國生物學家 Ludwig von Bertalanffy 首次提出。Broderick 和 Smith（1979）提出一般系統理論中所主張的概念可以用來解釋家庭中的各種行為與現象。家庭系統理論在解釋家庭現象時，主要是以個人與家庭成員間的互動來討論家庭動機、組織及過程。其主要概念如下：

1. **系統**（system）：家庭系統理論的主要概念就是「系統」，Bowen

（1978）將系統定義為「由互動組合的一個整體」，因而一個系統指的是持續、重複的模式及系統中各個部分的互動。在家庭系統中，家庭被視為一個生命的有機體，這個生物體由許多相互依賴的成員組成，這些成員關係密切也相互影響，成員間不停地互動，因而形成一個系統，而系統之操作原則根源於自然（nature）與家庭人員之間的互動，尤其是個人的情緒功能（emotional functioning）。

2. **整體性**（wholeness）：整體性是一個系統的整合，在家庭系統中，整個家庭系統並不等於家庭成員的總和而已，更包括成員與成員間的自然互動，如果沒有互動關係，就沒有所謂的系統。

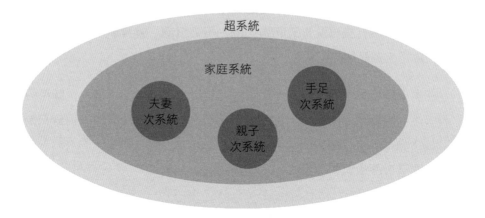

圖 2-2　家庭系統圖

3. **次系統**（subsystem）：家庭中比家庭小的系統稱為次系統。一般而言，家庭中最持久的次系統為夫妻、親子、手足三個系統。家庭中的次系統彼此關聯、互動，互動的結果不僅影響該次系統，而且也可能影響到未介入互動的次系統。如夫妻吵架不只是夫妻系統會出問題，進而會影響親子關係、手足關係等。當然，家庭離不開社會，所以當家庭被視為一個系統，而夫妻、親子、手足被界定為次系統時，則社會就被視為超系統（supra system）（參見**圖 2-2**）。

4. **關係**（relations）：家庭中任何系統與次系統都是由連結家人之間的關係所構成，每個家庭成員間都有某種關係存在，如婚姻關係、親子關係。因此，運用家庭系統理論分析家庭時必須注意成員間的不同關聯、互動方式，以洞悉其複雜的互動網路。

5. **家庭規則**（family rules）：家庭是一個規則管理的系統，因此有許多管理的規則，這些規則中有些是公開的，如子女們應在幾點前回家；有些規則是隱藏的，雖不說，家人都知道，如小孩「有耳無嘴」。每個人在家庭中都要學習什麼是被允許的、被期待的，而什麼是被禁止的、被控制的。

6. **界域**（boundaries）：界域是指維護家庭功能完整性及凝聚力的一種象徵性保護膜，它能使家庭系統免於外在環境或壓力的侵擾，同時也能調節系統內外平衡的功能。在家庭系統中，界域至少有三種意義：(1) 界定家庭的次系統；(2) 界定物理界限；(3) 界定家庭成員。

六、家庭壓力理論：ABC-X 模式

（一）壓力事件——A 因素

凡會對家庭系統中界域、結構、目標、角色、過程、價值等的改變都稱為壓力事件。所謂家庭系統的改變可能為正向的改變，也可能為負向的改變，或兼具正負向影響。家庭的壓力事件可分成可預期（predictable）與不可預期（unpredictable）兩種。

可預期的壓力事件是指日常生活的部分，如子女結婚、生命的死亡等等。這些可預期的壓力事件，雖然常在期待中到來，但仍會給平靜的家庭系統帶來正面或負面的衝擊，而使得家庭系統失去原有的平衡。例如，家庭中新生命的誕生，雖給家庭帶來無限的喜悅，但也常造成家人的手忙腳亂與摩擦。

不可預期的壓力事件也包括自然的災害、失業等，這些不可預期的壓力事件常給家庭造成比可預期的壓力事件更大的衝擊，而使得家庭系統失去平衡狀態。例如，家人失業，立即造成家庭生活困難，甚至不得不搬離家園；但也可能因失業而更積極自我充實，找到更滿意的工作。

（二）家庭擁有的資源——B 因素

在家庭中當壓力事件產生時，若家庭成員有足夠、適當的資源去面對壓力，則壓力事件較不會困擾這個家庭系統；反之，則家庭系統容易失去平衡而陷入混亂。家庭資源又分成三種：

1. **個人資源**（personal resources）：如個人的財務狀況、經濟能力；影響問題解決能力的教育背景；健康狀況；心理資源，如自尊等。
2. **家庭系統資源**（family system resources）：指家庭系統在應付壓力源的內在特質，如家庭凝聚力、調適及溝通。愈是健康的家庭系統，愈有能力應付家庭壓力。
3. **社會支持體系資源**（social support resources）：指提供家庭或家庭成員情緒上的支持、自尊上的支持及其他支持網路。社會資源的支持網路，可提供家庭對抗壓力或協助家庭從壓力危機中復原。

（三）家庭對壓力事件的界定——C 因素

家庭對壓力事件的處理，除了上述兩個因素以外，也受到家庭及家庭成員對壓力事件界定的影響。壓力事件發生時，家庭若以樂觀處之，則可以澄清問題、困境與任務，可更容易面對壓力源；減少面對壓力事件的心理負擔與焦慮的強度；激勵家庭成員完成個人任務，以提升成員的社會及情緒的發展，因此，常常可以把事件處理得當，將壓力降到最低。

因而，家庭壓力是一個中立的概念，它不一定是正向，也不一定是負向。家庭壓力對家庭產生壓迫，給家庭帶來的結果是有益的還是有害的，

多半依賴家庭對此情境的認定和評價。簡言之，家庭壓力的意義是改變對家庭系統平衡狀態帶來波折與改變。

（四）壓力的高低程度或危機──X 因素

危機的界定有三：

1. 一個平衡狀態的嚴重失序。
2. 非常嚴重（severe）的壓力。
3. 非常劇烈的改變，以致家庭系統面臨障礙、喪失機動性，且失去能力。

當一個家庭處於危機狀態時，至少會有一段時間內失去功能、家庭界域無法維持、家庭角色和職責不再完成、家庭成員也無法處於最佳的身心狀況。

壓力事件是否形成危機要看前三個因素（ABC 三項）互動的結果，如果家庭成員認知到問題確已嚴重的威脅到家庭系統成功的運作，那麼壓力事件增強到家庭系統無法因應時危機就會產生。

七、家庭生命週期觀點

家庭生命週期視家庭如同個體般，其研究之方法來自於敘述其進化過程。家庭如同個體生命般，有開始，如結婚；到結尾，如夫妻最後一人身亡。這個家庭結束了，但延續的是其子孫的家庭。生命週期觀點可檢視家庭生活特質對各個不同發展階段之影響。

Duvall 和 Hill（1948）將家庭生活週期分為八個階段：

1. 第一階段（婚姻之建立）：新婚尚未有子女。
2. 第二階段（初為父母之階段）：家中有新生兒至三歲。

3. 第三階段（子女學前階段）：最大子女三至六歲。

4. 第四階段（子女學齡階段）：最大子女六至十二歲。

5. 第五階段（子女青少年階段）：最大子女十二至未滿二十歲。

6. 第六階段（子女離家階段）：子女陸續遷出家中。

7. 第七階段（中年父母階段）：子女全離家，步入空巢階段。

8. 第八階段（退休階段）：生計負擔者退休，至二老去世。

 ## 第三節　婚姻與家庭研究方法 ♥ ♥ ♡

　　在十九世紀中期至晚期，Fredrick Le Play 和 Emile Durkheim 發現許多與家庭有關之一些變項，於是便成為家庭研究的先鋒。例如 Le Play（1855）首先以觀察及訪問方法研究家庭，因此也使得他的研究成為家庭研究之濫觴（LaRossa & Wolf, 1985）。Durkheim（1951）經由研究已公開的記錄發現，已婚的人比單身的人較沒有自殺的傾向，此事實幫助他建立自殺論有關「社會整合對社會反常狀態」提供支持的解釋。此兩研究皆以時間為自變項，對家庭成員與關係（依變項）做系統性的資料蒐集與分析。

　　到了二十世紀之後，實徵性研究重點特別放在瞭解婚姻與家庭本身（Christensen, 1964; Howard, 1981），但他們仍處於較不利的情況下，因為缺乏科學的工具（測量量表等）。因此，最初研究策略大部分採用觀察法、個案法、面談法等（以質化田野調查或量化社會調查為主）。之後，由於測量工具的發展，一般的社會與行為研究方法才設計出來（郭靜晃、徐蓮蔭，1997）。

　　從家庭研究的歷史可窺知家庭研究方法中，有關家庭實證資料的重視與發展是近五十年來的事，其間並涉及心理、社會、家政、經濟學、人類學之領域，這些都與基本的科學訓練有關，且大部分是從大學學術機構中

培養而來。

　　婚姻與家庭的研究，唯有在超越了個人式的經驗與偏頗才能發揮更大效用，也就是類化（generability）之情形。為了達到此目的，「客觀的」科學方法正可提供此種引導。雖然婚姻與家庭研究是一門軟科學（soft science），但他們求知的過程，包括實證性的證據、發展理論、最小人為的成見、抽樣法則、調查技術以及統計分析等，加上如何觀察或測量社會變項、因果關係邏輯，以及實證控制難於應用於家庭之情境（situation）。雖然如此，婚姻與家庭之研究已逐漸走向科學化過程。無論是質性或量化研究，最適合特定的研究方法論涉及下列幾個因素：研究主題的本質、特定的研究問題、已知的文獻以及研究者可取得之資源。最重要的還是要採用最適合研究情境的方法，而且保持簡單與單純（keep it short and simple, KISS 原則）。早期家庭研究仰賴口語資料以取得結論，但卻缺乏再驗性（recaplicability）及普遍性（generalizability），也因此失去客觀的準則。

　　婚姻與家庭的研究目的主要是針對實證性而非規範性的研究問題。政策的制訂者、研究人員，以及一般大眾都能接受科學方法為一獲得重要的婚姻與家庭現象可靠實證性資料且適當又實用的方法。不管婚姻與家庭等社會行為科學研究與硬體（自然）科學研究有發展相似或相異之處，所有的科學研究皆有其目的和基本原則、思考要素、研究階段與過程。

一、科學研究的目的

　　科學研究的目的有四，即描述、解釋、預測與控制，分述如下：

（一）描述

　　描述（description）是科學最基本的活動目標。家庭研究人員尋求敘述婚姻與家庭現象的平均或集中的趨勢，如平均結婚年齡及小孩的數量。婚姻與為人父母的態度及行為也是科學描述的目標，如「有多少？」「有

多常？」等，對於婚姻與家庭敘述是一個非常實證的程序，而經常有賴於次數、頻率、百分比，及描述性統計來測量集中的趨勢或離散的情形。

（二）解釋

解釋（explanation）性研究企圖以給予某些事情發生的理由來提供對事情觀念的瞭解。科學家經由認定事前與結果等有興趣的行為尋求解釋婚姻與家庭生活。例如，以前對擇偶條件的許多不同描述，包括相似的背景、性向、相同的目標和對角色的期望，以及誰來選、誰被選的文化標準，進而對婚姻有更深入的瞭解。

（三）預測

預測（prediction）性研究是指對於某些事情的發生可以在發生前就能知道。有人對於一些預測的理論與實證基礎與解釋性研究相同而有所爭議，那是因為相同的想法與關係必須一起瞭解，用以解釋發生了什麼與為什麼發生，或者預測什麼可能發生。例如，瞭解伴侶一致價值的內涵、角色期望、背景特性等，或許就能修正婚姻的協調與穩定性。

（四）控制

當對自然現象已經有足夠的瞭解，接著就可以對自然現象做解釋與預測，有時還有可能控制（control）這些自然現象。在社會與行為科學中控制有許多的形式，如：阻礙、干預，或是治療。例如：一個治療師或實習生可能以干預的方式來幫助家庭成員降低或控制非預期的婚姻或家庭行為，如家庭暴力，特別是對小孩及夫妻間的虐待行為。對此，研究人員持續進行更深入的瞭解，因而可對事情發生的風險做出定義，並以不同的方式控制家庭暴力，如提供協助、降低孤立與壓力、給予個人與家庭治療，以及在艱困時期提供庇護等。

二、科學研究的基本原則

　　客觀性（objectivity）與再驗性（recaplicability）是基礎的科學原則。客觀性是接近問題的一個方法，這表示科學家們盡可能不以自己的成見與客觀的設定他們的程序（Kerlinger, 1979）；換句話說，客觀性意思是指在研究中盡量讓個人或主觀的因素排除在研究之外。當然，科學不能讓研究的價值完全的客觀，特別是藉由資料來解釋研究問題時，就反映了研究人員的價值觀（Baumrind, 1980; Gergen, 1982）。科學對於婚姻與家庭現象的想法是要設計出研究應該以什麼來做，其研究程序與結果會成為公開而可以複製的研究，也就是所謂的再驗性。再驗性表示其他的研究人員可以以相同或類似的研究程序而將研究的結果再製造出來。

　　研究中最大的差異可能是由於偏見所產生，不同價值觀的科學家及科學程序之間，如果程序是客觀與公開的，其他的研究人員就可以根據這些公開的資訊複製或是反駁這些發現（Popper, 1965）。當然，要完全的複製婚姻與家庭事件的關係是不可能的，但由許多不同的研究人員對同一主題所做的研究，若其結果很明顯的有同一模式，或有足夠的資訊說明研究數據有一致性，研究人員就可以非常有信心的發表研究結果。相同的實證研究結果在許多不同的研究中被發表，我們稱之為實證的概化（empirical generalization）。

　　換句話說，客觀性可以幫助研究者自己走「到外面」，使他們達到可以公開再驗的條件，而研究結果也同樣希望獲得公開的、確定性的發表（Kerlinger, 1979: 10）。客觀性使研究的結果可以產生再驗性，而將研究發現從許多的研究中集合起來，要比從單一研究中下結論要來得有說服力。

三、科學研究的思考因素

　　科學研究的思考因素包括概念、變項、關係、理論等，分述如下：

（一）概念

「概念」（concepts）是一個最基本的科學思考因素。概念是一種特別的心理抽象事情或事件，是由字或標籤兩者組合而成其意義或定義。如婚姻用來表示成人的概念，而不管這些人是否都是已婚。一般社會對婚姻的瞭解是兩個不同性別間所期待的永久關係，不同社會背景對於婚姻的概念也有可能包含對生產、家長、平等主義⋯⋯等等有不同的看法。

研究人員在研究中對於概念要有清楚的瞭解是相當重要的。範圍大的概念，例如婚姻問題，通常必須轉換成更明確的概念以進行研究。如：關於「婚姻」的研究，可能要更明確的指出是配偶的選擇、婚姻的滿意度、婚姻的調適、婚姻的穩定性、婚姻衝突、婚姻的權利、婚姻溝通、婚姻暴力等等。相同的，在家庭研究中關於「性」的研究，可能必須以性關係的概念，如性交、社會對於性角色——男性與女性所被期待應該作為的刻板印象、實際的婚姻伴侶角色行為，或以兒童對於性別認同的發展來處理男性與女性相異與相似處（性生物學）；概念的澄清和嚴謹在執行婚姻與家庭研究的初期是相當重要的。

（二）變項

變項（variable）是概念簡單的變化，它被假定為或可以為兩個以上的值。婚姻狀況的概念是一個變項，它具有兩個或更多的值，我們可以選擇使用兩個值的變項（已婚或未婚），但在我們的研究中通常它可以代表更多變項的意思已包含所有可能的邏輯值（單身、從未結婚、已婚、分居、離婚、寡居、遺棄、再婚等等）。

在研究中瞭解變項的變化程度特別重要，最簡單的變項形式為出現或不出現，例如懷孕為是或否的最簡單變項例子；研究人員可能會調查女性有或沒有懷孕。

另一個重要的看法是變項變化被稱為分類，生物的性別在進行人類與

其相關研究時，它可能是最廣泛被用來分類的變數；它包含兩個相關的類別，男性與女性；婚姻狀況也是分類性變項的另一個例子，但是它具有兩個以上的類別。

　　第三種變項的變化稱為連續性的，有些變項的變化具連續性；換句話說，它們的變化是以數量而非類別，對於懷孕的概念可能是以女性樣本衡量有沒有懷孕，但是對於懷孕期間的衡量就以連續性變項較為恰當了。懷孕期間的長度是連續性變數，它的範圍可以從幾個小時、天、或週，到九個月或更久，年齡或時間之外還有許多連續性的變項；次數也可以反映出連續性的變項，如：溝通的值，範圍可能從非常差到非常好，這樣的行為並不需要連續的發生。但是對於研究樣本，這些變項的範圍可以從低連續至高連續。

（三）關係

　　大部分婚姻與家庭研究都並不只是關心單一的變項（如結婚的年齡），而更關心變項與變項之間的關係（如婚姻年齡與婚姻穩定性的關係）。研究人員通常研究變項如何共變或在一起變化，測量關係時的區別通常是獨立變項與相依變項。所謂相依變項是指一種變項的變動依賴於（或被影響於）獨立變項，此種用語被廣泛應用於所有的科學研究中。在以上的範例中，婚姻的穩定性可作為相依變項，因為此變項的變動部分是有賴於或受影響於結婚時的年齡（獨立變項）。

　　有時候變項在一種關係中的變化只是單向的，以結婚時的年齡為例，它會影響婚姻的穩定性，但是婚姻的穩定性並不能影響結婚時人的年齡，婚姻穩定性跟隨或部分依存於結婚的年齡，這種關係有時稱為因果關係。如果要推定某一變項的變化引起另一變項的變化（如：變項 X 引起變項 Y 的變化）則必須包含以下三個條件：

　　1. 變項間有共變的關係（當 X 變動時 Y 也必須變動）。

2. X 變項的變動暫時先於 Y 的變動（X 的發生總是先於 Y 的發生）。

3. 排除其他可能的說明（排除其他可能引起 Y 變動的因素）。

關於婚姻與家庭研究的關係中，有許多案例沒有辦法迎合這三個條件的要求，所以無法成為真正的因果關係。例如：有些研究認為婚姻的滿意度部分與分享配偶的生活活動（Miller, 1976），或是與夫妻間良好的溝通有關（Figley, 1973）。但是婚姻滿意度也有可能是由於夫妻間良好的溝通，進而使他們能夠一起分享彼此的生活。

（四）理論

然而概念、變項和關係是科學思考最基本的因素，理論包含所有可能的因素。所謂理論，是指在一研究中所歸納出的某些普遍、有規則變動的現象，並可作為解釋此一現象與預測的原則稱之。所以理論可以定義為：「一組互動而相關的建構、定義和命題經由明確變項與變項之關係來表達對某一現象有系統的看法；目的是在於解釋和預測這一現象。」（Kerlinger, 1979: 9）。簡單的說，理論是經過一般化的原則，理論綜合我們知道所有真相的一組特定關係，而婚姻與家庭研究是我們在一九七〇年代所致力於發展和說明的一種理論原則（Burr, 1973; Burr et al., 1979）。

四、研究的階段與過程

不管用什麼規則，質化與量化，歸納或演繹方法，科學研究是運用實徵性的觀察，以系統性的嘗試獲得可信賴的知識。科學方法是一系列的步驟與過程，以便在蒐集資料及解釋實際資料時可有條理增進其客觀性和信度。

研究的過程可以分為兩個階段，雖然在實際的操作過程中這兩者經常是重疊的，而他們的領域也不能清楚的區分出來。所認定的階段之間變化

也非常大，而重要的是在研究過程中必須瞭解邏輯性的程序。科學方法至少必須包含以下幾個階段：

1. 想法、疑問或問題。
2. 科學的研究問題或假設。
3. 資料蒐集和觀察。
4. 資料分析與詮釋。

以下我們將更清楚、更明確的來討論研究階段的詳細內容。

（一）形成問題

研究疑問或問題的出現並非只有一種方式。想法（概念）可能從個人經驗或洞察某一現象，觀察別人，從專業的研究文獻，或從許多其他的方法中找出來。不管概念出現的來源為何，在第一階段裡的重要課題，便是將一般的想法主題轉化成具有清楚定義而有研究重點的問題。

將研究的內容寫出來通常可以澄清研究問題本身，且可以經由研究表達出知識領域的缺陷。雖然研究問題通常對研究人員而言非常重要，但它對別人（管理人員、納稅人或贊助者）有可能像「打呵欠」，或浪費時間和金錢一樣不值得。就此一理由，正式研究問題的陳述通常包括特定的目標、理念與辯解。部分的理念可能可以經由給予研究問題適當解釋而獲得澄清，但是辯解是在說明為什麼必須做這個研究。研究可能因它可以補充知識領域不足，或因為問題的答案或解決這些問題對於贊助者或社會可能會有實務上的利益而值得執行。

（二）明確假設或目的

假設是可以檢定關於假定變項關係之間的推定性陳述；假設也是理論的看法與實證資料之間的關聯。一個好的假設陳述是對於變項之間關係的期望，以便將來在資料分析後，這些假設會透過成立或不成立而被澄清。

實務上，在研究人員的心中有時候會被起始或未成熟的假設所引導，因此，在大多數的案例中，研究人員仍然似乎較喜歡傳統實務假設寫法。而用統計上檢定假設的方法寫出關於變項與變項之間關係的陳述，這可能是應某些贊助者所要求，或由於那些人是首次做研究的關係。

有兩種基本的假設——虛無假設與對立假設。對立假設是以陳述的方式說明相關變項之間的關係，也就是研究人員想要發現的現象。例如「那些於二十歲之前結婚的人，離婚機率比那些大於二十歲以後結婚的人」還要高，或是以不同的方式來陳述「年齡與婚姻及離婚機率具有相反的關係」。第二種假設稱為虛無假設，意思是假設變項與變項之間沒有關係或沒有差異，如無論是在「十九歲及十九歲之前或之後結婚的人，其離婚機率沒有顯著性的差異」，理論上來說，不可能去證明或接受實質的假設，但是卻有可能拒絕虛無假設。一般來講，在資料蒐集後就準備對虛無假設做驗證的工作，研究人員真正感興趣的實質假設可透過統計方法的應用檢定虛無假設而獲得。

但是，並非所有的研究假設都是可以驗證的。在一些研究的個案中，研究人員的目的在於探索或描述事情的真相，而非檢定其中變項與變項之間的關係，因為其變項與變項之間的關係並不明顯。所以當所有研究人員對於真相並不是非常瞭解時，研究人員很難做出假設。然而假設雖不能被清楚說明，但仍然可以透過清楚的說明研究目的而做出結論。尤其是說明目的或假設還可以引導研究朝向研究人員所想要達到的目標並避免讓目標模糊了。

（三）選擇研究設計

研究設計是一研究總體的計畫與結構，若沒有好的設計以帶出相關的資料來處理主題，研究中即使有最有趣最重要的研究問題和最清楚的假設或目的，研究也會變得毫無價值。在這裡主要原則是依研究者所要調查的主題而選定一研究設計，研究人員所選定的研究策略應該是已經考慮過

許多研究難題後所選定的方案，不同的方法通常可能可以謹慎的合併來使用，以產生較豐富且較完整的結論（Caplow et al., 1982）。無論如何，在許多個案中研究設計是對於研究問題最適切、便利的調查法，可使研究問題的效率極大。

例如：研究「在什麼樣的婚姻狀況下，最適合懷孕」的問題，研究人員可以對人直接訪問並做估計，但是這樣的方法很有可能會被質疑，因為問題的敏感性。另一較為可行的方法可能會是將官方記錄的婚姻和出生日期配合來觀察（Christensen, 1963）。在本例中，詢問私人的問題和檢測官方的記錄是兩個可行的研究設計方案。

（四）設計或精化測量

測量讓研究人員可以測定不同的特質、相異處、變動、效果，以及關係的強弱。變項測量的適當程度將直接影響研究人員的發現。測量必須要求清晰的構思以整合出所有的概念來作為觀察。例如：變項測量的範圍是否已經足夠？夠不夠清楚？變項的測量能不能代表真正研究概念中所想要發現的？變項的應用是否清楚且具有一致性？由於要正確的測量變項是一項複雜且很難達到的工作，通常須使用一些現有的測量工具與程序，若當前變項測量的方法不可行，就必須設計並推敲一自有的測量工具，而這也將是研究過程中特別重要的關鍵決定階段。

（五）選擇樣本

決定誰或什麼來作為研究的樣本，通常會是影響最適研究設計的主要整合部分。實際上，選擇樣本通常有賴於一系列相關的複雜決策過程，如選擇的主體（樣本）是否代表某一特定的大群體（母群體），以便研究人員易於將結果類推出去？研究資料是要以觀察樣本或自陳報告的方式獲得？或是已有現存的資料而不需要經過初級資料的蒐集？樣本必須要多大？應該如何來選取樣本？在整個研究的初步階段，選擇研究樣本在此一

階段有賴於研究人員想要發現什麼，包括不同研究問題變項的特性，如：年齡、種族、婚姻狀況，以及其他可能對於定義者在選擇樣本時有特殊意義的相關變項。

（六）蒐集資料

資料蒐集是獲得實際實證性資料的一種過程，而此種過程（我們希望）能夠提供最初問題的解答。這是觀察或測量應用的階段，通常被視為研究上智力或概念應用的最後階段，它是最密集、直接，且反覆工作的階段。例如：「資料蒐集使人的手變髒」，就此觀點而言，大部分的研究工作都是無形的思考及準備階段，在資料蒐集時，調查人員實際上是在田野或實驗室觀察或測量所感興趣的變項，許多技術設計是用來獲取及修正、合併那些執行中的研究，以極大化資料蒐集過程的效率，並且盡量提高資料的品質。

（七）簡化與分析資料

資料一經蒐集後，必須以邏輯性的態度來安排，這是資料整理與安排的階段。有時原始資料需要被轉換成變項化的分數，在任何個案中，資料必須表格化或進行分析，在這樣的方法下，資料可以用來解釋，並直接說明前面所提出的研究問題。有時簡單的分析可以用手工來做，但是由於電腦的出現，目前大部分的分析都是經由機器來執行（當然是由研究人員來主導），將資料轉換成機器可以閱讀的型態，以便讓即使是再大的資料文件也可以被儲存，並以高速度的電腦執行複雜的分析，就當代大多數婚姻與家庭的研究而言，資料輸入、操控和分析已變成很高超的技術了。

（八）研究發現及結論

進行資料分析後就必須將研究的發現解釋清楚，包括研究結果代表什麼意義？什麼是研究發現的合理解釋？應該接受或拒絕研究的假設？發

現是相當於前人研究或是支持前人研究的結果？如果研究設計已經很完善了，在資料分析之後研究人員將會具有足夠的信心寫出一些結論。但是不好的研究設計、測量、抽樣等等，將會限制結論的達成。

　　許多的研究個案顯示出來自於預期的非預期結果或變異，而這樣的結果經常會產生新的假設需要重新驗證，因為新的假設都經由研究中推演而來，所以研究一般被視為一種循環的程序，開始與結束都在於可以研究的問題。

 參考書目 ♥ ♥ ♥

一、中文部分

周麗端、吳明燁、唐先梅、李淑娟著（1999）。《婚姻與家人關係》。台北：國立空中大學。

徐光國（2003）。《婚姻與家庭》。台北：揚智文化。

郭靜晃、徐蓮蔭譯（1997），Brent C. Miller 著。《家庭研究方法》。台北：揚智文化。

蔡文輝（1987）。《家庭社會學》。台北：五南圖書公司。

二、英文部分

Baumrind, D. (1980). New directions in socialization research. *American Psychologist, 35*: 639-652.

Bowen, M. (1978). *Family Therapy in Clinical Practice.* New York: J. Aronson.

Broderick, C. & Smith, J. (1979). The general systems approach to the family. In Burr, W. R., Hill. R, Nye, F. I. 7 Reiss, I, L., *Conternporary Theories about the Family, 2.* New York: Free Press.

Burr, W. R.(1973). *Theory Construction and the Sociology of the Family.* New York: John Wiley.

Burr, W. R., Hill, F. I., Nye, I., & Reiss, I. L. (1979). *Contemporary Theories a Bout the Family* (Vols, 1 & 2). New York: Free Press.

Caplow, T. H. M., Bahr, B., Charwick, A. Hill, R., & Williamson, M. H. (1982). *Middletown Families.* Minneapolis: University of Minnesota.

Christensen, H. T., (1963). Child spacing analysis via record linkage: New data plus a summing up from earlier reports. *Marriage and Family Living, 25*:

272-280.

Christensen, H. T. (1964). Development of the family field of study. in H. T. Christensen (ed.), *Handbook of Marriage and the Family*. Chicago: Rand-McNally.

Durkheim, E. (1951). *Suicide: A Study in Sociology*. New York: Free Press.

Duvall, E. M. & Hill, R. L. (1948). *Report of the Committee on the Dynamics of Family Intervention*. Washington DC: National Conference of Family Life.

Farrington, K. & Chertok, E. (1993). Social conflict theories of the family. In P. G. Boss, W. J. Doherty, R. L. LaRossa, W. R. Schumm, & S. K. Steinmetz (Eds.), *Source Book of Family Theories and Methods: A Contextual Approach* (pp.357-384). New York: Plenum Press.

Figley, C. R. (1973). Child density and the marital relationship. *Journal of Marriage and the Family, 35(2)*: 272-282.

Gergen, K. J. (1982). *Toward Transformation in Social Knowledge*. New York: Springer-Verlag.

Howard, R. L. (1981). *A Social History of American Family Sociology, 1865-1940*. Westport, CT: Greenwood Press.

Kadushin, A. & Martin, J. A. (1998). *Child Welfare Service* (4th ed.). New York: Macmillan.

Kerlinger, F. N. (1979). *Behavior Research: A Conceptual Approach*. New York: Holt, Rinehart, & Winston.

LaRossa, R. L. & Wolf, J. H. (1985). Qualitative family research. *Journal of Marriage and the Family, 47*: 531-541.

Le Play, F. (1855). *Les Ouvriers Européens*. Tours, France: Alfred Mame et Fils.

Miller, R. G. (1976). Least squares regression with censorde data. *Biometrika, 63*: 449-464.

Popper, K. (1965). *Conjectures and Refutations: The Growth of Scientific Knowledge*. New York: Basic Books.

Chapter 3
親密關係與愛情

　　人類是群居的動物，為達生活的滿足，不能獨居而立，往往還是需要與別人互動，故美國哈佛大學 David McClelland 所提出的親和需求（affiliation needs）更是人類三大需求之一，此也是 Maslow（1962）的五大需求論：生理、安全、歸屬感、自我尊重及自我實現的第三層次。歸屬感需求直接仰賴人際關係的滿足，是在生理及安全需求滿足之後所萌生的。人類是社會性的動物，具有強烈的情感，不但有愛人及被愛的感受，而且希望被團體所接納，成為團體的一分子，以滿足其社會認同的需求（徐光國，2003）。此種被接納和歸屬感的獲得，係來自於人際關係。人際關係又稱為人我關係，係指一個人在與他人相處或共事時所建立的相互情感與互動模式。

　　人在社會化過程中，透過家庭、保育、就學、工作、交誼與社會群體互動，建立各種親情或友誼關係。基本上，與同儕的互動是由同性關係之互動來逐漸擴展至異性關係與互動。友誼和異性戀一般，都是先建立在「喜歡」的基礎上，人際相處，只要有一方有不喜歡的感覺，都不會成為朋友。喜歡是一種感覺，也是一種反應。友誼包括了互惠、互信和忠誠、包容、寬容，沒有「喜歡」這個因素，很難建立友誼和互動（Basow, 1992；林蕙瑛，1995；邱貴玲，2007）。

　　個體對於親密關係的渴求皆然，且深受社會化所影響，從最早性別角色的塑化及性別刻板印象，且受日後的同儕互動之增強所影響，故個體的親密感與其社會與情緒發展有關。

　　大多數青少年的心理問題與外顯的偏差行為有關，尤其是男性有較多行為偏差或攻擊行為，而女性則有較多內隱性的情緒抑鬱行為，尤其是憂鬱與自殺行為。Achenbach 和 Edelbrock（1983）的調查指出，美國有超過25% 的十二至十六歲的青少年曾被轉介到精神醫療機構，接受偏差行為或心理的輔導與治療。在台灣青少年常見之外向性行為大致為校園暴行、不服管教、打架、參加不良組織、恐嚇勒索、逃學、偷竊、逃家及暴虐等。

　　這些外顯的偏差行為問題大抵與青少年的社會與情緒發展有很大的關

聯。在社會化過程中，尤其是同儕對青少年，除了幫助個體從依賴父母走向獨立自主的地位，也可獲得情緒支持及親密需求，同時也可從同儕夥伴的態度、價值觀及行為模式，選擇與己身有關的習俗相從，因而獲得歸屬感或成就感，但可能因此誤入歧途，習得偏差行為；情緒發展亦是影響個體日後社會人格是否具有良好道德規範的目標，或影響個體是否會物質濫用、憂鬱與自殺、學校適應等問題或精神疾病（郭靜晃，2006）。

 # 第一節　青少年社會與情緒發展 ♥ ♥ ♥

一、同儕與青少年發展

Selman 對自我分化的研究說明兒童與青少年人際發展的過程，他設計了一系列的社會人際衝突情境，拍成有聲幻燈片，然後要求受試者描述每一位主角人物的動機，以及各主角人物的友誼關係（劉玉玲，2005），過程分為五階段，分述如下：

1. **自我中心未分化階段**（egocentric undifferentiated stage）：這個階段年齡約在三至六歲之間，兒童尚無法區別人與我之差異，認為別人與他們具有相同的情感與喜好。兒童比較相信自己對環境的知覺，不認為別人對社會情境的看法會與他有所不同，以自我為中心。

2. **主觀觀點階段**（subjective perspective-taking stage）：年齡約在五至九歲之兒童，他們開始發現自己與他人有所不同，開始瞭解到自己的想法和看法並不能完全讓他人瞭解，但也不能完全瞭解他人的想法和看法。此時期的孩子常以外在的觀察法去判斷他人的情感，而

不對他人的動機做推論或推理。

3. **自我深思熟慮階段**（self-reflective thinking stage）：年齡約在七至十二歲之間，此時期的孩子會考慮到他人的思想與觀點，表現在自己的行為時，也會顧及別人的反應。開始瞭解自己內在的衝突，比如說他們會想告訴成人真的想要一支手機，想要電影《星際大戰》中的雷射槍，好想擁有這些東西，但害怕被大人拒絕，所以他們想對大人說的話，常吞吞吐吐的。

4. **相互觀點取替階段**（mutual perspective-taking stage）：年齡約在十至十五歲之間，大約是即將或已進入青少年期的階段。在此階段中，青少年對人際情境中做客觀的、第三者的考量，他們瞭解到大人的觀點可以從與其交往中獲知，也可從一些遊戲、活動或行為結果中解釋。

5. **深層與社會觀點取替階段**（in-depth and sociated perspective-taking stage）：青少年會將社會共通的規範加入人際關係中，他們依照社會規範，對自己的經驗賦予意義。這時青少年對自我的身分也開始含有潛意識作用，已體會到對自己的情感與需求瞭解得並不充分，也不完全瞭解情感與需求對行為的影響，此種情況導致青少年較願意更深層瞭解自己，但卻愈來愈無法與他人建立親密與信任的關係（Selman, 1980）。

青少年的同伴關係大大不同於學齡兒童。此時，異性關係與團體開始發展，對於同儕團體的價值及行為的順從及認同增加；相對地，父母對子女的影響卻漸漸微弱。青少年對同伴關係的看法不像學齡兒童那般具體，而是較重視彼此之間的共享態度及團體過程的重要性。事實上，Csikszentmihaly 和 Larson（1984）的研究發現：青少年花較多的時間在談天而不是一起做某些事。尤其今日的學校制度，是集合同年齡層的學生在學校裡以班級的編排方式接受教育，使得青少年有許多時間和同年齡層的

同學在一起學習。這種學校式的教育安排,對於青少年的社會化過程產生
很大的影響。求學階段的青少年大部分以同學作為主要的交往對象,也是
相互學習行為與認同及提供親密來源的對象,更是組成同儕團體的最大來
源(李惠如,1997)。

郭靜晃、曾華源、湯允一、吳幸玲(2000)以及內政部兒童局
(2006)針對台閩地區之青少年所做的生活狀況調查報告中發現:青少年
最常向同儕及朋友學習思想行為,而不是以父母為認同之主要對象。而且
朋友與同儕是除了自己之外,最瞭解青少年心事的對象。至於和同儕與
朋友最常在一起聊天、逛街、打電話及運動(郭靜晃等人,2000)和上
MSN、打電動(內政部兒童局,2006)等事項。可見青少年在社會化過程
中需要學習有效參與社會所需的知識、技能和態度,可表現出社會所期許
的個體,尤其是青少年階段更是延續兒童時期所發展出的利社會行為、攻
擊行為、性別角色及人際互動。

隨著思春期生理的快速成長與改變,父母、師長與社會期待也都在改
變,所以個體在尋求獨立、自主的同時,更需要同儕的情緒支持,如此說
來,對朋友的依賴及相互學習,對青少年身心發展愈來愈重要,這也促使
青少年社會化過程產生催化作用。

同儕給予青少年最大的影響是順從壓力及從眾性,特別在國中階段的
青少年早期(Berndt, 1979),此種影響要到青少年後期才會漸漸減少,因
為青少年期發展獨立自主的能力。

Santrock(1990)認為青少年的從眾性(conformity)在青少年發展過
程中,是其生活中正常的一部分。因為一個人需要學習在個人自主及行為
迎合他人期待中得到一個平衡點,也就是個體要尋求心理分離——個體
化(自我與客我的恆常性),它的結果有正面的,也有負面的效果。Blos
(1979)指出,當青少年脫離嬰兒期的客體失敗時,會出現自我的妨害,
並有激烈的行為出現,如學習失調、缺乏目標、負向情緒等;甚至有些青
少年會逃家,或與同儕產生負向認同而產生小流氓(punksters)、吸毒者

（druggies），或產生奇裝異服及流行文化。

　　青少年團體除了提供友誼之外（Hartup, 1996; Rubin et al., 1998），最明顯的莫過於親密關係的建立。Parker 和 Asher（1987）的研究發現：友誼至少有六個主要功能——陪伴、鼓舞、心理支持、自我支持、社會比較以及親密情感。青少年的成長伴隨著個體與同儕脈絡的變化（Grotevant, 1998）。青少年常會組成小團體，並與團體成員互動頻繁及發展出親密關係，Brown（1990）及 Rubin 等人（1998）將這種團體稱為群體（crowd）。群體為一群同類型的個體以聲譽為基礎所形成的集合體，個體可能會／可能不會與團體成員花太多時間在一起，而且團體成員的關係仍是鬆散而非緊密的，例如社團組織或球隊，此類團體通常是以追求名望為基礎。青少年小團體的其他一類重要次級群體為朋黨（cliques），通常是由三至八個成員緊密聯繫組合而成的團體，彼此成員視對方為共有或互惠的朋友（Henrich et al., 2000），且這些團體成員具有共同普遍的特質和興趣（如運動、課業、音樂等）。另外一類與朋黨不同，而且不易分辨者則稱為幫團（gangs），成員彼此間互動頻繁，共同參與犯罪活動，有增強團體的名稱（如十三太保、竹聯幫、四海幫）、地盤與標誌徽章（如衣服顏色），反應團體成員的需求，提供社會支持、交流與保護等。幫團在各地均有增加的趨勢，通常介於十五至三十歲之間，各地有其分會，各有領袖及核心人物（Brown, 1990）。

　　幫團的形成與青少年需要和同儕產生互動關係有關，尤其對一些與同儕互動有困難或面臨生活適應有困難的青少年，因為他們需要獲得認同或與同儕建立關係，因此幫派的產生並不足為奇，而且幫派的存在也提供青少年有了認定及被接納的極端例子，一方面提供社會及情緒支持，另一方面也提供青少年免受其他幫派或同儕的欺凌（bullying）。

二、青少年的異性交往與性行為

在美國，約在青少年前期之後的短暫時期，已經開始有了異性交往的約會經驗，而女孩較強調浪漫，但男孩較注重肉體上的吸引力（Feiring, 1996）。台灣的青少年大約在高中階段開始與異性交往，但最近發現年齡有下降的趨勢，而且交往時即開始有性行為的時間也在縮短。在美國，青少女普遍喜歡與同年齡的少男約會，但青少年則喜歡與較年輕的女孩談戀愛（Kenrick et al., 1996）。近年來美國有性行為的少年不斷增加，不過有關對未婚性行為的態度，女生顯得比男生保守，大約為男生的二分之一，可能是在兩性關係中，男性要比女性主動，而女性則往往是設限的人。一九九〇年代，大約有 22% 的少年和 10% 的少女在國一有性經驗，到了高三時候，有 77% 的男生及 66% 的女生表示曾有性經驗，而且避孕措施的使用也逐漸增加（大約從 30% 至 50%），性行為的年齡大約在十五至二十歲之間（Carnegie Corporation of New York, 1995），而有 27% 的十五至十七歲及 16% 的十八至十九歲青少年，進行性行為時沒有使用避孕措施（U.S. Department of Health and Human Service, 1996）。此外，大約每秒鐘，美國青少年會產下一名嬰兒（Children's Defense Fund, 1995）。

青少年大約在國中階段與同儕關係密切，一方面減少與父母溝通及相處時間，另一方面卻增加與同儕夥伴相處時間。不過這時期仍以同性別的同儕夥伴居多，結伴成夥歷程，主要是依賴彼此的忠誠度、共同的志趣以及年齡差距而定；他們依雙方的親密度和互信依賴程度而決定彼此之親疏關係（Berndt, 1979）。女孩比男孩培養親密的友伴關係（尤其與異性）要早得多；少男們透過與朋友共事而相互瞭解，並且常著重就事論事，較缺乏情緒上的表達，而年長的青少年遲早會與異性交往。

當青少年參與異性交往的階段，剛開始會以群眾聯盟策略（crowd strategy），即多個以上異性團體結合在一起，共同聯合計畫，並且執行所安排的社交活動，例如一起看電影、烤肉、兜風、逛街或舉辦週末派對

等。在這些活動中，青少年彼此更進一步認識，與異性互動、約會交往，逐漸進展為雙邊約會（double dating），促進相互交流。

通常青少年大約在十四歲左右開始約會，性行為大約在十五至二十歲之間，雙方約會過程會期待男生採取主動。在美國，對青少年施以性虐待和暴力情形十分普遍，自一九九三年起，青少年的性虐待案約有十五萬名案例，另外可能有三十五萬名個案遭受性侵害（Finkelhor, 1994）；而在兒童及青少年分別約有 20% 的女性和 5% 至 10% 的女性曾被性虐待（Finkelhor, 1994）。因為女性常會有被迫的性行為（Carnegie Corporation of New York, 1995），約有 20% 八至十一年級的青少年女性，以及 75% 十四歲的女性曾因此發生性關係，且是性侵害事件的受害者（Di Mauro, 1995）。

青少年的性行為（sexuality）是深受家庭、社會及文化影響的複雜發展過程（Chilman, 1989）。青少年性行為與懷孕的情形在美國十分普遍，而且造成的影響也很大。雖然美國由於墮胎及流產造成青少女生育子女的比率下降，但是懷孕的比率卻是上升的，而美國也是所有工業國家中未婚懷孕比率最高的國家。據估計，美國每年約有五十一萬八千名十九歲以下的女性生育子女，並有約一百二十萬名婦女懷孕，有四分之三是意外受孕的（Sugland, Manlove, & Romano, 1997）。自一九七三年起，美國每年大約每九個少女就有一個未婚懷孕（Dryfoos, 1990）。

關於青少年懷孕之議題是十分複雜的，有些青少女想要懷孕，但青少年的社會工作者對於此想法卻持著保留的想法，並處心積慮的想要預防青少女懷孕（Sugland, Manlove, & Romano, 1997）。相對地，在台灣，十五至十九歲青少女未婚懷孕生子之比率占亞洲第一位，占出生人口的 5%（內政部統計處，2008）。青少女生育率為 1.295%，超過日本的 0.4%，韓國的 0.28%，新加坡的 0.8%。最年輕的媽媽只有十二、三歲。

每年有二、三十萬的婦女墮胎，其中有 40% 是青少女。青少女未婚懷孕並不容易預防，在美國也只有二分之一的青少年會在性行為過程中採取避孕措施（Kadushin & Martin, 1988）。即使採取避孕措使也是用較不可靠

的方式，原因是青少年之性教育做得不具成效，以及青少年持有個人神話
（personal fable），覺得懷孕的事不會降臨到自己身上。未婚懷孕、墮胎、
生子除可能直接危害少女之身心健康外，亦將造成社會經濟及社會問題，
花費可觀的社會成本，為此，世界各國莫不將青少年的性及生育教育視為
重要的健康議題。

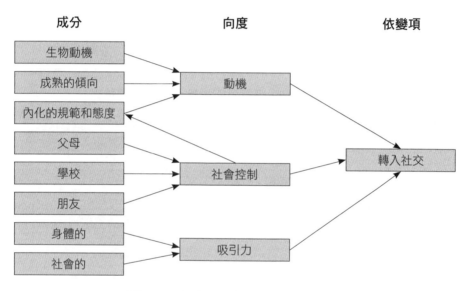

圖 3-1　青少年期轉入性行為的模式

資料來源：Udry & Billy (1987).

　　在青少年時期，青少年透過同儕互動引入性興趣和行為。這種對性
關係的興趣所不斷增加的推動力，來自於社會的期望和性成熟。Udry 和
Billy（1987）設計了一種模式來解釋青少年前期性行為的轉移（參見**圖
3-1**）。在此一模式中，三個基本向度說明了青少年性活動的開始：動機、
社會控制、吸引力。第一個向度「動機」可由三個生理因素來說明：(1) 可
由荷爾蒙分泌的層次來說明；(2) 可由希望獨立及從事成人行為的願望來
說明；(3) 也可由某些內化的規範和態度來說明。第二個向度「社會控制」

則提供了在其中產生性活動的規範化環境。根據這一模式，這些控制源於父母的社會化和習俗、學校成績和學業抱負、朋友的態度和性經驗的產物；另外，還可以在此加上宗教信仰與價值觀的影響。第三個向度「吸引力」影響著伴侶的可獲得性。吸引力一部分由思春期所定，另一部分由社會接受性或聲望所定，其他部分則由一個人是否被判斷為漂亮或英俊（外貌）所決定。

　　Hansen（1977）就從高中生調查中（參見**表 3-1**）發現，在交友、約會與結婚對象所重視之特質有所不同，但外表及吸引力仍是列入前茅。

表 3-1　高中生交友、約會與結婚對象所需重要特質之評量表

友誼重要特質	約會重要特質	結婚重要特質
1. 愉快的	1. 愉快的	1. 愉快的
2. 外表乾淨	2. 可信賴的	2. 可信賴的
3. 有幽默感	3. 體貼	3. 體貼
4. 可信賴	4. 有幽默感	4. 誠實正直
5. 受異性歡迎	5. 外表乾淨	5. 有感情的
6. 自在的	6. 誠實正直	6. 自在的
7. 有感情的	7. 自在的	7. 有幽默感
8. 體貼的	8. 有感情的	8. 聰明
9. 有車子	9. 聰明	9. 好聆聽者
10. 會玩	10. 思考周密	10. 運動好
11. 偶爾會冒險	11. 穿著適當	11. 思考周密
12. 思考周密	12. 運動好	12. 穿著適當

資料來源：Hansen (1977).

　　在一項評價此一模式的研究中，研究者們發現：對白人男孩來說，可由荷爾蒙水準和受異性的歡迎程度最為有效地預見性行為的轉移。轉入性活動的常模在男性中如此明確，因而很難找出許多能說明這一轉移的因素。對白人女孩而言，各種不同的社會控制，包括父母、學校成績、朋友的態度和行為，都在預測其性活動方面起著重要的作用。

許多研究支持這一見解：特別是女孩，荷爾蒙本身並不能說明青少年捲入性活動，這些活動是產生於一種社會情景，比如父母的價值觀、求學期望、父母對孩子的社會和學校活動能有適宜控制的操縱能力、同儕群體的規範，都在青少年是否願意於性活動中變得積極主動方面起作用（Brooks-Gunn & Furstenberg, 1989; Newcomer & Udry, 1987）。

對青少年性行為最明顯的環境影響之一是「宗教參與」。經常參加宗教服務的青少年，把宗教視為自己生活中最重要的部分，對婚前性行為較少有放任的態度。這一發現對天主教徒、新教教徒、猶太教徒中的青少年均同樣適用。那些視自己為原教旨主義的新教教徒或施洗者的青少年，會特別強調這種關係。然而，一個青少年對婚前性行為的態度，還有除其宗教社會化以外的許多因素所塑造。青少年在做出關於參與宗教的獨立決定時，他們也產生了關於是否接受婚前性行為的想法。因此，對性行為持較為放任態度的青少年，往往很少會參加宗教服務，在宗教參與中也很少找到滿足。

三、青少年情緒發展

基於青少年由於形式運思能力的發展，思想和感情能夠進一步從熟悉的具體而產生抽象思考。依 Piaget（1963）的觀點：「這種感情不附屬於某個特殊的人物或只限於物質現實的聯繫，而是附屬於社會現實或主要精神現實，如關於一個人的、國家的、人道主義的、社會理想的以及宗教的情感。」

在青少年時期，情緒是屬於內部和個人的。因為情緒獨立於外在世界而發生，則情緒更加能自主化了。此外，由於認知能力和意識水準的提高，也使得青少年的情緒發展具有下列特徵：(1) 延續性；(2) 豐富性；(3) 差異性；(4) 兩極波動性；(5) 隱藏性。

Rice（1993）將情緒區分為三類：(1) 喜悅狀態（joyous states）：是屬

於正向的情緒，例如滿意、愛、快樂與歡愉等；(2) 抑制狀態（inhibitory states）：是屬於負向的情緒，例如憂慮、擔心、苦悶等；(3) 敵意狀態（hostitle states）：屬於負向的情緒，例如激怒等。這三大類情緒狀態並非單獨存在於個體的情緒內，這三種情緒有時會並存，如單戀一個人有了愛意，看到她和別人講話，產生嫉妒的心，後來得知單戀的對象已愛上別人，愛恨情仇乃集於一身。所以情緒會以多元面貌呈現在個體身上。Kostelnik 等人（1988）更將喜悅（joy）、傷悲（sadness）、憤怒（anger）與恐懼（fear）稱之為核心情緒（core emotions），此四大核心情緒並各自形成一個情緒聚類（emotional clusters），例如喜悅此核心情緒所對應之情緒聚類，如滿意、快樂、得意等；而憤怒所對應之情緒聚類，如生氣、厭惡、挫折等（劉玉玲，2005）。

劉玉玲（2005）將青少年的情緒發展狀態區分為正向的與負向的情緒發展，茲分述如下：

（一）正向的情緒發展

德國哲學家康德（I. Kant）在討論喜劇的產生美感時說：「笑是一種緊張的期待突然轉化為虛無的感情，就產生美感。」很多情緒發展對人是有益的，有正向積極面的。熱愛、關心及親切恰當的表現，包括愛情、愛好和惻隱心的情緒反應能力，是青少年、成人健康發展的基礎。一個人若能對自己和對他人的愛產生情緒反應，他就能順利達到更大的自我實現了，他還能產生更好的與他人聯繫的感情。Erich Fromm 提醒我們：「潛能得以充分發展的過程，開始於認識和愛護自己，然後關心別人和對別人負責。」

當小朋友積極從事遊戲活動時，我們常常會觀察到這種情緒。當一個人面對著要施展他的機智和技能的情境時，這種情緒就會發生。Abraham Maslow 研究自我實現的情緒，他以「高峰經驗」（peak experience）一詞來標誌產生巨大喜悅和愉快的時刻。Maslow 說道：「幽默感大部分是人

類開玩笑的行為，常出現在人們做了蠢事，或忘記他在世界上的地位，或自我吹噓時。」這也可以採取自己開自己玩笑的形式，但並不是虐待狂或小丑的行為。其實自己是情緒的主人，笑看人生或悲情過日子，決定權在於自己。一部戲可以用喜劇表現，也可以悲劇表現，端看編劇、導演的態度；要拍一部有深度內涵的喜劇並不容易，首先要讓自己笑，才能讓別人笑。

（二）負面的情緒發展

抑制狀態的情緒又謂之負面情緒，經驗如果過於強烈，將會傷害青少年身心的發展，輕度的抑制狀態情緒的經驗，則有助於青少年適度體驗人生，增強心理免疫功能，並有利於應付成年後的人生考驗。消極情緒，如害怕、焦慮、憤怒、罪惡感、悲傷、憂鬱及孤獨等，常使我們痛苦和缺乏效率。茲分述於下：

■ 恐懼情緒

恐懼感是人類最負向的情緒經驗，如對黑暗、陌生人、動物、颱風等事物產生恐懼。但隨著個體的成熟與認知能力的提升，青少年恐懼的對象與兒童時期並不盡相同，但兒童期的恐懼經驗仍會帶入青少年時期，甚至成人期。

■ 擔憂與焦慮情緒

一個焦慮的人意識到危險，卻不知道危險來自何處，也不知道可以採取何種行動。通常害怕和焦慮是並存的。害怕係針對著壓力情境中一些明確察覺的危險或威脅；而焦慮則是對壓力情境中不能預料或不能確定的層面所起的反應。憂慮可說是現代生活中難以避免的副產品。擔憂與焦慮（anxiety）也是普遍的情緒反應，通常是由對情境不如意或有壓力所引發的。擔憂與焦慮也是一種主觀的心理現象（mind image），青少年常擔憂

自己的儀表、容貌、穿著、考試成績、意外事故等；對成人而言，這些青少年所擔憂的事可說是微不足道的。

■ 敵意狀態

敵意可視為人格特質的一種，如外控型（external locus of control）的人在敵意評量上得分較多，也有較多的憤怒、暴躁、懷疑、口語與間接攻擊表現。較高敵意的人較不合作、較敵對、粗暴、不妥協、不具同情心與冷漠等特質。青少年敵意太高，常容易與人產生衝突，也較不受人歡迎。

■ 憤怒

憤怒可以導致適切及建設性的行為。因不公平待遇所引起的憤怒，可以建設性地用來促使社會改革，就個人而言，憤怒的表達也有助於他人瞭解自己在行為上冒犯了別人。憤怒常常導致破壞性的攻擊（aggression）。攻擊是指意圖傷害別人的敵意行為，因憤怒而無意中說出傷人的話，這並非攻擊；如果明知這樣說會傷害他，但我們還是說了，這就是攻擊。攻擊很少是一個有效的因應方式，它通常引發欠缺考慮的行為，而在事後感到後悔。

■ 罪惡感

當我們覺得自己做了不對、邪惡及沒有價值的事，或者違反倫理或道德規範時，不論是做錯事或是做了不該做的事，都會有罪惡感。罪惡感的原因：(1) 對與錯的價值觀是學來的；(2) 這些學來的價值觀被用來判斷我們的行為；(3) 由痛苦的經驗中學得做錯事會導致懲罰的認知。罪惡感的強度取決於自認所犯錯誤之嚴重性，以及是否能加以補救或彌補而定。罪惡感，常可藉著向自己或別人認錯、誠心悔改，以及接納別人的寬恕來處理。有些人藉由宗教獲得懺悔、悔改及寬恕的機會，有些人解決罪惡感是用自己的方式（例如補償）來解決。

■ **悲傷、憂鬱及孤獨**

　　當朋友或親人去世而遠離我們時會感到悲傷，通常整理悲傷的時間自數週到數月，甚至數年。憂鬱是一種沮喪、氣餒及不愉快的感覺，通常伴隨著缺乏原動力、散漫及某種程度的自貶，也常伴隨著食慾缺乏、睡不安穩及性慾低落。青少年也多有孤獨的困擾；在群眾之中，人們仍可能感到孤獨。獨處與孤獨是有區別的，有人選擇獨處，同時也知道可以選擇結束獨處。孤獨是硬加在我們身上的，而不像獨處，人們不易克服孤獨的感受，成長學習過程有許多時候是要面對孤獨的。因此，輔導他接受孤單的事實，並用來體驗深入瞭解自己，以及發掘自己以往不曾注意到的潛力。使人獲得更多的自我接納，也會增加對別人的熱忱及和諧的相處，建立真正有意義、誠摯及持久的關係。

■ **抑鬱**

　　抑鬱（depression）是一種悲傷、失去希望的感受，一種被現世的要求所擊倒的感覺，體驗到徹底的絕望。抑鬱症的人其症狀包括：擔憂、抑鬱、哭泣、沒有食慾、難以入睡、疲倦、對活動失去興趣和樂趣、注意力無法集中。抑鬱可以分為中度的、短時存在的悲傷和沮喪感，以及嚴重的內疚和無價值感。許多研究提出青少年期抑鬱的原因，就輔導立場而言，瞭解青少年期抑鬱顯得十分重要。第一，它伴隨著青少年自殺行為，雖然抑鬱並不全然是自殺的先兆，但抑鬱和自殺的念頭之間有著某種聯繫。第二，抑鬱與酗酒和吸毒有關。和強烈的抑鬱感做鬥爭的青少年，會轉而以酗酒或服用其他藥物——安非他命、古柯鹼、大麻菸、海洛因、搖頭丸等，試圖減輕或逃避這些感受。抑鬱的青少年可能無法有效參加學校課程學習，導致學習成績退步。青少年是人生當中的一個階段，在此階段往往會遭受到喪失、挫折和拒絕。青少年在應付這些生活中的危機方面缺乏經驗，他們可能還沒有發展起策略來解釋或減輕這些伴隨而來的壓力、生活事件的悲傷或沮喪感受，而這些抑鬱可能會被伴隨而來的荷爾蒙所加強。

青少年可能會變得認為自己是無價值的，這種認識上的歪曲會導致他們的社會退縮或自我毀滅的行為。因此，如何教導青少年的情緒管理和輔導，是關心青少年實務工作的當務之急。

第二節　喜歡與愛情 ♥ ♥ ♥

　　成年前重要心理社會發展的課題是建立親密感。依 Erikson 的心理社會理論，成年期處於親密 vs. 孤立（intimacy vs. isolation）的階段。然而親密關係的建立並不一定都循著合乎邏輯或性別刻板化（男性重權勢、輕溝通，女性則重人際關係與溝通），故專業社工人員在服務成人案主時，要有多元的文化觀點，尤其要瞭解不同案主的溝通方式及對親密需求的期待。成年期是開始建立個人親密關係的開始。此種關係是指個體能與他人分享真實且深刻的自我，換言之，也就是一種自我揭露（self-disclosure）。Carol Gilligan（1993）的研究即發現：對男性而言，認同先於親密；而對女生而言，兩者可同時產生、互存；也就是說，女性可從與他人發展親密關係而形成自我認同。Gilligan 相信男性較在乎公平與正義，而女性則較注重關係與關懷，所以從公平與關懷來瞭解兩性，將有助於我們瞭解成年人的工作與家庭生活。孤立與親密相對，即欠缺與他人建立關係的能力，同時，他人也無從瞭解自己。

一、愛與喜歡

　　愛情與喜歡不僅止在程度上不同，其關心的焦點也不同。喜歡（like）的要素在生理吸引（physical attractiveness）、時空相近（proximity）、相似性（similarity）及互補性（complementarity）；而愛（love）之要素則是關心（care）、依附（attachment）、親密（intimacy）及承諾

（commitment）。成年時最常存在的情緒是愛情，除了建立彼此有意義的
關係，也可能延續到結婚、組成家庭。Robert Solomon（1988）認為浪漫
式的愛情有三個特質：(1) 在動機上是有意涵的；(2) 它是自然發生且出
於自願，並非個體所能控制；(3) 此乃在同儕之間才會產生的反應。然而
Hatfield 和 Walster（1985）也提出愛的迷思：(1) 個體知道自己在戀愛；
(2) 當愛情來的時候，個體無法控制它；(3) 愛情是完全正向的經驗；(4) 真
愛會永遠存在；(5) 愛情可以克服一切。

　　Sternberg（2004）的愛情三角理論（triangular theory of love）指出，
愛情包含三種元素：親密、熱情和承諾。該理論所指的親密是互動關係中
所分享的溫馨與親近；熱情是指在愛情關係中所存在的一種強烈情緒（涵
蓋正、負面情緒），包括性的慾望；而承諾則是指不論遇到任何困難仍保
持兩人關係的決定與意圖。此三者之組合可以形成八種模式及其比重分配
（參見**表** 3-2），分述如下：

表 3-2 「親密感」、「熱情」、「承諾」在不同愛情中之比重分配

分　配 比　重	成　　　　分		
	親密感 （intimacy）	熱情 （passion）	承諾 （commitment）
無愛（nonlove）			
喜歡（liking）	+		
迷戀（infatuation）		+	+
空洞的愛（empty love）			
浪漫的愛（romantic love）	+	+	
伴侶的愛（companionate love）	+		+
虛幻的愛（fatuous love）		+	+
完美的愛（consummate love）	+	+	+

資料來源：Sternberg, R. (2004).

1. **無愛**（nonlove）：上述三種要素皆不存在，只是一般的互動關係。

2. **喜歡**（liking）：只有親密成分，沒有熱情，也沒有承諾。

3. **迷戀**（infatuation）：只有熱情成分，所謂的「一見鍾情」。

4. **空洞的愛**（empty love）：只有承諾成分。

5. **浪漫的愛**（romatic love）：是親密與熱情的組合，沉醉於浪漫愛情的戀人對彼此擁有許多熱情，但沒有承諾。浪漫的愛可能始於迷戀，一般平均為三十個月。

6. **伴侶的愛**（companionate love）：是親密與承諾的結合，這是最傳統且持久的婚姻關係，大多數熱情已不存在，生活只有平淡的以孩子為目標。

7. **虛幻的愛**（fatuous love）：熱情與承諾的組合，例如一對戀人很快墜入愛河並決定結合。

8. **完美的愛**（consummate love）：是親密、承諾與熱情的結合，是一種圓滿、完美的愛。但這種關係很難存在。

加拿大學者李約翰（John Lee）則依據 Sternberg 的愛情要素，分成三種主要愛情和次要愛情（參見**圖 3-2**）。三種主要愛情是：

1. **熱戀**：即是浪漫的愛（romantic love），有較強烈的激情。

2. **遊戲愛**：只有激情，較少親密與承諾。

3. **友愛**：較多親密少激情，一切皆是循序漸進、細水長流般的親密。

三種次要愛情是：

1. **占有愛**：即為熱戀與遊戲結合，且具強烈占有慾，為愛癡迷而失眠，思緒紊亂無法自拔。

2. **實用愛**：為友愛與遊戲愛的結合，此類型的人不會為愛沖昏頭，會用理智分析。

3. **利他愛**：為熱戀與友愛之結合，此類型的人愛的出發點皆為了對

方，是發自內心的體貼與大方（張老師月刊編輯部，1987）。

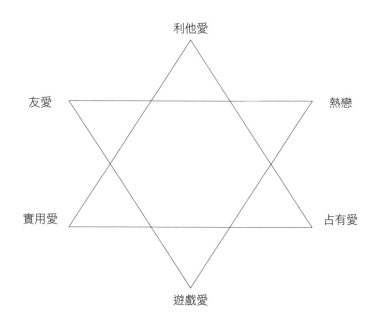

圖 3-2　Lee 的「愛情色輪論」

資料來源：張老師月刊編輯部（1987）。

　　喜歡是個人表達對他人情感的連續，尤其對青春期的青少年，喜歡是兩人之間互相吸引的形式，主要是受友誼之間的和諧溝通（persisting compatible communication）所影響。兒童隨著自我的認識與認同（self identity）之後，而逐漸對同伴透過生理吸引、時空的接近、相似性及需求互補之社會互動，而萌生對他人有著親切的感覺（feeling of tender）；這也是個人瞭解他人內在生活之察覺（awareness）（又稱為同理心），如此一來，彼此之間便成為膩友、死黨（chum），尤其對同性別青少年非常普遍，而且對他們而言，此需求是很重要的，它可使青少年信任他人的感受、對別人親近，並接受別人善意的干涉與批評。

　　隨著個人成長，兒童從自戀（narcissist）到關心他人，尤其對同性別的幫團（crowds or cliques），他們聚集在一起，從共享活動，注重相似的外表及共享內心的價值與態度。之後，個人由自我中心（ego centric）逐漸學習與別人分享內在感覺、概念與心情，而進展為多層利他性（altruistic），此時個人不再個人化，而是具有人性化。

　　當兩人關係透過接觸、溝通、相互致意，從陌生到熟識，從相知到相惜，從意見不合到和諧圓融，從肉體的情慾而產生心靈之契合，如此一來，兩人即產生共同的愛慕之情，甚至可以結婚、組成家庭。這個過程可由社會交換理論、浪漫與成熟之愛、愛情色彩理論、愛情三角形理論、愛情依附理論等做分類。將愛情歸納具有一些共同因素，如對對方之關懷、激情、依戀及承諾等。正如 Farber（1980）指出婚姻之愛（conjugal love）應具有下列三因素：(1) 內在思考及情感的分享，也就是建立彼此之親密感；(2) 建立自我認同，這是一種融合於人格，造成彼此之間信任及相互影響及改變行為；(3) 彼此之間的承諾。Abraham Maslow（1962）將愛分為缺陷的愛（deficiency love）及完整的愛（being love）。缺陷的愛是自私的，可以滿足個人之需求。通常缺乏自我認同的人常將愛看成是獲得，而不是給予，並將愛的人當成物品（object）。例如，男人愛女人只為了性或為了滿足其男性的自尊，此種男人希望女人為他煮飯、洗衣，滿足其性慾；而女人為了金錢、需求或依賴而去愛男人。這種愛不會幫助個人成長及發展更深固的自我認同。通常男人指女人是他的好太太，而女人指男人很顧家，他們彼此之間很少有交集，而以角色、物體或功能來維繫彼此之間的關係。

　　完整的愛是一種不求回饋的愛，彼此雙方不是盲目的吸引或愛，而是相互瞭解、信任；它可以使個人成長與成熟。父母對子女的愛更是完整的愛的代表，它也包含了個人的情緒，例如憤怒、厭煩、害怕、驚奇的感覺，以及感情和知識。

　　愛與被愛總是令人興奮的，尤其愛是透過社會化，經由學習過程而

來。然而，愛也有其障礙，茲分述如下：

1. **視人為物品**：當將人視為物品或他人的附屬品時，那麼你我之間的關係將變成我與他的關係，尤其是資本主義社會講求功利、現實。將愛人視為物品，也隱含著不尊重，人與人之間的關係也變成非人性化。

2. **隱藏的禁忌**：不能控制自己的情緒、衝動，將使我愛你變成我恨你；而不瞭解自己，未能獲得自我認同又如何愛人？不能尊敬別人又如何能愛別人？

3. **傳統的兩性角色**：傳統的兩性角色教導男人要勇敢，隱藏情感，不能輕易示愛；而女性要情緒化、溫柔並依賴男人而成「男主外，女主內」。此種障礙會影響兩性在情感或性交流時產生困難，並造成兩人之間的疏離。唯有透過自我肯定，坦誠溝通並達成自我坦露，兩人關係才能獲得改善。

妒忌（jealous）也和愛一樣，不是與生俱有的行為，而是後天的學習行為。妒忌是個人透過社會化過程而來。

雖然，大多數的人可能認為妒忌是一件不好的事，非理性，甚至不應擁有；但妒忌其實只是一種不愉快的感情，其夾雜著怨恨、生氣、害怕、沒有安全感、不信任或痛苦的感覺。就因為妒忌有著惱人的影響，因此我們都想要避免或去除妒忌。然而，無論我們傾向妒忌與否，都可能常使用它，甚至在不知不覺中表達此情感。

心理學家 Barbara Harris 在一九七六年指出妒忌也有其價值，她認為妒忌是負反應的信號或症狀。正如痛苦提醒吾人身體上出現問題，並要我們注意或做某些行為來避免痛苦（如驅力與驅力降低理論）；而妒忌也是一樣，代表吾人心中有了壓力，或許是來自潛意識，抑或來自意識中你所不想面對的事。因此，當個人面臨此種情況，最重要的不是吾人是否知道我們正在妒忌，而是我們是否能發現為何我們在妒忌，進而要如何面對。通

常，吾人可能很容易將以往社會化的經驗（換言之，所接受的傳統規範）用來處理妒忌的情形，而且通常是負面大於正面，例如對外遇的處理。當個人面臨外遇時，妒忌將令人感受即將面臨失去所愛的人。不管男女雙方皆害怕自己的伴侶和別人在一起，除了懷疑性關係的不滿足之外，通常女性比男性更易受到威脅，因為女性常懷疑自己比對手是否來得不具吸引力（attractiveness）。

妒忌的反應有時合乎理性，有時則否。合理的反應主要是因個人的主權（控制）受到威脅而引起妒忌的反應，此種反應是被遺棄、被迫的。此外，妒忌有時也在不合理性之下運作，例如當某人的伴侶和一位異性朋友共進午餐，某人因害怕伴侶會離他而去，雖然意識上知道他們僅是朋友關係，但某人已受到威脅而產生妒忌，這種不合乎理性的態度值得我們探討與深思。你不妨回答下列幾個問題：

1. 你是否信任你的另一半？
2. 你相信你的伴侶所告訴你的話或情節嗎？
3. 你是否將你的感受投射給你的伴侶？
4. 你是否感受沒有安全感而責怪他？

如果你的回答是多數情形皆會，那你大約已陷入不合理的妒忌情感中。吾人為何如此害怕妒忌呢？因為我們皆依賴所愛的人，而且人類是分工的，人的生活愈來愈不獨立，而因為害怕失去依賴，可能增加你對失去伴侶的恐懼。

在我們瞭解妒忌之後，接下來，吾人要如何面對我們妒忌的情感呢？

筆者認為事先瞭解自己為何妒忌，並清楚哪些方式或行為會令你感到妒忌，你才能面對它。妒忌基本上是一「三人行」的人際問題，絕對不只是你個人的問題；同時，你也不能指著你的另一半說「那是你的問題」。最理想的方法是三人一起處理，共同來面對，以降低負面帶來的影響。

以下有幾個減緩妒忌的方法供各位參考：

1. 在認知上，個人必須瞭解你為何妒忌，以及導致你妒忌的想法或知覺。在瞭解你的妒忌是理性或非理性之後，你才能預知這種結果是否會帶給你威脅、害怕或沒有安全感。

2. 要誠實、自我坦露面對你的感覺，而且個人要確信你與被妒忌的人的關係是不具威脅性及安全的。

3. 要有自信，因為妒忌反映的是自己缺乏自信及沒有安全感。

二、喜歡與愛的區別

陳皎眉等（1996）則引述 Rubin（1970）的論點，指出愛情包括下列三種成分：(1) 依附（attachment）：係指希望自己所愛的人能在身邊，並且有與對方時時刻刻在一起的需求，「一日不見如隔三秋」或「一刻不見就心疼」的現象，即是這種依附的情感；(2) 關懷（caring）：戀愛中的人往往會對他所愛的人有一種情感需求，要去關懷他，也需要他的關懷，譬如說噓寒問暖，時時刻刻關心自己所愛的人，對方的一舉一動均是照顧關注的焦點；(3) 親密（intimacy）：墜入情網的人總希望彼此之間可以日益親密，在一起就是一種享受，分開則是一種痛苦。親密是一種瞭解與體諒的情意，也是兩情相悅、互通心聲的聯繫。

由上述愛情的成分與類別，可以得知有關愛情（love）與喜歡或友情（liking）兩者，其實不難分辨；不過，男女在交往期間，由於溝通互動的符號語言運用及猜測解讀方向的分歧，常常發生究竟屬於愛情或友情的疑問與困惑。從理論上看，情愛涉及激烈情緒，受對方吸引，希望會見、接觸對方，見不到對方時會產生悵然若失的感覺，情到深處更會引起精神及生理上的快感迷失現象；友愛則不然，具較多的理性成分（張華葆，1987）。此外，除較少激情外，友愛雖也含有親密與承諾兩種成分，但其承諾度則不如愛情，故「山盟海誓」、「海枯石爛」之語，絕少用於僅彼此

友愛的人身上。對於情愛與友愛的區辨，Rubin（1970）曾做測量表以檢定，茲將其中的部分項目列述於下：

1. **愛情部分：**

   (1) 所有的事，我都能信任他（她），幾乎沒有祕密可言。

   (2) 如果不和他（她）在一起，我會感到難過悲傷。

   (3) 為了他（她），我應該做何打算。

   (4) 寂寞的時候，我最先想到他（她）。

   (5) 我最重要的人是他（她）。

   (6) 我和他（她）一起就一定幸福。

   (7) 我想獨占他（她）。

   (8) 和他（她）溝通往來是最快樂的事。

   (9) 我和他（她）在一起的時間稍多。

   (10) 和他（她）的感情不太好，我也不在乎。

   （後兩個項目為負向敘述）

2. **友愛部分：**

   (1) 我認為他（她）很有能力、可靠、友善且可以信任。

   (2) 我相信大多數的人都會喜歡他（她）。

   (3) 我認為他（她）是個適應力非常好的人。

   (4) 他（她）是我所期望成為的人。

   (5) 只要認識他（她）一段時間，我相信大多數的人都會對他（她）好。

Rubin（1970）且發現，男女在異性「情愛」的質與量上，分數相當，男女對於其同性朋友之「友愛」亦相當。然而女性對其男朋友的「友愛」程度，較乎男性對其女朋友的「友愛」程度深（徐光國，1996）。蔡文輝（1998）亦指出，一般人總是認為女人比較多情，比較羅曼蒂克，男人像隻呆頭鵝，不解風情。可是科學的調查發現這種傳統式想法不全然

對，研究資料上發現：

1. 女人比男人較不羅曼蒂克。
2. 女人比男人較小心墜入情網。
3. 女人比男人較不相信羅曼蒂克的愛情存在。
4. 女人比男人在戀愛中較不快樂。
5. 女人比男人較能斬斷情絲。

因此，研究者的結論顯出女人是「LIFO」型，亦即是「晚進早出」（last in first out）：較晚進入情況，一見情況不妙能早撤出。男人則是「FILO」型，亦即「早進晚出」（first in last out）：容易墜入情網，卻又不容易撤出。

也許，上述結論應是在男女未婚之前追逐期間的表現，由於女性的被動及實際考量，乃形成 Rubin 和蔡文輝所說的情況；若是在成婚之後，男女之間究竟誰是「LIFO」，誰是「FILO」，則尚有進一步探究的空間，可以說，目前尚無明確結論（徐光國，2003：71-73）。

三、愛情的負向經驗

以下有關愛情的負向經驗的論述，主要引自郭靜晃（2010：390-395）的研究，分述如下：

（一）孤獨與寂寞

不是所有人皆能獲得滿意的情感、友誼或浪漫關係，仍有不少人面臨孤寂的經驗。Rubenstein 和 Shaver（1982）研究指出：少年與青年是最會感到寂寞（loneliness）的兩個群體，不過隨年齡增長，此種感受會遞減。寂寞也是一種主觀感受，它與社會孤立感有關，有時會伴隨無助感及無望感。寂寞最佳的定義是少於期望（desired）中所能擁有的人際關係，或指

沒有從期望中獲得滿意的人際互動關係，因此，寂寞並不等於獨處。目前有關協助因應寂寞的處遇方案，大多採取理性情緒治療法的認知重建，或改變負面的自我對話，以及教導個案降低焦慮感。Young（1982）則提出了各種導致寂寞感的認知和負面自我對話的因素，以及衍生的六種後續行為（參見**表 3-3**）。專業社工人員在輔導此類個案時，應先瞭解案主的認知類型，再輔以情緒及焦慮紓解之技巧，將有助於方案處遇的效果。

表 3-3 導致寂寞的認知與行為

認知叢集	行為
我不受歡迎。 我是很笨很無趣的人。	逃避友誼關係。
我無法與人溝通。 我的思想及感覺都很空洞貧乏。	自我揭露意願低落。
我不是個好的戀人。 我無法放鬆並享受性關係。	逃避性關係。
我似乎無法從這個關係中得到我想要的。	在關係中缺乏獨斷性。
我不想再冒被傷害的危險。 我對每個關係都處理不好。	規避可能的親密關係。
我不知道在這種情況下該如何表現。 我會出洋相的。	躲避其他人。

資料來源：Young (1982).

（二）孤立

建立親密感是一種積極的過程，亦是 Erikson 的心理社會理論中所言青年期的重要發展任務。親密被定義為能夠為另外一個人感受一種開放、支持、關心的關係，同時又不擔心在互動過程中失去自我的個性。親密意味著能夠相互體諒，互相約束需求，且能從他人中獲得快樂與滿足。相對地，不能獲得親密所顯現的心理社會危機就是孤立（isolation）。

成年初期危機的另一個極端是「孤立」。與其他消極極端一樣，大

多數人都有過一段對這種極端的體驗。自我發展愈成熟，其界限就愈分明。個性和獨立性這種文化價值的一個副產品是一種突出的與他人的區別感。

有人估計，25%的成人在某個月中感到極其孤單（Weiss, 1974）。孤單感可分為三類：暫時性的（transient）、情境性的（situational）及經常性的（chronic）（Meer, 1985）。暫時性的孤單持續很短一段時間就過去了，就像你聽到一首歌或看到一種表情而使你想起某個遠離身邊的心上人。情境性的孤單伴隨著突發的喪失或初到一個新的環境。經常性的孤單者可能有與常人一樣多的社會接觸，但是在這些互動過程中沒能獲得所期望的親密感（Berg & Peplau, 1982）。許多經常性孤單者對所有的社會活動都感到焦躁不安，他們認為搞好社會關係十分重要，但又認為意外與人相遇是件難辦的事，結局總不盡如意。社會焦慮程度高的人喜歡採用一些人際技巧對親密關係設置一些障礙。他們可能是自我否定的人，社會互動可能出現消極結果，這一點使他們感到煩惱，因此傾向於由別人提出人際互動活動的範圍和目的（Langston & Cantor, 1989）。

社交技能和孤獨之間似乎關係很密切。與人交友、溝通技能、非言語行為的分寸、對他人做出恰當反應等社交技能高的人，有比較恰如其分的社會支持系統，且孤單感要低些（Sarason et al., 1985）。

有一致的證據表明，男人的互動方式不如女人那麼親密（Carli, 1989）。男人一般顯得競爭性更強，呼應性較差，自我揭露性較低。但是，自我揭露性低對女性來說意味著比較孤單，而對男性來說卻不是這樣。男性和女性親密互動方面的能力似乎相同，但是男性不願在同性互動中施展這種技能。女性認為親密對於同性和異性關係都較合適，而男性只傾向於與女性進行親密互動。

在比較男性、女性各自的親密關係時，男性在親密性上的得分比女性低；涉及男性的關係給人的親密感比涉及女性的關係低。研究發現，四種可能的組合中，兩位女性之間的關係在親密感上得分最高，兩位男性之間

的關係得分最低。這並不是說，涉及男性的關係不親密，而是這種關係不如涉及女性的關係那麼親密（Fischer & Narus, 1981）。一般來說，丈夫比太太對婚姻中同理心的程度及同伴關係可能較滿意（Scanzoni & Scanzoni, 1981）。對這一發現有幾種解釋，也許在婚姻情感理解方面，男人的期望比女人要低；也許小姑娘的社會化的確使得婦女比男人更善解人意。

這種與他人親近的可能性，嚴重威脅著一些年輕人的自我意識。他們以為親密關係會使自己的認同模糊不清，因此他們不能與人建立親密關係。感到孤立的人必然在他們和別人之間繼續設立障礙，以保持他們的自我感覺完好無損。他們脆弱的自我感覺是經年累月的童年經歷造成的，這些經歷阻礙了個人認同的發展，自我認同變得死板、脆弱，或者十分混淆。自我認同單薄纖弱，就會要求一個人不斷地提醒自己他是誰。他們不會允許他們的認同去自行其是，從而使自己消失在其他人之中，哪怕只是暫時的消失。他們整天忙於保持自己的認同或者極力消除困惑，從而無力獲得親密感。

孤立也可能因情境性因素而產生。一個年輕男子去戰場，回來後發現家鄉的「意中人」已嫁他人，或者一位婦女拋下婚姻想去學醫，這些人都會發現自己處於親密願望無法滿足的情境之中。儘管我們可以說，這些孤單者應更加努力地去結交新人或發展新的社交技巧，但是孤獨感很可能影響人們採取更積極的因應策略（Peplau, Russell, & Heim, 1977）。

孤立還可能是興趣或活動領域分歧的結果。例如，傳統婚姻中男性和女性的角色和活動都不一樣，以這種生活領域相區分為特點的婚姻，有時被稱為「他和她」的婚姻（Bernard, 1972）。妻子多數日子是待在家裡，與孩子或鄰居的妻子來往；丈夫則整天不在家，與同事在一起。夫妻倆有時也是各找不同嗜好：女人喜歡玩牌，男人喜歡打獵。年長日久，雙方的共同點愈來愈少。孤立呈現在他們缺乏相互之間的理解，缺乏對各自生活目標極需要的支持。

（三）精神疾病

人類發展學者 Robert Havighrust（1972）宣稱：成年期是人類發展最困難的時期之一，因為年輕成年人必須面對許多生活挑戰，需要做出許多人生的決定，如職業、教育、婚姻、生養孩子等；對一個剛入社會的新鮮個體，這也代表他們將負起許多責任，端賴個人的能力以及其是否做好準備。因此，尚未準備好的成人，容易受到挫折、壓力而導致心理問題。

許多重大的精神疾病在青少年晚期與成年時期便明顯出現，特別是精神分裂症（schizophrenia）。一般將精神分裂症患者分為三類：治療成功而痊癒；部分痊癒並能維持一般正常的生活；療效不彰以致常常要入院治療。

精神分裂之原因可能來自遺傳因素、神經化學因素。但 Lehmann 和 Cancro（1985）提出下列四種因素：突然發作，年齡較長才發作，有較好的社會及工作環境，以及家庭中的非正式支持系統等，會有較佳的預後狀況。

美國國家精神疾病聯盟（The National Alliance for the Mentally Ill, NAMI），成立於一九七九年，專門為倡導精神分裂患者及其家屬權益，其主要扮演倡導者（adovate）的角色，將與病患相關的權益問題讓各級政府知道，並支持相關研究，以期提出協助病患及其家庭的專業知識，尤其是社區生活的適應。目前有關精神疾病的社區工作，已從第三級的治療走向第二級的補充性服務，以及第一級的社區及家庭支持的預防性服務。

（四）性的問題及處理

性功能障礙雖不是成年初期常有的問題，但如涉及有關夫妻或人際親密互動之間的問題，則必須尋求協助。過去有關此類的問題較著重於生物性的功能障礙，患者則尋求偏方或食補方式來獲得單方面的功能舒緩，但此類問題常涉及個人之認知及心理互動的問題癥結。在婚姻及性治療的個

案發現，女性在性關係方面常抱怨男人只是下半身思考，為了享受肉體器官滿足的性樂趣，而女性則著重於情緒的紓解再獲得肉體的刺激與快感。Master 和 Johnson（1985）的研究即發現：有 75% 的性功能障礙，除了尋求醫師及其他專業治療者的協助可以獲得此類問題的改善，此外，亦可求助於社會工作者提供協助，或由社會組織如婦女學苑、幸福家庭基金會、健康社區、性教育協會等專業組織，提供成人終身教育，開設兩性教育人際關係課程，以幫助社會工作實務者處理相關的性功能違常問題。

然而，大部分的性治療者（sexual counselors）多半只處理異性戀者，尤其是結婚之後的夫婦或單身者對他們的伴侶性趣缺缺，缺乏性方面有關的諮商協助。時近的工商社會在工作及生活的壓力之下，即使異性戀夫婦在新婚期，因為角色適應的問題，諸如家庭間、婚姻間或工作壓力所衍生的生活問題，涉及個人之親密關係，也有待社工人員的協助，以幫助個案之生活適應及性有關的調適。

同性戀（homosexual）最早可溯至一九六九年（Money, 1988），現今則用同志（gay）這個字眼。雖然同志適用於男性和女性，但女同志（lesbian）則只適用於女同性戀。而今最新的稱呼則有同志（gay）、女同志（lesbian）、雙性戀（bisexual）及灰色性戀（questioning individuals）等。雖然 Alfred Kinsey 在一九四〇及一九五〇年代的研究發現：有 8% 的男性和 4% 的女性在過去三年曾有同性戀行為；有 4% 的男性及 2% 的女性在青少年期之後便是同性戀者；此外，37% 的男性及 20% 的女性表示，他們至少曾有一次是與同性達到性高潮行為。Diamond（1993）針對世界各國男女所做的調查，估計有 6% 的男性和 3% 的女性自青少年時期即有過同性戀行為。然而許多專家相信這些估計偏低，因為社會對同性戀的態度極度歧視，會讓人較不願公開自己的性向。

雖然過去有一些不同取向認為，同性戀可能會有較嚴重的性虐待或心理疾病，但不管所使用的研究方法為何，至少這兩者的差異性尚未被發現（Gonsiorek, 1991; Groth & Birnbaum, 1978），所以同性之性取向不應被公

眾所譴責。

同性戀配偶所遭受的社會排外（social exclusion），諸如家居的抉擇、職場所受的待遇及接納，甚至有關日後的收養小孩等權利，社工人員要能去除社會預期觀點（social desirability），瞭解案主的背景，情緒的穩定，以充分協助同性戀者完成其人生的夢想及期待。

（五）親密暴力

親密帶給個人幸福、美滿及健康，但在親密關係中遭受另一半的攻擊、暴力凌虐，卻在近年來社會新聞報導中層出不窮。此類問題已涉及個人、家庭及社會之犯罪行為。

檢視家庭暴力（family violence）並不是一件容易的事，因為它涉及家庭的隱私，何況法不入家門，如果缺乏受害者的舉報，此類案件常會被隱藏。因為受虐者礙於害怕再度受創，或涉及個人自尊常不願據實彙報。女性通常比男性，老人比年輕人，兒童比成年人較容易成為家庭暴力中的犧牲者，而且家庭暴力是長期的，且傷害也比陌生人的攻擊來得大。

事實上，在親密關係中，愛與暴力通常交錯互行，且不易切割。暴力循環就存於日常生活當中：第一階段的壓力累積期，經驗施暴者的憤怒、指責、爭吵、冷戰；爾後進入第二階段爭執期，彼此相罵，甚至互毆，即使是小事皆可能成為導火線；第三階段風暴期夾帶著肢體暴力、性虐待、言語威脅，久而久之，暴力行為遂成為一種習慣；接著而來的是第四階段蜜月期，施暴者可能下跪痛哭，懺悔或承諾改變，以鮮花、禮物、性愛等方式作為彌補，以便受暴者心軟再求取給予另一機會，或是此階段不出現，因為施虐者將暴力行為視為理所當然，久而久之，也不認為有必要去討好或安撫受暴者，甚至用否認、合理化等防衛機轉來詮釋個人之暴力行為。不管是喘息於「暴風雨前的寧靜」，或者沉溺短暫而反覆的蜜月期中，留下或離開的決定，皆是受暴者一種困難的抉擇（林美薰，2004），社會工作者應要能讓受暴者瞭解此種暴力循環，甚至去除婚姻暴力迷思，

以幫助受虐者早日走出婚姻暴力之風險,例如肢體傷害、精神損害、牽連子女、財務或家庭、朋友、涉及逮捕及法律訴訟等(柯麗評等,2004)。

　　婚姻暴力防治本質上即是一個跨專業、跨部門及跨機構的工作,業務推動必須透過相關網絡來完成,涉及的工作層面又包括中央到地方各體系,目前地方上的社政單位所辦理的工作有:

1. 保護網絡之建立及教育訓練,督導協調。
2. 受理並彙整全縣(市)通報案件。
3. 通報個案之訪視調查與緊急救援。
4. 家庭處遇計畫之訂定與實施。
5. 保護個案之安置與後續追蹤輔導。
6. 個案資料之建立及管理。
7. 協調、整合相關機構及督導轄內福利機構配合推動保護工作。
8. 規劃辦理社工、保母人員、保育人員及相關行政人員教育訓練。
9. 其他家暴防治應辦事項。

參考書目 ♥ ♥ ♥

一、中文部分

內政部兒童局（2006）。「台閩地區兒童少年生活狀況調查」。台中：內政部兒童局。

內政部統計處（2008）。育齡婦女生育率。取自 http://sonf.mot.gov.tw/stat/year/list.htm，檢索日期：2013 年 5 月 20 日。

李惠如（1997）。《青少年發展》。台北：心理出版社。

林美薰（2004）。《家庭暴力防治工作人員服務手冊》。台北：內政部家庭暴力及性侵害防治委員會。

林蕙瑛著，江漢聲、晏涵文主編（1995）。〈戀愛與性教育〉，《性教育》。台北：杏林文化。

邱貴玲著，郭靜晃主編（2007）。〈兩性關係〉，《社會問題與適應》（三版）。台北：揚智文化。

柯麗評、王珮玲、張舒麗（2004）。《家庭暴力理論政策與實務》。台北：巨流圖書公司。

徐光國（1996）。《社會心理學》。台北：五南圖書公司。

徐光國（2003）。《婚姻與家庭》。台北：揚智文化。

張老師月刊編輯部（1987）。《中國人的愛情觀》。台北：張老師出版社。

郭靜晃、曾華源、湯允一、吳幸玲（2000）。〈台灣青少年對家庭生活認知與感受之分析〉，《香港青年學報》。6：110-121。

郭靜晃（2006）。《青少年心理學》。台北：洪葉文化。

郭靜晃（2010）。《人類行為與社會環境》。台北：揚智文化。

劉玉玲（2005）。《青少年心理學》。台北：揚智文化。

蔡文輝（1998）。《婚姻與家庭：家庭社會學》。台北：五南圖書公司。

陳皎眉、江漢聲、陳惠馨（1996）。《兩性關係》。台北：國立空中大學。

張華葆（1999）。《社會心理學》。台北：三民圖書公司。

二、英文部分

Achenbach, T. M. & Edelbrock, C. (1983). *Manual for the Child Behavior Checklist and Revised Child Behavior Profile.* Burlington, VT: Department of Psychiatry.

Berndt, T. J. (1979). Development changes in conformity to peers and parents. *Development Psychology, 15*: 608-618.

Berg, J. H. & Peplau, L. A. (1982). Loneliness: The relationship of social-disclosure and androgyny. *Personality and Social Psychology Bulletin, 8*: 624-630.

Bernard, J. (1972). *The Future of Marriage.* New York: World.

Blos, P. (1979). The second individualation process of adolescence. *Psychoanalytic Study of Child, 72*: 162-186.

Basow, S. (1992). *Gender Stereotype and Roles.* CA: Brooks Publishing Co.

Brooks-Gunn, J. & Furstenberg, F. F. Jr. (1989). Adolescent sexual behavior. *American Psychologist, 44*: 249-257.

Brown, B. B. (1990). Peer groups and peer cultures. In S. S. Feldman & G. R. Elliott (Eds.), *At the Threshold: The Developing Adolescent* (pp.171-196). Cambridge, MA: Cambridge University Press.

Carli, L. L. (1989). Gender differences in interaction style and influence. *Journal of Personality and Social Psychology, 56*: 565-576.

Carnegie Corporation of New York (1995). *Great Transitions: Preparing Adolescents for a New Century.* New York: Author.

Children's Defense Fund (1995). *The State of American Children Year Book.*

Washington DC: Author.

Chilman, C. S. (1989). Some major issues regarding adolescent sexuality and child rearing in the U.S. In A. Allen-Mears & C. Shapiro (Eds.), *Adolescent Sexuality: New Challenging for Social Work* (pp.3-27). New York: Haworth Press.

Csikszentmihaly, M. & Larson, R. (1984). *Being Adolescent.* New York: Basic Books.

Di Mauro, D. (1995). Sexuality research in the United States: An assessment of social and behavior science. New York: Social Science Research Council.

Diamond, M. (1993). Homosexuality and bisexuality in different populations. *Archives of Sexual Behavior, 22*: 291-310.

Dryfoos, J. G. (1990). *Adolescent at Risk: Prevalence and Prevention.* New York: Oxford University Press.

Farber, B. A. (1980). Adolescence. In K. S. Pope (ed.), *On Love and Loving* (pp.44-60). San Francisco, CA: Jossey-Bass.

Feiring, C. (1996). Concepts of romance in 15-year-old adolescents. *Journal of Research and Adolescence, 6(2)*: 181-200.

Finkelhor, D. (1994). Current information on the scope and nature of child sexual abuse. *Future of Children, 4(2)*: 31-53.

Fischer, J. L. & Narus, L. R. (1981). Sex roles and intimacy in same-sex and other-sex relationships. *Psychology of Women Quarterly, 5*: 444-455.

Gilligan. C. (1993). In a Different Voice: Psychological Theory and Woman's Development. Cambridge, MA: Harvard University Press.

Gonsiorek, J. C. (1991). The empirical basis for the demise of the illness model of homosexuality. In J. C. Gonsiorek & J. D. Weinrick (Eds.), *Homosexuality: Research Implication for Public Policy* (pp.115-137).

Newbury Park, CA: Sage.

Grotevant, H. (1998). Adolescent development in family contexts. In W. Damon
& N. Eisenberg (Eds.), *Handbook of Psychology* (Vol.3): *Social Emotional
and Personality Development* (pp.1097-1169). New York: Wiley.

Groth, A. N. & Birnbaum, H. J. (1978). Adult sexual orientation and attraction to
underage persons. *Archives of Sexual Behavior, 7*: 175-181.

Hartup, W. W. (1996). The company they keep: Friendships and their
developmental significance. *Child Development, 67*: 1-13.

Hatfield, E. & Walster, G. W. (1985). *A New Look at Love*. New York:
University Press of America.

Havighurst, R. J. (1972). *Developmental taskis and education* (3rd ed.). New
York: David Mckay.

Henrich, C. C., Kuperminc, G. P., Sack, A., Blatt, S. J., & Leadbeater, B. J.
(2000). Characteristics and homogeneity of early adolescent friendships
groups: A comparison of male and female clique and nonclique members.
Applied Developmental Science, 4(1): 15-26.

Kadushin, A. & Martin, J. A. (1988). *Child Welfare Service* (4th ed.). New York:
Macmillan.

Kenrick, D. T., Gabrielidis, C., Keefe, R. C., & Connelius, J. S. (1996).
Adolescents' age preference for dating partner: Support for an evolutionary
model of life-history strategy. *Child Development, 67*: 1499-1511.

Kostelnik, M., Stein, L., Whiren, A., & Soderman, A. (1988). *Guiding Children's
Social Development*. Cincinnati, OH: South-Western Publishing Co.

Langston. C. A. & Cantor, N. (1989). Social anxiety and social constraint: When
making friends in hard. *Journal of Personality and Social Psychology, 56*:
649-661.

Lehmann, H. & Cancro, R.(1985). Schizophrenia: Clinical features. In H. Kaplan & B. Saddock (eds.) *Comprehensive Textbook of Psychiatry, 5* (pp. 680-712). Baltimore: Williams & Wilkins.

Maslow, A. H. (1962). *Toward a Psychology of Being.* Princeton, NJ: Von Nostrand.

Master, W. & Johnson, V. (1985). *Human Sexual Response.* Boston, MA: Little, Brown.

Meer, J. (1985). Loneliness. *Psychology Today, 19*: 28-33.

Money, J. (1988). *Gay, Straight, and in-between: The Sexology of Erotic Orientation.* New York: Oxford University Press.

Newcomer, S. & Udry, J. R. (1987). Parental marital status effects on adolescent sexual behavior. *Journal of Marriage and the Family, 49*: 235-240.

Parker, J. G. & Asher, S. R. (1987). Peer relations and later personal adjustment: Are low-accepted children at risk? *Psychological Bulletin, 102(3)*: 357-389.

Peplau, L. A., Russell, D., & Heim, M. (1977). An attributional analysis of loneliness. In I. Frieze, D. Bar-Tal, & J. Carroll (Eds.), *Attribution Theory: Application to Social Problems.* San Francisco: Jossey-Bass.

Piaget, J. (1963). *The Origins of Intelligence in the Child.* New York: Norton.

Rice, F. P. (1993). Separation-individualization and adjustment in college: A longitudinal study. *Journal of Counseling Psychology, 39*: 203-213.

Rubenstein, C. M. & Shaver, P. (1982). The experience of loneliness. In L. A. Peplau & D. Perlman (Eds.), *Loneliness: A Source Book of Current Theory, Research and Therapy.* New York: Wiley.

Rubin, Z. (1970). Measurement of romantic love. *Journal of Personality and Social Psychology, 16(2)*: 265-273.

Rubin, K. H., Bukowski, W., & Parker, J. G. (1998). Peer interactions, relationships, and group. In W. Vamon & N. Eisenberg (Eds.), *Handbook of Child Psychology* (Vol.3): *Social, Emotional and Personality Development* (pp. 619-700). New York: Wiley.

Sarason, B. R., Sarason, I. G., Hacker, T. A., & Basham, R. B. (1985). Concomitants of social support: Social skills, physical attractiveness and gender. *Journal of Personality and Social Psychology, 49*: 469-480.

Santrock, J. W. (1990). *Adolescence* (4th ed.). Dubuque, IA: Wm C. Brown.

Scanzoni, L. D. & Scanzoni, J. (1981). *Men, Women and Change: A Sociology of Marriage and Family* (2nd ed.). New York: McGraw-Hill.

Selman, R. (1980). *The growth of interpersonal understanding.* New York: Academic Press.

Solomon, R. C. (1988). *About Love: Reinventing Romance for Modern Times.* New York: Simon & Schuster.

Sternberg, R. J. (2004). A triangular theory of love. In H. Reis & C. Rusbult (Eds.). *Close Relationships* (pp.213-227). New York: Psychology Press.

Sugland, B., Manlove, J., & Romano, A. (1997). Perceptions of Opportunity and Adolescent Fertility: Operationalizing across Race/Ethnicity and Social Class. Washington DC: Child Trends Inc.

U.S. Department of Health and Human Service (1996). *Trends in the Well-being of American's Children and Youth: 1996.* Washington DC: Author.

Udry, J. R. & Billy, J. O. (1987). Initiation of coitus in early adolescence. *American Psychological Review, 52*: 842.

Weiss, R. S. (1974). The provisions of social relationships. In Z. Rubin (Ed.), *Doing Unto Others* (pp.17-26). Englewood Cliff, NJ: Prentice-Hall.

Young, J. E. (1982). Loneliness, depression and Cognitive therapy: Theory and application. In L. A. Peplau & D. Perlman (Eds.), *Loneliness: A Source Book of Current Theory, Research and Therapy.* New York: Wiley.

Chapter 4
約會與擇偶

　　傳統中國社會配偶是由父母指定與協調，媒妁之言，現代人強調自由與情感，任何一個社會皆有風俗道德與法律來規定或限制配偶選擇的範圍方式與行為，當然最重要的還是要受婚姻市場所影響。所以婚配之選擇最適合運用社會互賴理論來解釋。所以兩性交往並不只是因緣際遇，或「得之我幸，失之我命」的宿命，過去傳統社會也有搶婚的儀式及風俗。男女的交往從彼此之間有感情、看對眼，加上逐漸認識、適應，接下來才會考慮是否要結婚，雙方之間的吸引和承諾過程才會影響伴侶的選擇和婚姻的決定。當然，社會的規範如第一章所提及的內婚制或外婚制也規範了婚姻對象的方式，內婚制（endogamy）是將可選擇的婚姻對象訂定了外圍限制；外婚制（exogamy）則是將某些特定的對象群，如近親或同性者除排在選擇範圍之外。

 # 第一節　婚姻市場 ♥ ♥ ♥

　　一個人的擇偶行為多發生在婚姻市場（marriage market）裡。而擇偶市場更是一種社會資源交換，在埃及，男性要用駱駝來交換女性的青春與容貌，而古今中外的郎才女貌更是符合社會交換理論。在婚姻市場也是有特定商品等著交換另一件有價物品，在婚姻市場的商品就是合適對象，而交換就是人們所追求的代價，例如物品、社會地位、青春、容貌。在婚姻市場有其規範，準備結婚的男女必須遵守市場規範來進行交易以選擇伴侶。婚姻市場猶如一個拍賣場，待買賣商店依序陳列，人們則往來穿梭以尋找自己想要的對象。其間也包括中介市場，例如婚友社、電視媒體節目，如台灣的「我愛紅娘」、大陸「百裡挑一」、「愛情連連看」等，皆吸引很多未婚男女前往尋找對象。

一、婚姻市場的規範

「婚姻市場」的概念，即是引用個人的社會資源在市場討價還價的交換歷程，但它並不是指有具體範圍與規模的商品，而是為想要選擇婚姻伴侶的男女與社會對擇偶行為所制定的規範。

社會規範係指一個特定社會情境中個人行為的準則，包括哪些行為是適當的，哪些是應該避免的（Goodman, 1992）。例如異性戀社會禁止同性結婚。這些規範旨在維繫社會秩序，當個體不遵守時，將會受到懲罰。一般社會規範有三：民俗、民德與法律。

1. **民俗**（folkways）：指日常生活之習慣性，也就是大多數人習慣的行為模式。例如「男長於女」的婚姻方式，如果「某大姊」（意為女性年齡大於男性很多）則會引來非議。

2. **民德**（moral）：是指社會是非善惡的判斷，其對個人行為的約束力比民俗大。例如過去傳統的農村社會對未婚生子，仍會認為是失德之行為。

3. **法律**（law）：是指運用政治權威制定行為準則，並強制人人遵守，否則 x 將受嚴厲制裁，其強制力最高。例如民法規定：「有配偶者不得重婚。」重婚者不止違反民德，更是違法。

二、婚姻斜坡

在婚姻市場的交易過程中，買賣雙方並非永遠能有均等的條件或利益。這種不對稱的情況與資源及地位有關，稱之為婚姻坡度（marriage gradient），又可區分為上婚嫁（hypergamy）及下婚嫁（hypogamy）。

1. **上婚嫁**：係指女性所嫁的對象其社經地位比自身高，此種情形在中國及美國社會相當普遍；而男性願意以較高的社經地位換得年輕及

容貌較具吸引力的女性。

2. **下嫁婚**：係指女性嫁給社會地位較低的男性，此種情形較為少見。由於上婚嫁較為普遍，因而使得本身社會地位較高的女性，在婚姻市場中尋獲對象的機率就降低了。

三、婚姻排擠

影響婚姻市場的社會因素是年齡與出生率。假設在適婚年齡時男女性別比例各占一半，那麼各自在同齡階層（cohort）皆有一名配偶。但是女性喜好嫁給年齡較長的男性（現今台灣初婚年齡男性三十一歲，女性二十八歲）。如果男、女雙方的同齡階層人數相等，那麼女性的這種趨向不至於影響結婚機率。但如果同齡階層人數有所改變而產生不均等的現象，那擇偶便會產生不平衡，而形成婚姻排擠（marriage squeeze）現象。

Glick 和 Norton（1977）估計美國嬰兒潮之現象導致女性適婚人數比男性多了 5% 至 10% 左右。如果出生率下降，這種排擠效果對男性影響力較大，例如一九六〇年代出生率下降，使得一九八〇年代男性婚姻受到排擠現象，進而影響一九九〇年代適婚年齡的男性。此外，婚姻受到排擠的結果改變了配偶年齡的差距數，以及初婚的年齡。

 第二節　約會 ♥ ♥ ♥

在自由婚姻的社會中，男女之間談戀愛主要是透過約會（dating）方式來進行。約會提供男女交往的機會，藉此達到相互認識和彼此吸引，並使得個人產生喜歡和歡愉的感受。因此，約會是現代人談戀愛的必經歷程，也是兩性交往的主要途徑。美國人在中學時代便開始透過日常約會（causal dating）、聚餐、吃飯等來達到認識異性的目的，主要還是看雙方

互動的情境和氣氛。

　　傳統社會多是以男主動、女被動的模式開始，如果男性邀約，女性有兩種抉擇（yes or no），但這之間彼此的吸引力仍很重要。如果男方被女方吸引，便會主動邀約；反之，如果男方沒有被吸引，女方邀約也沒用。同樣的，男有意，女方拒絕，還是不會成局。在傳統的兩性刻板印象下，女方表達友善時，常會被解讀成「性的訊息」，也因而容易造成約會強暴迷思（Muehlenhard, 1990，引自邱貴玲，2007：71）。

　　約會是和婚姻關係、家庭制度、階級結構、文化規範和經濟水準直接有關的，且具無法替代的重要性（彭懷真，1996）。約會習俗大約在十九世紀晚期開始，直至二十世紀初期才成為擇偶的重要制度與方式。新的約會方式與舊傳統社會有一些重要的不同點：(1) 男孩無須再經女方家長同意，可直接向女孩邀約；(2) 約會不被視為婚姻的歷程，無承諾的必要；(3) 約會是按自由意志安排；(4) 身體親密不再是嚴禁的。從社會學角度來看，約會有下列之功能（葉肅科，2000）：

1. 社會化功能。
2. 娛樂功能。
3. 人格發展功能。
4. 自信提升功能。
5. 地位功能。
6. 擇偶功能。

　　透過約會獲得滿足，端視個人交往時的動機與心態。年輕人約會的目的並非一開始就是擇偶，當娛樂及自信功能提升之後，逐漸再發展成擇偶，最後才視為日後生活之社會化的準備與規劃。年齡愈大者，與異性交往之目的較傾向於找伴侶（陳皎眉等，1996）。

　　約會並不一定採取單獨的方式，有時亦可採取集體活動。蔡文輝（1998）指出約會的方式有下列幾種：

1. 朋友介紹：這是最普遍的方式。

2. 自己找：例如找機會找對方聊天、借東西等。

3. 報章雜誌：利用徵友欄。

4. 機構轉介：例如社會機構、婚友社或教會扮演中間人的角色。

5. 電腦擇友：現在愈來愈多利用電腦的 APP、FB、Line 來擇友。

6. 其他方式：例如自己行銷做廣告或者上電視綜藝節目。

　　現在愈來愈多的年輕人利用網路、簡訊，雖然很容易找到對象，但此種「網路情人」、「電話情人」常隱藏著許多危險的浪漫愛情，而且容易受騙上當，因為透過網路提供的虛擬情境易陷於幻想，不能與現實生活混為一談。

　　雖然兩性對於約會總是既期待又充滿幻想，但男女間約會仍有一些壓力及難題（徐光國，2003）：

1. 如何約到對方的難題。

2. 來自周遭壓力的難題。

3. 身體碰觸的難題。

4. 拒絕的難題。

5. 金錢的難題。

6. 策略與權力分配的難題。

7. 安全顧慮的難題。

8. 分手的難題。

 第三節　擇偶 ♥ ♥ ♥

　　擇偶（mate selection）係指個人在社會規範內的「選擇伴侶」。擇偶的運作相當於市場運作，選擇規則決定伴隨關係及其家人間的交換形式。

　　擇偶的模式不外乎「內婚制」與「外婚制」或「同質婚」（homogamy）

與「異質婚」（heterogamy）。「內婚制」是指個人須在他所屬的團體內選擇結婚伴侶；「外婚制」係指個人被禁止在其所屬的團體內擇偶。「同質婚」係指個人趨向選擇與自己有相同或相關特質之對象；而「異質婚」則是趨向選擇與自己相異特質之對象。

學界對於以內婚制方式擇偶的看法並無歧異。然而，在考慮擇偶時的個人特性時，便無可避免地需要想想一個問題——是「同類相聚」呢，抑或「異類相吸」（Goodman, 1992）。

一、異質婚

以 Winch（1978）為首的一派，認為潛在未來伴侶將具有一些與自己不相同的特性。儘管擇偶的範圍仍然是以自己同一層級的為主，但是他認為人們喜好選擇一個在性格上互補的伴侶。也就是說，人們選擇的對象將具備自己所缺乏的一些特質，而形成補償作用（稱之為互補需求論，theoy of complementary needs）。Winch 的理論認為，一個專制的人將會與一個順服的人結婚。這個觀點並未獲得相關研究的證實（Murstein, 1976）。

二、同質婚

在擇偶過程中似乎具有類似人格特質占有更重要的地位。雖然有些個別差異，一般人仍喜好選擇與自己有同樣水準的智識、教育背景、類似的人生觀與價值觀的人通婚。儘管偶爾也會出現一名政治保守男士娶了一名激進自由派女子，但這多半只是一些特例，而非通則。人們也樂於與自己年齡相當的人結婚。如果雙方年齡差距太大，往往會引起人們的好奇心。

最有趣的是，同類結合同樣也在外在條件上發生作用。高個子男人娶高個子女人，瘦男人也多半娶瘦女人，英俊男子則娶有魅力的女性（McKillip & Riedel, 1983）。雖然也有例外，但並不多見。

　　簡言之，有關擇偶的各種研究，顯現內婚及同質婚是最主要的兩種型態。然而擇偶並不是發生在某一個特定時刻。要解釋擇偶的原則，必須考慮時間因素。Murstein（1976）的理論便是附加了這個因素在內。

 # 第四節　擇偶過程 ♥ ♥ ♥

一、同質婚過程

　　Murstein（1976）認為，擇偶的過程猶如一個漏斗，經過一連串的篩選過濾。這個方法稱之為刺激價值角色理論（stimulus-value-role theory, S-V-R）。這個理論是說，在親密關係中不同的階段有不同的影響因素，包括以下兩者：

1. **刺激的價值**（stimulus value）：是建立關係一開始最重要的部分。假如某個人外表非常吸引人而為人喜愛，便有可能發展出某種關係，這個人便具有刺激的價值。在這個階段，對方所獲得的只是初步印象而沒有其他詳細資料。吸引力主要是外在的因素，如果沒有這份吸引力存在，對方便沒有刺激價值，這個關係也不易再進一步發展。然而，如果雙方都彼此吸引，那麼這個關係便可能繼續發展。

2. **價值比較**（value comparison）：此一階段則已經超越了膚淺的印象。對對方的觀感得自於彼此密切的互動。雙方的溝通是最主要的關鍵，交談的內容可以透露彼此的價值觀念，以及是否能有默契。Murstein認為，如果他們發現彼此間沒有什麼共同之處，則很可能便無法維繫這份關係。如果當事人雙方發現彼此共通之處甚多，則很可能更形密切。

Murstein 認為這個關係的緊密與否，完全視雙方當事人是否在「給予」之間達到均衡，也就是均衡原則（principle of equity）。雙方的付出大致上應是均衡的。

兩個人之間的吸引力是非常隱密性的，會造成一個人對另一個人感興趣的原因非常多，為何人會喜歡某一類人而不喜歡另一類人？

二、相互吸引的因素

人與人之間相互吸引的因素，包括個人特質、價值觀與興趣及反應，分述如下：

（一）個人特質

人們會喜歡某些人的特質而討厭另一些人。美醜的標準人人都不一樣，有的人會被外向而強悍的人所吸引，有的人則偏愛內斂型的人；有的人喜歡情感豐富的對象，有的人卻喜歡沉靜的對象。簡而言之，人們是從對方的外表與言行，來判斷是否符合婚姻對象的條件。由於能夠符合所有條件的人選非常有限，因此人們往往必須從這些特性中挑出最優先考慮的條件。大多數的人都能很理性地判斷出哪些是對方必須具備的條件，也就是我們稱之為刺激的價值。

（二）價值與興趣

人們通常願意與在基本價值觀念上能夠溝通的人結婚，包括社會價值觀與政治觀念。比如說在商場上的誠信、日常生活中宗教所占的地位、家中決策權是否均等，以及子女對家庭的影響等等，都是婚姻生活中夫妻價值觀念是否一致的主題。

是否有共同的興趣也是決定彼此是否相互吸引的因素。例如雙方是否都喜歡音樂？如果是的話，又是什麼音樂？是否都愛好運動？是自己參加

還是觀賞？是否樂於共享一個寧靜的夜晚？是否都喜歡旅遊？這些都是雙方能否建立共同生活的嗜好。人們經過約會與戀愛階段，而可以得知對方能夠參與的程度。

（三）反應

大多數的人對於自己所擁有的特質、價值觀念以及嗜好都感到自豪，也希望其他人也具有類似的條件。有時候人們發覺自己會對某些具有自己所嚮往特質的人所吸引，而有所反應，但是對另一些具有類似特質的人卻毫無反應。某些人之所以比另一些人更具魅力，是因為具有某種無以名之的特質，這種化學效應往往並不理性，也無法用科學方法加以分析。有的人就是感覺「對眼」，而對其他人卻毫無所覺。這種吸引力的成因，未來或有研究可以窺知原委，或許也可能永遠解不開此謎（Goodman, 1992）。

三、擇偶階段

透過約會過程，一個人可能有機會遇到一個具有共鳴的人生伴侶，但有人卻依社會時鐘（social clock）來決定婚姻的時程表。當一個人考慮結婚時，深深的吸引和承諾過程會影響伴侶的選擇和婚姻的決定。Adams（1986）提出擇偶過程中的四個階段（參見圖 4-1）：

1. **階段一**：伴侶選擇是在社會交往的市場中，例如學校、工作環境、派對上。從最普遍的意義來說，婚姻伴侶的選擇有賴於個人所介入的人際網絡，以及個人所欣賞的外表、儀容以及所看重的行為舉止，來決定個人心儀及具吸引力的對象。

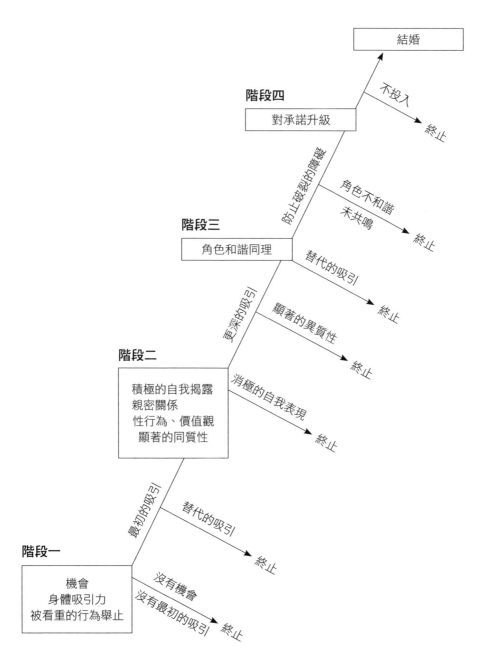

圖 4-1　美國人的擇偶過程

資料來源：Adams (1986).

2. **階段二**：基本的相似之處（similarity）及親密度（intimacy）是維繫彼此關係進一步的核心所在。個人的基本價值、背景特點如過濾器般，來篩選更進一步的吸引及考量是否進一步交往，對有些人考慮是否志同道合，另有些人則選擇年齡、宗教、教育背景是否門當戶對。如果雙方自我揭露更深，包括性需求、個人恐懼及人生理想等，那麼個人就從階段二進階到階段三。

3. **階段三**：角色和諧和同理心讓雙方關係注入生命。前者係指處理情境時雙方合作和諧並使情境沒有衝突，順利解決問題；後者是透過雙方和諧關係，建立彼此的同理心，使得雙方能夠彼此瞭解對方的反應，並預見對方的需求。

4. **階段四**：對象雙方一旦對角色和諧和同理心感到滿意，他們便進入階段四：「中意人」關係。在這個階段，防止雙方關係破裂的屏障將有助於雙方關係的鞏固。雙方此時已有自我揭露，相互做些冒險之舉；再者，經過共同扮演角色，他們已被視為一對，他們已被其他社會圈所隔離。

　　一旦做了抉擇，求愛激情宣告結束，取而代之的就是婚姻及其適應過程。事實上，婚姻之適應過程與滿意度如「U 型」方式，結婚頭幾年離婚可能性很高，一般平均是七年。造成婚姻緊張的因素很多，諸如收入、宗教、教育、社會階層背景不同，以及心理的承諾感，所以婚姻的調節適應是有其必要的。

　　親密關係與日後婚姻滿足感有關，有效的溝通及處理衝突的能力更是婚姻過程的調適能力。衝突可能是自我認同的產物，因為夫妻雙方個性不同，價值和目標相異，加上權力或資源分布不均，或未能合作共同做決策所導致的結果。婚姻滿意度與彼此的溝通和自我揭露有關，這些因素更是維持婚姻的有效預測因子（Robinson & Price, 1980）。

　　男性與女性對溝通過程可能有不同看法，Hawkins、Weisberg 和

Ray（1980）分類兩性四種不同互動性格：即常規式互動（conventional interaction）、控制式互動（controlling interaction）、推測式互動（speculative interaction），及接觸式互動（contactful interaction）。常規式互動雙方常會掩蓋問題，只是維持雙方互動，並不表露太多的情緒投入及探討彼此的觀點。推測式互動雙方是防禦性的，個人只探究別人的觀點，但不充分表露自己的立場。控制式互動是只將自己的意見說得很清楚，但不考慮另一方的觀點。接觸式互動是雙方既聽取他人的意見，亦可以自我肯定地表明自己的立場。

夫妻雙方之間皆認為接觸式的互動最好，控制式的互動最不可取，而每一種互動方式皆會影響彼此之間的親密關係。

在婚姻調適中，女性比男性體驗到更多的緊張（Bell, 1983），可能因素來自經濟保障、自我認同、生育子女的準備不夠，或者彼此對親密關係的期待不同。近年來婚姻對家庭最大的變化是婦女進入就業市場以及離婚率的提升。當婦女進入工作職場而形成雙生涯家庭（dual-career families），最大的家庭困境是老人及年幼兒童的照顧問題，以及家庭角色及勞動分工的重新定義。當夫婦缺乏外在資源，或者面對向他們必須過的生活方式有所挑戰，那衝突必然產生，進一步影響彼此之間的親密感。此外，台灣在二〇〇八年的資料顯示，男性初婚年齡為三十一點一歲，女性則為二十八點四歲，相較於一九七一年的資料已提高四歲，顯現台灣初婚年齡也有提升之現象，呈現晚婚之趨勢。

四、影響擇偶的因素

影響擇偶的因素很多，有些來自個人的選擇，有些來自於社會環境，不過這些皆會影響到個人的擇偶態度。

(一) 自由選擇 vs. 婚姻安排

　　婚姻伴侶由誰來選擇，由自己來選擇稱為「自由選擇」，由第三者決定稱為「婚姻安排」。婚姻安排最常見的方式是「父母之命，媒妁之言」，中國早期社會也常有「指腹為婚」的方式；韓國統一教則有主教配婚並採「集體結婚」的方式。傳統社會對婚姻的功能在於延續家庭命脈或家庭之社會關係，所以結婚並非單純兒女之事，而是兩個家庭之間的事，這更是社會資源交換理論的觀點，因此「門當戶對」是「婚姻安排」的基本原則。「自由選擇」則是當事人依照自己的擇偶基準，在婚姻市場找尋伴侶並成功配對的方式，其有一定發展階段，先相互吸引，再發展出親善關係，然後進入熱戀階段，成功進入婚姻。

(二) 個人特質 vs. 結構特質

　　擇偶之個人因素包括個人人格特質與生理特質。生理特質是指一個人以生物性特徵為基礎的外在特質，例如身高、身材、面貌等，所謂「情人眼裡出西施」是來自個人對審美之觀點及偏好。人格特質係指一個人的情緒傾向與性格，如順從、友善、幽默等。

　　結構特質係指當事人的年齡、種族、階級、宗教、教育程度、社經地位等特質。結構特質反映當事人所處的社會脈絡以及其在社會結構中之位置。結構因素往往與價值觀以及生活型態有密切之關係。

參考書目 ♥ ♥ ♥

一、中文部分

邱貴玲著，郭靜晃主編（2007）。〈兩性關係〉，《社會問題與適應》（三版）。台北：揚智文化。

徐光國（2003）。《婚姻與家庭》。台北：揚智文化。

陳皎眉、江漢聲、陳惠馨（1996）。《兩性關係》。台北：國立空中大學。

彭懷真（1996）。《婚姻與家庭》。台北：巨流圖書公司。

葉肅科（2000）。《一樣的婚姻，多樣的家庭》。台北：學富文化事業。

蔡文輝（1998）。《婚姻與家庭：家庭社會學》。台北：五南圖書公司。

二、英文部分

Adams, B. N. (1986). *The Family: A Sociological Interpretation* (4th ed.). CA: Harcourt, Brace and Jovanovich Publishers.

Bell, R. R. (1983). *Marriage and Family Interaction* (5th ed.). Homewood, IL: Porsey.

Glick, P. & Norton, A. (1977). Marrying, divorcing and living together in the U.S. today. *Population Bulletin, 32(5)*.

Goodman, N. (1992). *Introduction to Sociology*. New York: Harper Collins Publishers Inc.

Hawkins, J. L., Weisberg, C., & Ray, D. W. (1980). Spouse differences in communication style preference, perception and behavior. *Journal of Marriage and the Family, 42*: 585-593.

McKillip, J. & Riedel, S. (1983). External validity of matching on physical attractiveness for same—and opposite—sex couples. *Journal of Applied*

and Social Psychology, 13: 328-337.

Muehlenhard, C. (1990). Men's hetero-social skill and attitudes toward women as predictors of verbal sexual coercion and forceful rap. *Sex Roles, 23*: 241-259.

Murstein, B. I. (1976). *Who will Marry Whom?* New York: Springer.

Robinson, E. A. & Price, M. G. (1980). Pleasurable behavior in marital interaction: An observational study. *Journal of Counseling and Clinical Psychology, 48*: 117-118.

Winch, R. F. (1978). Male Selection: A Study of Complementary Needs. New York: Harper & Row.

Chapter 5
婚姻的形成與結束

　　家庭是由血緣與婚姻關係共同組成的親密團體，也是社會組成最基本的單位，可以提供家中成員情感的支持與成長的需要，使個體能在社會獨立生存。婚姻的形成，是仰賴於婚姻制度的建立與維持，婚姻更是人類社會最重要且親密的制度，婚姻關係的維繫與否影響家庭的發展，並且緊扣著一些社會問題的衍生。現代社會對於婚姻的締結與解除都已趨向較開放的態度，Murstein（1970）的擇偶階段論更說明婚姻與家庭角色的表現與期望是擇偶過程中的重要影響因素。現代社會已視婚前互動為婚姻形成不可或缺之步驟，一般男女婚前互動有三個階段：彼此吸引的階段、建立親密關係的階段，以及形成相愛關係的階段。俗稱婚姻是愛情的墳墓，而是否「有情人終成眷屬」，這也反映著人為何結婚，或是為什麼不結婚。

　　近年來，由於經濟化、工業化、都市化及政治民主化之影響，造成社會快速變遷，衍生多元價值觀，也衝擊著婚姻關係的維繫以及危機。「相愛容易相處難」，所以預先瞭解自己的期望以及學習相處的預先準備才是維繫婚姻之道。家庭的發展又以第一個階段（兩人世界中）最難適應。一個針對新婚狀態配偶的研究中指出：約有 49% 的新婚者產生嚴重的婚姻問題，而另外 50% 的配偶懷疑未來是否可走完人生歷程（國立嘉義大學家庭教育研究所，2002：167）。

第一節　婚姻的形成 vs. 不形成 ♥ ♥ ♥

　　人們為什麼要結婚？為何不結婚？就好像牆裡牆外，有些人急著往內跳，有人急著往外爬。就好像社會百態般，過去的人是「牽著狗，抱著小孩」，而現代人卻「牽著小孩，抱著狗」。究竟個人是選擇與自己心儀的對象共度一生，但浪漫只是一時（平均大約三十個月），或有些人選擇終身不婚獨立過一生。

　　結婚也有其不可避免的缺點，除了浪漫消褪之外，還有生活瑣事，如

柴米油鹽醬醋茶、工作事業、子女托育、姻親衝突等。蔡文輝（1987）就指出約會活動無法發展婚姻之可能因素，分述如下：

1. 雙方情感的凝聚力不夠。
2. 彼此個性不合。
3. 時空距離的阻礙。
4. 家庭反對。
5. 社會及文化上的差異，如族群、種族、個人信仰、理想等。

此外，在傳統的社會價值中，婚姻被視為女性生命史上的兩件重要大事（即婚姻及育兒），加上層出不窮的婚姻暴力、一夜情及對同居的開放態度，也可能是造成不婚的原因。Stein（1981）就以推拉理論（push and pull theory）來解釋婚姻。被迫（pushes）單身之因素有：(1) 缺乏朋友、孤立、孤獨；(2) 不易獲得新經驗；(3) 自我發展的阻礙；(4) 無聊、不快樂、易怒的個性；(5) 性方面有障礙。而吸引（pulls）之因素有：(1) 有好的職業機會與發展；(2) 容易獲得性經驗；(3) 有較豐富及愉悅的生活經驗及自主的生活；(4) 心理與社會發展良好；(5) 有好的社會支持。蔡文輝（1998）也指出：很多人將單身生活視為一種悠閒的日子，他們認為單身者可以：(1) 提升個人生活品質的機會；(2) 更多結交朋友的機會；(3) 經濟獨立；(4) 更多性伴侶與性經驗；(5) 更多身心自主獨立；及 (6) 更多的事業成長發揮機會。

古今中外的大多數社會皆有不同形式的婚姻制度，且為各個社會中多數人的認同及選擇。婚姻必然有其優點及功能（如同家庭功能般），分述如下：

1. **愛與性**：愛與性可以滿足個體之內在需求，婚姻關係則是唯一能確保愛得以持續的社會設計。
2. **提供親密關係**：藍采風（1996）指出，婚姻最主要的功能是提供親

密關係，婚姻關係是一種非常高度親密與分享的人際關係。

3. **共同建立家庭**：高淑貴（1996）指出，婚姻除了滿足性愛及親密感以外，最重要的意義在於「組成共同家庭」。

4. **實現承諾**：「成家立業」雖是古諺，但也是婚姻之最終目的。

 # 第二節　婚姻的定義與型態

一、婚姻的定義

　　婚姻是社會認可之配偶安排，特別是夫與妻之關係。依法律之用語，婚姻有兩個主要概念：(1) 一男一女同居，共同創立家庭；(2) 婚姻有別於其他方式的結合，如婚前、婚外、通姦等，也就是說，「無同居及養育子女之意圖，僅為臨時性之交媾，不能視之為婚姻」。婚姻之定義實可從三種層面（向）來解釋：(1) 從社會學之觀點，是男女依照社會風俗或法律之規定來建立夫妻關係；(2) 從法律之觀點，是男女為營共同生活、彼此互助，所締結之民事契約；(3) 從心理學之觀點，結婚不僅是契約行為而已，而是男女相互之間的一種承諾，表示男女雙方願意同甘共苦，彼此相互扶持，一起為共同建立家庭攜手奮鬥。婚姻之心理意義實大於法律意義，婚姻雖是民事契約，但其內容遠遠超乎民事契約之外。

　　國外對婚姻之定義則較從社會規範之社會層面觀點，如 Stephen（1963）指出婚姻是一種社會對性關係的合法化，由一個公開化活動開始，而且準備長期生活在一起，男女雙方也對彼此的權利義務及他們共同子女的義務有所瞭解。Macionis（1993）指出婚姻是一種社會認可的關係，如經濟合作、性關係及活動和子女的照顧。Calhour、Light 和 Keller（1997）指出婚姻是兩個或兩個以上的人之結合，他們具有性與經濟的權

利與義務，並獲得社會認可。

二、婚姻的型態

婚姻之型態從性別之觀點可分為「同性婚姻」與「異性婚姻」；從選擇範圍可分為「內婚制」與「外婚制」；從婚姻對象人數可分為「一夫一妻制」、「一夫多妻制」、「一妻多夫制」及「群婚制」。「一夫一妻制」是美國與我國社會唯一合法的婚姻方式；「一夫多妻制」可能實行於性別比例改變的社會；「一妻多夫制」可能是家庭防止土地分割，兄弟與一女子結婚，或是控制生育（男多女少的社會），最常見的是中國西藏和印度南方的遊牧民族拓達（Toda）；「群婚制」是一群男性合法娶一群女性，這種婚姻方式可能是為了經濟或社會的理由，如印度南方遊牧民族拓達或南太平洋的 Marquesans 群島島民。

從傳統社會文化之觀點來看，我國社會則有一些特殊的婚姻型態（彭懷真，1996。引自徐光國，2003：160-161）：(1) 冥婚（又稱娶鬼新娘）；(2) 招贅婚；(3) 童養媳婚。

如從婚姻的動機和互動品質來看，蔡文輝（1998）指出婚姻又可分為「功利婚」與「內涵婚」。「功利婚」係指建立在實際目的上的婚姻，其原因很多，例如單親媽媽為了找個伴來扶養子女或為孩子找父親；有些人娶有錢的老婆，以減少奮鬥，這種婚姻的基本動機是交換。「內涵性婚姻」不視婚姻為一種責任，而是建立在伴侶間的親密和彼此的情感。

三、婚姻的儀式與另類抉擇

在任何社會中，男女締結婚姻關係，是要經過一些程序。例如中國社會中的「鬧迎娶」，在結婚時，為了給新郎一些下馬威，伴娘們或女方親戚會給新婚男女一些遊戲或捉弄，以期讓新郎瞭解新娘得之不易。然而，

有時遊戲或捉弄過當而導致新郎翻臉，甚至破壞了美好的姻緣或鬧出人命。在北印度也時有所聞新娘找不到伴（因男尊女卑），於是女方家長甚至找黑道綁架陌生男子（通常是高薪者、政府官員）來娶新娘。

　　婚姻儀式，對於中國人而言是行周代六禮之儀，如納采、問名、納吉、納徵、請期、親迎等六項。訂婚為六禮中之納徵，結婚為親迎（戴東雄，1982）。訂婚為結婚之準備，而結婚為婚姻的完成。

（一）訂婚

　　在傳統社會中，訂婚是一件很重大的儀式，也是達到正式婚禮時必經的步驟，同時也代表著兩個家庭的首肯。然而，由於社會變遷，男女透過自由交往、婚前性行為普遍以及同居日增，訂婚之重要性已逐漸式微（McCubbin & Dahl, 1985）。彭懷真（1996）指出訂婚之功能有：

1. 先期社會化，訂婚提升伴侶間的角色關係，由情感交流關係提升到婚姻的角色。
2. 訂婚是公開的宣示，能使雙方在社會讚許下進行親密的交往。
3. 促進兩個家庭的聯繫並試驗家庭間的相處。
4. 訂婚是正式婚禮的準備。

　　訂婚雖有上述的功能，但它卻沒有法律的約束力，也得不到法律的保障，即使雙方覺得彼此不適合，要解除婚約也不用經過法律的程序。法律只是社會風俗習慣之一部分，彼此之間沒有權利與義務契約，只是要迎合社會規範對雙方的角色期待。

（二）同居

　　從一九八〇年的《三人行》（*Three's Company*），社會上愈來愈對男女同居（cohabitation）在一起採取較開放的態度。人們選擇同居的理由不同，有些人是抗拒婚姻，有些人是為了生活便利，但有些人則視為試婚

（trial marriage）（Bennett et al., 1988）。同居的比例有上升趨勢，其原因很多，可能來自（彭懷真，1996；蔡文輝，1998）：

1. 教育年數延長。
2. 結婚年齡延長。
3. 離婚率增加。
4. 性規範鬆動。
5. 趨避心理。
6. 校園管理問題。
7. 經濟水準。
8. 避孕與人工流產的因素。

同居其實不完全係表面上這般浪漫，它也存在許多缺點：

1. 缺乏正式法律保護。
2. 社會支持網絡薄弱。
3. 重視感情需求，缺乏權利與義務之規範。
4. 對未來沒有承諾。
5. 子女生育的問題。
6. 性的專一問題。

彭懷真（1996）、蔡文輝（1998）也提醒年輕人，不管同居的動機及原因為何，畢竟同居也是一種風險（at risk），所以在考慮同居時宜考慮下列因素：

1. 父母的態度。
2. 是否要結婚。
3. 性的協調。
4. 子女的問題。

5. 法律的問題。

6. 面對將來結婚的可能性。

7. 面對分手時的痛苦。

（三）試婚

　　試婚並非反對婚姻制度，而是代替訂婚階段，以考慮男女雙方進入婚姻關係的方式以及彼此之間的相容性。試婚的動機大約有兩種：(1) 未能確定對方是否適合成為自己的結婚對象；(2) 無法確知未來婚姻生活是否適合自己。此兩種動機均以同居生活為一種婚前測試，避免過早許下承諾，以及試圖掌握自身對婚姻真正需求之探索性的家庭型態（葉肅科，2000）。

　　White（1987）提出試婚有下列兩種功能，其是訂婚者所不及的：

1. **真實性**（realism）：試婚提供的是一種真實的婚姻生活情境，試婚的當事人可以從真實生活中體驗真實的對方並觀察其角色扮演。

2. **角色調適**（role adjustment）：經由真實的互動，雙方可進一步調整自己的角色表現或角色期望。

　　White 的實徵資料也顯示，經過試婚階段的婚姻並沒有較高的婚姻穩定性，反而呈現較高的離婚率（Bennett et al., 1988）。主要的理由是婚前同居並非社會讚許的方式，採行者必然要面對許多社會壓力。試婚既然是兩個階段，從同居開始，其所面臨的考驗和壓力與同居是相似的，例如忠貞、法律、父母壓力等問題。只是，試婚比同居在心態上比較明確。

四、婚姻的要件

　　婚姻關係可受到法律的保障與約束。吳明燁（1999）引述我國民法親屬篇之規定，男女結婚必須同時具備形式要件與實質要件：形式要件是指符合民法第 982 條之規定；實質要件包括不違反民法第 980、981、983、

984、985、986、及 987 條之規定者。茲說明如下：

（一）形式要件

民法第 982 條規定：「結婚應以書面為之，有二人以上證人之簽名，並應由雙方當事人向戶政機關為結婚之登記。」

（二）實質要件

即不得違反以下規定者，其婚姻才有法律效力：

1. 民法第 980 條規定：「男未滿十八歲，女未滿十六歲者，不得結婚。」
2. 民法第 981 條規定：「未成年人結婚，應得法定代理人之同意。」
3. 民法第 983 條規定：「與下列親屬，不得結婚：
   (1) 直系血親及直系姻親。
   (2) 旁系血親在六親等以內者，但因收養而成立之四親等及六親等旁系血親，輩分相同者，不在此限。
   (3) 旁系姻親在五親等以內，輩分不相同者。
      前項直系姻親結婚之限制，於姻親關係消滅後，亦適用之。
      第一項直系血親及直系姻親結婚之限制，於因收養而成立之直系親屬間，在收養關係終止後，亦適用之。」
4. 民法第 984 條規定：「監護人與受監護人，於監護關係存續中，不得結婚。但經受監護人父母之同意者，不在此限。」
5. 民法第 985 條規定：「有配偶者，不得重婚。一人不得同時與二人以上結婚。」

由此可知，我國法律規定一夫一妻制，禁止近親通婚，並且不承認同性戀婚姻。

 第三節　婚姻的結束 ♥ ♥ ♥

一、離婚

當結婚之初的誓言「白頭偕老」的好景不再，雙方可能漸行漸遠，或者選擇離婚來結束雙方關係。美國的離婚率全世界最高，加拿大、英國、瑞士、澳洲也有三成多（約三對即有一對），最近，台灣的離婚率也接近此數字，通常離婚多發生在結婚三至四年之後（洪貴貞譯，2003）。

離婚的原因在過去可能是經濟因素，或一方染有惡習，但現在的原因多半是來自「沒有過錯」（no fault），可能是溝通不良、性生活不美滿，或者不匹配因素所致（洪貴貞譯，2003）。

一九九八年，全美有 14.4% 未滿十八歲的兒童（超過千萬名兒童）處於父母已離婚或分居的家庭中（U.S. Census Bureau, 1998），台灣單親家庭的比率正趨近 9%。離婚是一種過程，不是單一事件，這個過程始於父母分居，直到父母終止合法的婚姻關係。從「離婚—壓力—適應觀點」（divorce-stress-adjustment perspective）來看，離婚過程起始於父母與孩子共同面對的壓力事件，然後這些壓力源將增加父母與孩子之負向影響之危機（Amato, 2000）（參見圖 5-1）。

如圖 5-1 所示，依據此觀點，離婚對兒童之影響端賴於各種因素及其交互作用，例如，親職之效能、父母的衝突等，加上兒童之特質，如難免型之氣質或心理問題之基因遺傳；而保護因子之存在，如社會支持、因應技巧、友善及支持的鄰里環境等。然而，離婚過程也可能帶給成人及兒童有些好處，不好的負面影響也將透過離婚過程而淘汰。

近年來，台灣的離婚率節節高升，二○○一年的粗離婚率為 0.25%，其中又以未滿五年內占 37.1% 為最多；此外，在「結婚二十至二十四年」及「結婚二十五至二十九年」離婚者也有增加之趨勢，離婚呈現雙峰現

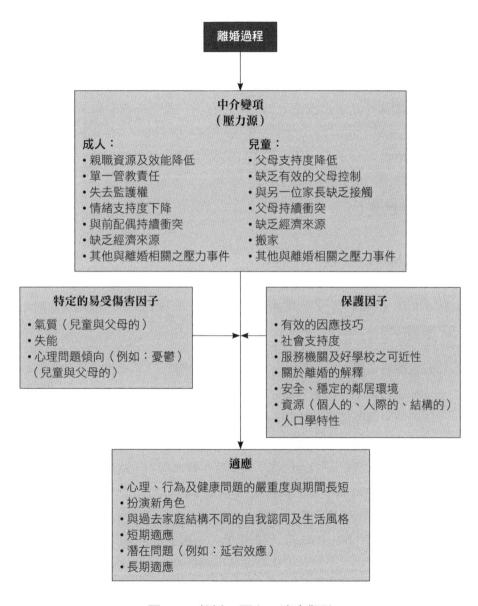

圖 5-1　離婚─壓力─適應觀點

註：此觀點視離婚為一過程，受許多中介變項、特定的易受傷害因子，及保護
　　因子所影響，這些因子會發生交互作用，共同影響兒童的發展結果。

資料來源：Amato (2000).

象。近年來台灣異國婚姻比率逐年升高，從一九八七年開始，大陸配偶及外籍配偶人數快速增加，截至二〇一二年，在台灣大陸配偶（含港澳）有近三十一點九萬人，外籍配偶也有十五點三萬人，合計達四十七點二萬人，外籍配偶大多來自越南、印尼，約有近八成的外籍配偶來自東南亞（內政部戶政司，2013），而二〇一〇年小學入學人數每八位即有一位是外配所生的學童。

二、配偶的死亡

對老人而言，最困難的挑戰莫過於準備配偶的死亡，以及接受和調適沒有伴侶的生活方式（平均最少為六個月）。面對死亡的過程因人而異，Kübler-Ross（1969）一共訪視兩百位瀕臨死亡的病人，最後歸納出面對死亡的五個階段：

1. **否認與孤獨**（denial & isolation）：「不是我」，這是瀕臨死亡初期最常見的反應，當事者覺得震撼，不信，這是一種防衛機能，提供一些時間與機會讓當事者能夠面對死亡之事實。

2. **憤怒**（angar）：「為什麼是我？」提供個體抒發生氣憤怒的機會，瀕死的人常會將怒氣發洩在愛他或照顧他的人。此種反應不是針對個人，而是痛苦求助的徵兆（symptom），對周遭的人、事、物表示抗議及嫉妒的表現。

3. **討價還價**（bargaining）：「如果我……那我是否會活更久？」「早知道，我就……」這些反應是個體企圖延續生命的表現，臨終之人相信好行為必有好報，協商、妥協可以延命。

4. **憂鬱**（depression）：「我覺得傷心、失落、悲傷」，個體夾雜著失落、罪惡感和羞愧。如果沒有充分與人溝通、對質，其可能錯失解決人際關係的困難。但如果個體已能坦然面對死亡，則成為一種有

備而來的憂鬱，考量自己的生命及可能即將的失落（失去自我、親友、自控能力）。

5. **接受**（acceptance）：「我已準備好了」，不再退縮，而開始嚴肅思考面對死亡的機會。處在這個階段的個體，可能是軟弱、退縮，無法與別人溝通。

Clay（1997）根據一些專家的考量，建議可由下列四方面來幫助臨終病人：

1. 減輕他們的擔憂，幫助他們回顧生命及處理未完成之事務。
2. 再三強調他們已完成人生歷程，可以坦然放手。
3. 可用圖像或想像或鬆弛技巧來紓解個體之憂慮。
4. 可用藥物來舒緩個體之生理痛苦。

儘管個體因失落或面對死亡常會引起一些情緒和感受，助人專業之處遇應著重辨認案主的感受，給予同理的回應，協助案主辨認自己的情緒，尋找支援或幫助案主能找出表達情緒的適當方式。

配偶死亡後意謂著婚姻關係的結束，隨之而來的就是個體角色的改變，其角色及行為包括（唐先梅，1999）：

1. 夫妻角色的認定。
2. 社會位置的改變。
3. 行為模式的轉變。
4. 配偶死亡的預期。
5. 新角色準則的認知。

Pitcher 和 Larson（1989）認為配偶死亡造成夫妻之一方角色壓力之來源是多方面的，並非單獨之面向，其主要來源是：

1. 新角色的任務。

2. 人際關係的衝突。

3. 新角色的束縛。

4. 新角色的重建。

配偶的死亡對個人而言是人生中最大的生活壓力之一，對個人影響也是多方面的，從短期悲傷持續，到長期死亡率、生活滿意度、心理健康、知覺身體健康及寂寞感（唐先梅，1999）。最後當最後的伴侶也往生，那則表示婚姻的真正結束，續起的子孫的家庭延續。

參考書目 ♥ ♥ ♥

一、中文部分

內政部戶政司（2013）。「各縣市外籍配偶人數與大陸（含港澳）配偶人數按證件分」。http://www.ris.gov.tw/zh_TW/346，檢索日期：2013 年 7 月 31 日。

吳明燁（1999）。〈擇偶〉（第四章）。輯於周麗端、吳明燁、唐先梅、李淑娟等著，《婚姻與家人關係》。台北：國立空中大學。

林淑玲校閱（2002）。〈婚姻溝通與婚姻衝突〉，《婚姻與家庭》。嘉義：濤石文化事業。

洪貴貞譯（2003），Vimala Pillari 著。《人類行為與社會環境》。台北：洪葉文化。

唐先梅（1999）。〈家庭收縮期〉（第八章）。輯於周麗端、吳明燁、唐先梅、李淑娟等著，《婚姻與家人關係》。台北：國立空中大學。

徐光國（2003）。《婚姻與家庭》。台北：揚智文化。

高淑貴（1996）。《家庭社會學》。台北：黎明文化事業。

彭懷真（1996）。《婚姻與家庭》。台北：巨流圖書公司。

葉肅科（2000）。《一樣的婚姻，多樣的家庭》。台北：學富文化事業。

蔡文輝（1987）。《家庭社會學》。台北：五南圖書公司。

蔡文輝（1998）。《婚姻與家庭：家庭社會學》。台北：五南圖書公司。

戴東雄（1982）。〈論我國結婚要件之現代化〉，《中華文化復興月刊》。12(3)：36-37。

藍采風（1996）。《婚姻與家庭》。台北：幼獅文化事業。

二、英文部分

Amato, P. R. (2000). The consequences of divorce for adult and children.

Journal of Marriage and the Family, 62: 1269-1287.

Bennett. N. G., Blanc, A. K., & Bloom, P. E. (1988). Commitment and modern union: Assessing the link between premarital cohabitation and subsequent marital stability. *American Sociological Review, 53*: 127-138.

Calhour, C. J., Light, D., & Keller, S. I. (1997). *Sociology*. New York: McGraw-Hill.

Clay, R. A. (1997, April). Helping dying patients let go of life in peace. *APA Monitor, 42*.

Kübler-Ross, E. (1969). *On Death and Dying*. New York: Macmillan.

Macionis, J. J. (1993). *Sociology*. New Jersey: Prentice-Hall.

McCubbin, H.I. & Dahl, B. B. (1985). *Marriage and Family: Individuals and Life Cycles*. New York: Macmillan Publishing Company.

Murstein, B. I. (1970). Stimulus-value-role: A theory of marital choice. *Journal of Marriage and the Family, 42*: 777-792.

Pitcher, B. L. & Larson, B. C. (1989). Elderly Windowhood. In S. J. Bahr & E. T. Peterson (Eds.)., *Ageing and the Family* (pp.59-81). Lexington, MA: Lexington Books.

Stein, P. J. (1981). Understanding Single adulthood. In P. J. Stein (ed.)., *Single Life: Unmarried Adults in Social Context*. New York: St. Martin's Press.

Stephen, W. N. (1963). *The Family in Cross-cultural Perspective*. New York: Holt, Rinhart and Winston.

U.S. Census Bureau, (1998). *Marital Status and Living Arrangement: March 1998* (update) (Current Population Reports, Series, pp.20-514). Washington DC: Government Printing Office.

White, J. M. (1987). Premarital cohabitation and marital stability in Canada. *Journal of Marriage and the Family, 49*: 641-647.

Chapter 6

夫妻溝通與權力

　　現代家庭愈來愈趨向核心化，家庭類型的多樣化，家庭權力的平權化和家庭功能的消長，以及愈來愈注重家庭中的個人自由。此種愈來愈重視個人主義的想法，必然為家庭帶來壓力。

　　白秀雄（1990）便指出，今日的家庭面臨多項壓力，包括代溝、反文化公社、婦女解放和兒童解放等，分別摘述如下：

1. **代溝**：父母與子女間意見不合的現象常發生在青少年期。代溝存在於父母與子女的意見不同及溝通不良，除非父母能體諒子女並重新學習現代社會的各種生活事實，透過良好的溝通，才能化解彼此的差異。青少年深受個體主義的自主發展、媒體影響及同儕的影響，漸漸地學會挑戰過去傳統的家庭規範。

2. **反文化公社**：青年後（期）獨立之後漸漸流行家庭以外的「公社」（commune）的生活方式，如宿舍。有些公社是大學生或青年為尋找廉價的暫時生活方式，有些公社則是青年為反對傳統家庭和整個競爭—成功—消費（competition-success-consumption）的價值制度而設。後者又稱為「反文化公社」（counter cultural communes）。倡導此種公社者總是責難核心家庭，容易造成心理的不良適應和情緒困擾，他們認為公社剛好可以提供避免衝突的機會，也可獲得宗親家庭的安全與情緒健康。

3. **婦女解放運動**：女性主義要求就業平等，聘雇、升遷、給付不可有性別歧視，甚至立法保護或形成公約，這些也是婦女解放的導火線。婦女解放運動旨在爭取男女兩性事業、育嬰、家庭權利上具有相等的權利與義務。

4. **兒童的解放**：在兒童權力的倡導方面，有些人主張兒童亦是社會的個體，應與成人有相等的權力。很多社會科學家建議青少年應花較少時間於教室，花較多時間於商店、工廠、辦公室等，這才是兒童真正需要的生活環境。

　　平權婚姻重視夫妻的權力，而溝通是婚姻的基礎；同樣地溝通也可平衡權力關係與決策過程。

 ## 第一節　婚姻溝通 🖤🖤🤍

　　溝通的功能是分享訊息的過程，也是親密關係中不可或缺的成分。夫妻中的兩人相處，總會有衝突存在，而良好溝通是解決衝突的基石。溝通品質良窳將影響婚姻滿意度。所以說來，溝通是建立與維繫，甚至也是終止婚姻的關鍵。

　　溝通是一個過程，一種交流的過程（參見**圖 6-1**）

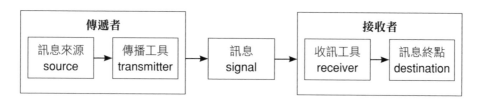

圖 6-1　溝通基本過程示意圖

資料來源：張欣戊（1995）。

　　依**圖 6-1** 所示，在溝通過程中，傳遞者傳遞訊息，透過傳播管道將訊息藉由溝通或交流時傳給接收者。將此圖應用到人類語言溝通，訊息由傳遞者的腦中所要表達之意義，透過編碼（decode），轉成語言（即訊號），透過溝通管道（口語或非口語），傳遞給聽者的聽覺系統（收訊工具）來接收訊號，然後解碼（encode），以瞭解傳遞者的訊號內容與意義。換言之，溝通是由表達與接收組合而成的一種互動模式，人們在接收訊息與表達訊息的互動過程中達成共識，而「語言」即是用來傳達訊息最主要的工具，亦是人類思考的表徵系統。透過聲音、符號與肢體動作的使用，藉以

傳達思維與情感，在透過聽、說、讀、寫及觀察等過程，來達到溝通的目的（黃惠如，2005：245）。

上述溝通的過程，至少包括幾個要素：

1. **訊息**：即溝通的主體、要傳達的內容，這也是溝通最主要的部分，溝通者就是要將特定的訊息傳給其他人。
2. **背景**：溝通是一種以社會背景（social context）為基礎的行為，而背景足以左右訊息的接收。
3. **闡釋**：溝通最重要的是傳遞者傳達某一特定事物的特定意涵給接收者。然而「訊息」本無物，也無法「自我表白」真正意圖，而必須靠接收者予以闡釋。可惜的是接收者所闡述的並不一定能完全與傳遞者相同。
4. **形式**：形式即溝通管道。溝通須經由不同管道，如讀、書面方式，或非口語方式。
5. **干擾**：某些因素會造成溝通上的困擾，例如外在的聲音，溝通時的弦外之音或接收者的心不在焉。干擾（noise）的頻率愈高，溝通的效果將愈差。

上述的溝通要素與個人的身體、價值觀、認知、期待、感官、語言能力及個人的經驗有關。溝通的困難在於個體應用特有的身體、姿勢、價值觀、期待、感官表達、說話風格及經驗去解讀對方所欲表達的溝通內容，也因此造成彼此的衝突。有效的溝通的首要是傾聽，尤其是積極傾聽（active listening），唯有積極傾聽才能瞭解對方的心意，以促成有效的溝通。

一、有效的婚姻溝通

有效的溝通技巧對自信與自我揭露（self disclosure）具有效回饋，其

技巧有（林淑玲校閱，2002：418-420）：

1. **少責備**：溝通的訊息應用我訊息（I-message）少用你訊息（You-message）來明確表達本身的感受，而不是責備對方。

2. **傾聽的能力**：夫妻最大的問題是沒有足夠的說話或溝通，也就是沒有時間去相互瞭解對方的感受。傾聽並不是靜態點頭、聽或不時哈拉。積極傾聽是讓發出訊息者知道接收者聽到內容，及如何讀解陳述。傾聽者的責任是反映回去的表情的感情內容。溝通內容（字面上）指的是反映出來的新意義；溝通情感指的是陳述中表明或推論而來的情緒。反映是傾聽的目的，是讓夫妻分享相同的意義。溝通的話語本身沒辦法充分表達溝通雙方都能一致認同的意義，唯有透過傾聽才能充分反映情感與內容。

3. **確認**：確認如同我陳述和傾聽一樣。被確認意味著被人瞭解；確認的相反是漠視，漠視指的是被忽視或被誤解。溝通者則是確認別人內在的真正想法，也唯有在確認之後，才能進行討論彼此差異的觀點。

4. **聚焦**：討論或溝通要以當時事件為焦點，而不是翻舊帳。

5. **分享**：溝通中的建議與勸告只是單面溝通、表達個人的看法與感覺。在溝通中，無人想被矮化，或做輸家，所以溝通宜建立彼此之間能表達感受、意見，以建立雙贏的溝通關係。

6. **適當的時空**：溝通要選擇彼此有時間、有準備及舒適的空間進行溝通，使雙方比較能認清問題核心而不是意氣用事。

二、無效的婚姻溝通

Satir（1972）在其《熱鍋的家庭》（*Peoplemaking*）的書中，提出家庭最具負面的溝通型態為責備、懷柔、心不在焉、理智化，分述如下：

1. **責備**（blaming）：溝通中常不聽別人的說詞，存心找碴。這類人往往不考慮別人的感受，而常踐踏別人以提高自己為目的。他們常把溝通的焦點放在對方的錯誤，而使對方處於防衛狀態。

2. **懷柔**（placating）：懷柔是仔細地傾聽，並嘗試取悅對方，而不強調自己的觀點。這種溝通又稱殉道式溝通，以規避衝突為目的，而非真正建立使雙方皆滿足的溝通，常使溝通無效，甚至造成雙方皆喪失自尊。

3. **心不在焉**（distracting）：心不在焉是對方所答非所問，或對方改變原來話題或不立即回應。這種情形往往使得發言者偏離主題而使溝通主旨未能被傳達。

4. **理智化**（computing）：理智化是過於理性，富於邏輯而隱藏情感。這種模式會使對方倍感挫折與憤怒，而無法更深入地進行溝通。

林淑玲《婚姻與家庭》（2002）一書指出，妨礙有效的溝通常見於下列情形：

1. **直斷對方心意**：指的是一個人認為他真的知道伴侶的想法、感覺等，但卻沒有進行確認。

2. **標籤化**：是以負向的想法將個人行為作一般性類化。

3. **打岔**：在溝通中常提出另一個議題，而使問題及溝通內容不聚焦。

4. **兩極化語言**：在言語中只表達極端概念，如對與錯、總是或從不、事實與謊言等，而缺少可討論或中間地帶的語言。

不當的溝通模式必然會造成婚姻衝突，在每一對親密關係中，衝突在所難免，而衝突可能導致親密感喪失，如離婚或夫妻暴力。但是如何避免衝突最重要的是改善彼此的溝通方式。

Davidson 及 Moore 於 1992 年（引自陽琪、陽琬譯，1996）提出以下幾種有效的溝通模式：

1. **維持一個「安全」的氣氛**：溝通中如果處於「安全」的氣氛，將有助於建立彼此穩定的關係，即使有衝突也不會導致不良效果。

2. **做一個最佳聽眾**：傾聽必須是留意聽進某一訊息並加以闡釋，不要打岔或心不在焉。

3. **自我表達**：有效溝通必須建基於擁有充分表達自己的想法與感覺，此方式將有助於個人的自我揭露，更是提升親密關係的不二法門。

4. **歧異、爭論與面對問題**：溝通中不能畏懼衝突，而一昧的規避彼此的差異。面對差異要勇敢面對與爭論才能對彼此關係瞭解及具建設性。溝通是婚姻作決策過程中不可或缺的要素，同樣地也可為彼此的衝突提供解決之道。

 # 第二節　婚姻權力與做決策 ♥ ♥ ♡

婚姻關係要涉及決策，而決策的達成則要涉及彼此之間的權力關係。權力（power）係指一種動員人力、物力的能力，也就是使用個人的角色和特質來影響他人，驅使別人按個人意志做事的力量（徐光國，2003）。French 與 Raven（1959）從一微視系統（microsystem）來檢視家庭之內的權力並提出六種家庭權力類型：

1. **訊息權力**（information power）：指家庭中有人有特定的知識，並能以說服方式來讓家人信服。

2. **參考權力**（referential power）：參考權力源於個人的情感、共同吸引力與友誼。家庭內可以運用正反情感來與他人建立同盟，例如父母取悅孩子、丈夫取悅妻子等。

3. **鎮壓權力**（coercive power）：使用生理或心理壓力來迫使他人屈服，例如父母用權威管教方式，如以威脅、攻擊、衝突或競爭來鎮

壓孩子使其屈服。

4. **酬賞權力**（reward power）：一方以心理或生理利益來影響他人。例如父母常用糖果、禮物來影響或控制小孩的行為。

5. **專家權力**（expert power）：專家來自於教育或訓練。當家庭事務決策取決於專業知識時，那就取決於誰擁有專業知識。

6. **合法權力**（legitimate powrt）：合法權力取決社會的價值信念，例如父母可以管教孩子，丈夫是一家之主。

Olson 及 Cromwell（1975）認為權力有三個面向：權力基礎、權力過程和權力結果。在家庭中誰擁有家庭資源愈多，誰愈有權力，故家庭資源可以視為權力基礎；最後權力狀況是權力結果，但在結果之前還有一般權力過程，也就是家人運用協商或討價還價來達到個人之慾求（desire）。台灣的家庭權力研究發現，擁有較多社經資源的女性比社經資源少的女性，享有較高的決策權力；台灣採取夫妻共同決策，而且發生在都市家庭、年輕一輩或較高教育程度的家庭（伊慶春、呂玉瑕，1996）。此外，外省籍的家庭也比較採取平權式的決策權力（陳玉華、伊慶春、呂玉瑕，2000）。當家庭中性別角色愈現代，其家庭愈傾向平權決策或由妻子作決策（陳玉華、伊慶春、呂玉瑕，2000）。

呂玉瑕將家庭中夫妻權力的類型分為四類：即丈夫支配型、妻子支配型、共同決策型與自立決策型（1984）。伊慶春認為，家庭權力應包括家務分工與家庭決策（伊慶春、呂玉瑕，1996）。

影響夫妻權力的相關理論

以下分述資源理論、文化背景資源理論、交易理論，及關係理論。

■ 資源理論

Blood 及 wolfe（1960）認為，婚姻中的權力主要來自社會資源的供應，也就是資源。而家庭中最重要的資源是職業與收入，其能左右對家庭的貢獻。夫妻兩人皆為資產階級的家庭，太太在家用支出分配上具有較大的影響力，而丈夫則在家庭重大事務決策上占有最大的優勢；此外，雙薪家庭在家庭事務中有明顯的性別分工，並且在家務工作上，也是以丈夫的參與比率最低（張志堯，2003）。

傳統上，丈夫工作，妻子照顧子女，在此種環境下，丈夫是一家之主，也是家中一切事務的決策者。教育與年齡是促進婚姻權力（conjugal power）的來源。因此，白領階級的丈夫們比藍領階級的丈夫在家庭中有較高的權威。

■ 文化背景資源理論

Blood 及 Wolfe（1960）僅考慮社會資源，且其實徵研究也被批評只訪問妻子以上婚姻關係之資源運作，觀點也未涵蓋文化上的差異。然而，在家庭中，文化背景資源（resources of cultural context）在家中也可導致威權及權力運作。例如，在一父系社會威權的傳統社會中，男尊女卑，即便婦女有工作或教育水準高，也難造成權力的運作。

■ 交易理論

交易理論（exchange theory）認為，人際關係特性足以作為婚姻威權的交易條件，例如外表吸引力或人際關係的技巧也可換得婚姻中的權力。

■ 關係理論

關係理論不以物質的資源來當作家庭權力的明確指標，而是以家庭成員，尤其是夫妻關係，以個人特質、外表、幽默感、技能以及人際關係為價值指標（Olson & DeFain, 2003）。人際關係中如果達到彼此相互依賴，

具吸引力和關係的承諾，那麼即使較有興趣的一方也會順從較沒興趣的一方，以使得沒有興趣的一方擁有較多的權力，達成其所稱的「最低興趣原則」（the principle of least interest）（Olson & DeFrain, 2003）。

社會變遷影響了社會根植已久的性別角色觀念，也影響了現代家庭中男女之間的權力分布。由於家庭中的社交關係仍是男性主宰，婦女只有私底下掌握較高的親密關係。如果想要改變家庭中的權力分布，Goodman（1993）建議社會必須要有下列的改變：

1. **公共場合中男女兩性的均勢**：這種情境將有助婦女獲得社會資源，以增加其在婚姻中的權力。
2. **婦女傳統價值受到重視**：社會如果愈來愈重視婦女們所提供的情感與安撫的功能，可使婦女的權力因人際關係條件而有所提升。
3. **兩性平等的實質行動**：婚姻中如果兩性平等，那就有可能促成婚姻中的權力均勢。

參考書目

一、中文部分

白秀雄（1990）。《現代社會學》。台北：五南圖書公司。

伊慶春、呂玉瑕著，蕭新煌、章英華主編（1996）。〈台灣社會研究中家庭與婦女研究之評介〉，《兩岸三地社會學的發展與交流》。台北：台灣社會學社。

呂玉瑕（1984）。〈婦女就業與家庭角色、權力結構關係〉，《中央研究院民族學研究所集刊》。台北：中研院民族學研究所，56：111-143。

徐光國（2003）。《婚姻與家庭》。台北：揚智文化。

林淑玲校閱（2002）。〈婚姻溝通與婚姻衝突〉，《婚姻與家庭》。嘉義：濤石文化事業。

張志堯（2003）。〈雙薪家庭中階級與夫妻權力關係之探討〉，《應用心理研究》。台北：五南圖書公司，17：105-127。

張欣戊等（1995）。〈語言發展〉，《發展心理學》。台北：國立空中大學。

陳玉華、伊慶春、呂玉瑕（2000）。〈婦女家庭地位之研究：以家庭決策模式為例〉，《台灣社會學刊》。台北：台灣社會學會，24：1-58。

陽琪、陽琬譯（1996）。《婚姻與家庭》。台北：桂冠出版社。

黃惠如（2005），郭靜晃等著。〈語言發展〉，《兒童發展與保育》。台北：國立空中大學，頁245。

二、英文部分

Blood, R. O. Jr. & Wolfe, D. M. (1960). *Husbands and Wives: The Dynamics of Married Life*. New York: Free Press.

French, J. & Raven, B. (1959). The base of power. In D. Cartwright (ed.). In

Studies in Social Power. Ann Arbor, MI: University of Michigan.

Goodman, N. (1993). *Marriage and the Family.* New York: Harper-Collins Publishers, Inc.

Olson, D. & DeFrain, J. (2003). *Marriage and Families: Intimacy, Diversity and Strengths* (4th ed.). New York: McGraw Hill.

Olson, D. H. & Cromwell, R. E. (1975). Power in families. In R. E. Cromwell & D. H. Olson (Eds.). *Power in Family*. New York: John Wiley.

Satir, V. (1972). *Peoplemalking*. Palo Alto, CA: Science and Behavior Books Inc.

Chapter 7
家庭類型與社會變遷

　　傳統的家庭分類大多因世系的傳遞，將家庭分為母系或父系家庭；亦可能因居住方式，將家庭分為隨父居、隨母居、隨舅居、兩可居、新居、分別居等；也可能因權柄的歸屬，將家庭分為父權家庭、母權家庭、舅權家庭、姑權家庭或平權家庭等；或因婚姻形式，將家庭分為一夫一妻制、一夫多妻制、一妻多夫制；或因成員之關係組合，將家庭分為核心家庭、主幹家庭或擴展家庭等（黃迺毓等，1995：34-39）。然而現代化的變遷帶給個人兩性均權、女性意識抬頭、婚姻自主、個人主權抬頭以及婦女就業增加，而使得家庭的型態轉變為：核心家庭增加、父權下降，趨向平等民主、男女均權、雙薪家庭增加以及新婚夫婦新居而住等，因此，家庭也造成一些轉變。Burgess（1973）指出這些重大改變具有一些特徵：家庭類型分化增加，更傾向於多樣性婚姻，家庭模式的都市化增加。現代家庭漸由機構式轉變為伴侶式。傳統社會，家庭整合外有法律、習俗及社會輿論，內則由以男性為主的家長權威來維繫；而現代家庭則由自願的人際關係來維繫，家庭關係強調情感與瞭解。

 # 第一節　家庭類型的分類 ♥ ♥ ♥

一、以社會變遷來區分

　　面對多元化、選擇性和包容性的現代社會特質，人們對個人及家庭需求滿足的適應，以及個人對不同生活模式的自由選擇，現代化的家庭概念不再是單一的模式，而是有選擇性的家庭模式。社會變遷將家庭分隔為傳統與非傳統（藍采風，1993）。分辨傳統與現代家庭可以從八個特徵來加以分辨（參見**表 7-1**），以下將家庭分為幾種類型，分述如下：

表 7-1 傳統家庭與現代家庭的特徵

傳統家庭	現代家庭
1. 合法婚姻	1. 未婚單身；未婚同居
2. 有小孩	2. 自願無小孩
3. 雙親	3. 單親（未婚；曾經結婚）
4. 男性主經濟及威權	4. 兩性平權
5. 永久性	5. 離婚或再婚
6. 性關係保守、限於婚姻內	6. 婚外情（包括性開放婚姻、交換配偶、外遇）
7. 異性親密關係	7. 同性親密關係
8. 兩位成人所組成之家庭	8. 多位成人所組之家庭（包括重婚、共居家庭）

資料來源：藍采風（1993）。

1. **傳統家庭**：指丈夫為經濟主要支持者，母親為傳統的家庭主婦及至少兩個小孩的家庭。

2. **單親家庭**：父或母單獨一人和未成年子女所組成之家庭。

3. **重組家庭**：家庭中父母雙方，其中至少一方曾經結過婚，並帶來前次婚姻所生之子女。

4. **雙生涯家庭**：結婚中的夫妻各自有工作並發展獨自的生涯，也可稱為雙薪家庭；如果沒有小孩又可稱為頂客族（double income and no kids, DINK）。如果不要小孩是自願的，雙方稱為志願無小孩的雙薪家庭。

5. **新三代家庭**：父或母因離婚、分居或配偶死亡等成為單親家庭，並由父或母帶其子女與其祖父母住在一起，而成為新一類的三代家庭。

6. **隔代家庭**：因雙生涯或單親之故，將孩子交給祖父母帶，而形成祖父母或孫子女住在一起的家庭。

7. **公社家庭**：一群人包括男女老幼住在一起，分擔生活的一切，稱為

公社家庭。一般公社家庭係指一群人住在一起，但仍維持一夫一妻關係，除性行為與子女外，一切共享。此種分類有別於團體婚姻（group marriage）；團體婚姻係指一群男女，彼此結婚並分享性行為及一切資源。

8. **社區家庭**：是由許多家庭再組成社區家庭，其中各自擁有住屋，但大家共進晚餐並輪流採購或做托兒、托老工作。主要是利用鄰里關係拓展家庭感覺，以互助合作方式來分擔工作及共享資源。

9. **同性戀家庭**：係指相同性別的人居住在一起分享性行為及感情的親密與承諾，他們可能是經由合法的儀式或私下結合。

二、以家庭特質來區分

台灣社會因本身受殖民與外來文化之影響，其家庭特質也呈現一些特殊風貌。楊懋春（1973）指出，我國傳統的家庭有以下的特質：

1. **複式家庭**：因勞動力的需求，期望藉由子孫的出世來延續自己的生命，並且有「多子多孫多福氣」的概念，特別重視「不孝有三，無後為大」的價值觀。

2. **男系父權制度**：中國家庭重視父傳子的制度，以父子關係為主幹，重視孝道。

3. **重男輕女的習俗**：女子的地位遠不如男子，尤其是未出嫁者不得參與家中主權，即使嫁為人婦，還要在有子女後，身分地位才會逐漸提高。

4. **絕對服從的教養態度**：父母的訓誡，子女一定要接受，如果不接受就加以懲罰，兒女也不敢對父母公然反抗。

5. **婚姻不自主**：過去的婚姻多奉「父母之命」、「媒妁之言」，男女在婚前禁止往來，也沒有約會和戀愛的機會。個人的婚姻乃是為家庭

娶媳，而非為個人娶妻。

6. **財產共有**：家人生產多交予大家長，共同生產，共同消費，家人對家中財產有享用權，也有責任加以保護。

7. **具有綜合功能**：除基本功能如夫妻性生活的滿足及收養子女部分，還包括生養子女、家庭經濟的再分配等，以及生活、宗教理想、倫理道德等部分。

三、以世系來區分

以世系為分類標準，即依財產繼承與香火傳遞的方式來分類，可以為父系家庭（patrilineal family）、母系家庭（matrilineal family）、雙系家庭（bilateral family）。父系家庭多存在於較傳統的農業與封建社會，兒子繼承父姓，財產則由男性繼承。母系家庭則其家系、姓氏與財產繼承等，均由母系這一方傳承下去，有許多原始部落及少數族群則屬於這一類，例如西雙版納的走婚族、台灣的阿美族便是母系社會。雙系家庭則於近代工業化社會最為常見。

四、以居住來區分

以居住為分類之標準，即是一對男女結婚後，共同居住之處。以居住方式為標準，可以分為六大類：

1. **隨父居**（patrilocal）：婚後與夫之父母住在一起。
2. **隨母居**（matrilocal）：婚後與妻之父母住在一起。
3. **隨舅居**（avunculocal）：母系社會中，婚後妻與所生子女均居住妻母家中，子女長大後歸舅父養。
4. **兩可居**（bilocal）：婚後夫妻可自由選擇隨父居或隨母居。

5. **新居制**（neolocal）：婚後兩人另築新巢而居。

6. **分別居**（duolocal）：婚後夫仍住營舍內，以後繼續受戰鬥訓練，妻則住娘家。

五、以家庭分子組成關係來區分

以家庭成員之分子為分類，將家庭分為三類：

1. **核心家庭**（nuclear family）：由一對夫妻及其未婚子女所組成，一般稱為「小家庭」。又分為原生家庭（family of orientation），即「己所從出」，即自幼生長的家庭；和「生殖家庭」（family of procreation），指一個人與配偶和子女所組成的家庭。

2. **主幹家庭**（stem family）：係由一對夫妻及其一位已婚子女和其他未婚子女所組成，俗稱「折衷家庭」或「三代同堂」家庭。

3. **擴展家庭**（extended family）：由一對夫妻及其兩位或兩位以上之已婚子女和其他未婚子女所組成，俗稱「大家庭」。

六、以主要人倫關係來區分

從人倫關係來分類，是以人類學的文化觀點來區分，一般可分為四類：

1. **以父子倫為主軸**：以中國家庭為典型代表。
2. **以夫妻倫為主軸**：以歐美的民族家庭為典型代表。
3. **以母親倫為主軸**：以印度家庭為典型代表。
4. **以兄弟倫為主軸**：以東非洲及中非洲的部落社會為典型代表。

綜合以上的觀點，我國傳統的家庭特質傾向於較多的子女數、重視孝

道、重男輕女、強調服從的教養態度、不自主的婚姻、家庭共有財產制度以及具有綜合性的家庭功能。

然而，在急速工業化與都市化的影響下，家庭特質發生重大變遷。黃德祥（1997）也提出台灣地區的社會變遷及其對家庭特質的影響，有以下幾點：

1. **生活水準提升，家庭日趨富裕。**

2. **家庭往都市集中，遷徙頻繁：**根據一九九五年主計處（行政院主計處，1996）之統計，都會地區家庭平均人口數是三點六人，迄今約為二點九一人。家庭遷徙頻繁，容易造成個人無根、不安與孤獨的感受，不利於人際關係的發展。

3. **家庭結構改變，老人問題興起：**由主計處調查結果可知，核心家庭已是台灣社會的主流，也因此老人獨居的現象益形明顯。人口老化逐漸成為家庭的沉重負擔，老人在家庭中的地位日益降低，家庭中也欠缺調和爭議與維持權威的人物，使家庭維繫力量降低。

4. **生育率下降，離婚率提高：**由於社會變遷與家庭計畫之推展，台灣地區人口出生率逐年下降。也由於家庭結構改變，社會約束力下降，台灣離婚率持續上升中，單親家庭與隔代教養家庭也隨之增多。

5. **婦女就業人口增加：**鑰匙兒及兒童進入課後托育機構增多，兒童與青少年受關注的情況日漸降低，父親承擔家務的需求提高。

6. **家庭有整體性、全面性與結構性的改變：**
   (1) 家庭成員個人主義與自由增加。
   (2) 家庭教育轉移至政府與社會。
   (3) 婚姻的不穩定與衝突增多。
   (4) 大家庭式微，夫妻趨於平權。
   (5) 孝道較不受重視，子女反受關切。

(6) 家人相聚時間減少，成員關係較疏離。

(7) 性別角色差異減少，家人角色混淆。

(8) 家庭功能日漸縮減。

(9) 在父母皆健在之成年人口中，與父母同住者僅三成五；男性與父母同住比率為 48.8%，較女性 22.1% 高出一倍餘，主要受婚姻狀況之影響；未婚者與父母同住的比率兩性相差不多，均在八成以上；而已婚男性與父母同住比率為 32.9%，遠高於已婚女性之 2.1%（行政院主計處，1998）。

　　綜合上述，家庭傳統的定義隨著時代的變遷而有重大改變，傳統對家的觀念與定義已不再是唯一的，也不是完全理所當然；取而代之的是家庭的多元化並產生不同的家庭型態，因而家庭的功能已不再是一成不變的「男主外，女主內」，所以現代化家庭強調家庭成員之間的和諧與功能順利實現，以迎合家庭及個人之需求滿足。

 ## 第二節　社會變遷對台灣家庭的影響

　　台灣隨著社會經濟與價值觀念的改變，家庭型態已產生變化，例如由父系轉向雙系，由父權轉向平權，由父子倫轉向夫妻倫，家庭結構變小。由於工業化、都市化及個人主義抬頭，家庭結構逐漸核心家庭化。這類家庭的逐年增加，遂也產生一些問題，如獨居老人、幼兒乏人照顧等，這些家庭也迫使政府要運用社會福利政策來照顧老人及幼童。社會變遷造成家庭之影響很大，以下筆者提出影響台灣家庭較凸顯的事實。

一、社會變遷對單親家庭的影響

　　台灣單親家庭之比例在近二十年來增加將近一倍。形成單親家庭之原因很多，諸如配偶死亡或失蹤、離婚、分居、配偶坐監、未婚生子等，其中尤以離婚率的上漲，造成單親家庭為數最眾。台灣從一九九九年來離婚率已是亞洲最高，甚至成為世界第二，僅次於美國。

　　家庭除了受到家庭內成員與成員間互動的微視面影響之外，也無可避免地受到整個鉅視面社會生態系統的波動而帶來一些衝擊與壓力。單親家庭的數目與比例也逐漸增加，而使社會大眾重視單親家庭的存在。此外，大眾傳播媒體也常將少年之社會病態行為歸因於單親家庭，所以社會大眾無形中也將單親家庭標記為「偏差」、「不穩定」、「破碎」、「問題」的家庭。持這些論點之學者大多認為單親家庭的子女在人格發展、社會行為與學業成就等表現較差。就親子社會化的觀點，父母之行為特徵常會模塑其子女之行為（Maccoby & Martin, 1983; Peterson & Rollins, 1987; Kuo, 1992），這個觀點也最常由心理分析及社會學習理論所倡導：單親家庭的子女其自我概念較低，對人缺乏信任感，性別角色未分化，內外控發展較差，有較高之焦慮、憂鬱、沮喪及恐懼情緒反應（張美麗，1992）。社會學者如 Parsons 則採取角色理論的觀點，認為單親家長在工作謀生以求生活無虞的同時，常會衍生子女照顧的問題，在乏人分憂解勞的無奈下，角色衝突與角色負擔過重的事情便會油然而生（劉淑娜，1984；林萬億、吳季芳，1993）。之後，Hill 在一九五八年提出 ABC-X 之家庭壓力理論，主張家庭在面對壓力情境之初，壓力事件（因素 A）與其家庭藉以調適壓力之內、外在資源（因素 B），以及家庭對此壓力之認知（因素 C），三種因素交互作用後才會產生壓力覺知或危機（因素 X）。一個家庭是否產生危機，並非它沒有困境，但此家庭的特質是遭逢困境能否坦然面對，並運用有效資源因應，而成為有效的壓力管理的家庭（藍采風，1996）。至於單親家庭是否對子女或父母形成影響、其影響是正向或負向，以及如何影

響，也眾說紛紜，各有其研究支特，茲分述如下：

（一）對子女的影響

　　Herzog 和 Sudia（1971, 1973）認為：並不是所有父或母缺位的單親家庭皆會對孩子造成影響，而是家庭的氣氛互動模式（family interactional pattern and environment）及家庭過程（family process）才是影響的關鍵因素。此議題之後也在 Kagel、White 和 Coyne（1978）、Raschke 和 Raschke（1979）、Berg 和 Kelly（1979）、Marotz-Baden（1979）等人的研究中獲得支援。Kagel、White 和 Coyne 的研究區分青少年日後行為偏差之因素是他們知覺其家庭環境是否為溫暖的、有回應性及具凝聚力等家庭互動因素有關，而與家庭結構無關；Raschke 和 Raschke 指出：公立小學學童認為其家庭氣氛不愉快且具衝突性，他們的自我概念較低，而與家庭結構因素無關；Berg 和 Kelly 指出：當學齡兒童被父母拒絕，其自我概念低，而與家庭結構因素無關；Marotz-Baden 則認為家庭是否正常不在於家庭結構（family form）是單親或雙親，重點是在家庭過程。家庭過程對子女的發展可以是負面的，也可以是正面的影響，所以，真正影響子女發展的因素是：家庭內的氣氛（情緒）狀況、家庭成員間的關係是和諧或衝突、家庭經濟的穩定性、教導子女的方式與品質及角色典範（郭靜晃，2001b）。

　　社會學家 Steigman 在一九五七年指出：婚姻失敗者之小孩常遭同伴嘲笑，心懷自卑，嚴重的心理後果會造成行為上之失常病態，故少年犯罪者有許多出身於破碎家庭。Demo 和 Acock（1988）提出單親兒童的心理健康較雙親兒童低，且雙親之一的缺位若是因分居、離婚或遺棄所形成，則對於青少年特別有更為不利的影響。雙親的缺位使得兒童不易學習到適當的性別角色行為，使得兒童的發展，特別是青少年的發展缺乏角色楷模，而對其認知發展、成就動機、道德學習及順從等行為產生影響。其次，青少年正處於 Erikson 的「自我認同與角色混淆」，當父母其中一位角色缺位或角色負荷過重，是否造成個體本身的發展障礙？單親家庭的形成，對

青少年子女有什麼影響？單親家庭與雙親健全的正常家庭比較起來，單親家庭意味著家庭破碎的結果，形成的原因就夾雜了哀傷、怨懟等不愉快情緒。若以親職功能的立場來看，在整天辛苦工作之餘，又須料理家務，實難有餘力再去處理子女的心理及情緒問題，以及與子女做更深的互動。

就家庭發展階段來說，當子女處於青少年階段時，正好是父母進入所謂中年危機的時期，許多父母重視自我實現的需求，甚至放棄子女自我發展的機會，而這個階段正好是他們個人生涯突破或轉折的關鍵期。在這個階段，青少年追求自主（autonomy）是一種普遍心理，在家中他們渴求「行為自主」與「情緒獨立」，甚至「價值自主」與「道德自主」，他們極期望獨立與自治。不過青少年是否能成為一位獨立、自主、自信與開放的人，卻與其親子關係及父母教養方式密切關聯（胡正文，1999）。換言之，單親家庭需要更多拉力來幫助青少年處理問題，使青少年獲得更健全的生活環境，否則會引起認同或疏離危機，造成個體不適應行為發生。

二○○二年內政部統計處針對全國性單親生活狀況調查研究亦指出：單親家庭的家長對其子女管教方面感到有嚴重之問題，其比率較高之項目依次為「子女行為有偏差」（19.1%）、「不知如何管教」（15.8%）及「無時間管教」（12.8%）。此外，單親家庭對其親子關係有近三成左右之家長表示感受關係很差。至於單親家庭對其子女學業方面的表現讓父母感到嚴重的問題，比率較高的項目依次為「無法輔導子女做功課」（23.3%）、「子女學業成績太差」（19.5%）、「子女不喜歡讀書」（16.9%），而認為「父母無時間管教」及「子女行為有偏差」之父母則近28%。

至於，單親經驗對子女「稍有影響」之程度，單親父母認為是「心理健康」（52.7%）、「學業或成就」（44.6%）、「人際關係」（44.4%）、「行為常規」（46%）、「性格養成」（47.5%）、「人生態度」（46%）、「婚姻看法」（46%）等問題。單親經驗使單親子女自我概念形成造成影響，對其自我價值看法產生偏差或低落。然而，單親家庭並非全然是負面影響，吳靜樺（1994）的研究即指出：父母離婚對青少年本身亦有正面影響，例如在

性格方面趨於獨立、成熟；而在家庭氣氛方面，離婚結束了家庭成員長期的衝突或家庭成員重新建立新關係，家庭氣氛因而轉好，「單親家庭」名詞不至於對子女產生烙印與偏見看法。因此，媒體應給與單親家庭正面報導，去除「單親家庭等於偏差家庭」、「單親家庭等於弱勢家庭」等標籤，以減緩單親家庭飽受社會大眾歧視的眼光。

（二）對父母的影響

單親家庭由於結構上的限制，所以在面對社會壓力、工作及子女教養時，要比核心家庭更易缺乏資源來因應困境，因而導致問題的產生（張清富，1995），也因此在過去單親家庭常常被冠上「破碎家庭」或「偏差家庭」等標籤而飽受歧視。但經過實務界十餘年的研究，對單親家庭問題做更深入的瞭解後，已使得單親家庭逐漸擺脫問題家庭的刻板印象（薛承泰、劉美惠，1998）。彭淑華、張英陣（1995）曾就單親家庭的優勢觀點來探討，單親家庭的成因不同，同質性亦不高，因此，呈現的問題內涵也就各有不同；不論形成原因為何，「單親」對每個家庭而言，都須經歷一連串的創傷經驗與一種不得已的抉擇。而家庭也會因單親事件產生一連串心理上、社會上和經濟上的改變，進而影響單親家庭成員生活經驗的改變，如經濟狀況改變、身心適應問題、角色負荷加重、子女教養問題、活動參與問題、福利服務問題等。整體而言，較常引起注意的不外乎心理社會、生理健康以及經濟安全等面向的問題，以下便就此三個層面，參照國內外發展現況，從優勢與劣勢觀點來闡述我國單親家庭的境遇。

■ 心理社會層面

由於人類天性渴望愛與被愛，可是當夫妻離異、親人死亡等遽變使得單親家庭成員失去了情感的聯繫，導致孤立失落，因而造成了許多弊病叢生，如緊張、焦慮與挫折，當這種緊張關係在家庭中緊繃至一臨界點而致使家庭失能時，便有可能產生偏差行為或不幸事件。單親家長在經歷家庭

遽變之後,由於生活週期斷裂,教養子女負荷繁重,使得他們在分離失落及角色衝突的雙重煎熬中承受著相當大的精神壓力。Weiss(1982)便指出單親者容易有沮喪、焦慮、寂寞與不幸福等感受,甚至產生如酗酒等偏差行為(林萬億、吳季芳,1993)。若是其原有的人際關係與社會地位又因單親事件而有所變動,則將更會影響到單親家長的社會適應。由於我國社會文化仍傾向保守,因此在傳統價值觀的框限下,單親家長對自我覺知的歸因更易偏向負面,因而對未來的生涯規劃躊躇不前,造成本身內在的壓力與衝突。張佩韻(1998)便指出:社會對單親的負面印象等讓單親父親備感壓力;劉雅惠(2001)更進一步指出:衝突與生活滿意度有顯著負相關,尤以女性為著。

由於道德的偏見使得部分民眾對單親家庭投以異樣的眼光,造成社會烙印(social stigma)現象(Kerka, 1988),如果單親家庭無法承受這股壓力,而自原有社會人際網絡中逐漸撤離,便會形成社會孤立(social isolation),甚至發生社會連結(social bonds)不穩定的情形,無法與他人建立持久的關係(朱貽莊,1997),此時單親家庭不是自我孤立,便是遷居或轉換職業,這種現象在離婚和非婚姻型態的單親家庭又更為明顯(張英陣、彭淑華,1996)。

單親處境並非全然的弱勢,單親家庭在心理社會適應上亦有其優勢的一面;相對於情感疏離、名存實亡的空洞家庭,有研究指出:單親家長在跳脫遽變的漩渦之後,反而能自我解脫而有所成長,加上對子女的管教態度因單一化而無不一致之情形,因此親子關係也比以往更親密(彭淑華、張英陣,1996);另外,基於「血濃於水」之傳統家庭價值觀的驅使,因此,我國單親家庭要比國外獲得更多來自於原生家庭的支援與資源。如親情連結、互惠協助、可近性、彈性與低成本等優點,均可成為單親家庭的優勢助力(吳婉慧,1999)。

■ 生理健康層面

由於單親家長既要身兼父母職又要養家活口，因此承受著很大的照顧負荷與工作壓力，而這些壓力往往在生理症狀中找到出口，以身心症來宣洩。最常見的症狀便是身體功能退化、難以入眠和健康狀況不佳（洪秀珍，2000）。生理健康對生活品質的影響，受到多重因素的左右，不過箭頭均指向負向關聯。王慧琦（1992）在針對離婚者生活適應的研究中便指出：支援系統與壓力認知會影響其健康情形，一般而言，壓力覺知愈小，社會支援系統愈多元，其自覺健康狀況愈好。俗話也說：「留得青山在，不怕沒柴燒。」因此，生理健康對一個人的生活品質有決定性的影響。

■ 經濟安全層面

國內外的研究均指出：在眾多單親問題當中，經濟安全是單親家庭最大的隱憂。物質條件不僅會對子女照護問題產生不良影響，子女所能獲得的物質資源減少，甚至直接牽動著家庭的生活品質。在所有單親類型當中，以女性單親最容易落入貧窮困境，形成「貧窮女性化」（feminization of poverty）的現象：一九九二年美國有兒童的貧窮家庭中有將近 60% 是屬於無丈夫的女性為家長的家庭；在所有的全國家庭中，以單身女性為家長只占 23%（Bureau of Census, 1993）；Garfinkel 和 McLanahan（1986）與 Kerka（1988）便指出女性單親戶是全美最貧窮的家庭；張清富（1995）的研究也顯示：我國約有一半以上的單親家庭收入低於三萬元，其中女性單親更因長期操持家務、無一技之長，或須兼顧子女而無法穩定工作，導致成為重返勞動市場上的弱勢，甚至因為男性較高的再婚比率而降低了贍養費的給付能力，因而比男性單親更易遭受經濟匱乏的威脅。尤有甚者，當經濟資源短缺而間接影響單親子女低學業成就，乃至低職業成就時，勢必形成福利依賴的惡性循環，導致「貧窮代間移轉」的結果（林萬億，1995）。另外，Kerka（1988）也特別指出：由於美國有 10% 的青少年成為單親媽媽，因而更潛伏著「貧窮青少年化」（juvenilization of poverty）的

危機。以上種種現象均警示單親家庭的經濟困境且與單親戶的普遍化有關（Bianchi, 1999; Popenoe, 1988）。而貧窮造成家庭的危機卻是與相關兒童福利實務（例如兒虐事件、兒童少年行為偏差）有很大的關聯。尤其身處於資本主義的社會，貧窮造成個人的低自尊或視自己為一無是處，更是公共社會服務的使用者，因此，兒童福利實務工作者更應正視貧窮（尤其是單親媽媽）所造成的家庭危機。在美國，貧窮造成國家百年所得損失、稅收損失，以及彌補貧窮造成之損害而設計的社會方案之經費也高達數十億美元；而有關針對貧困兒童的方案經費就占了國家總預算的 7%（Allen-Meares, 1995）。

不過，也有研究指出單親家庭亦有其經濟優勢面，例如掌握經濟自主權，不用受制於人（彭淑華、張英陣，1995）。尤其是女性，其原本在家庭中的經濟弱勢地位也將易地而處。

二〇〇二年內政部統計處針對全國性單親的生活狀況調查研究指出：近半數單親家庭最近一年每個月平均收入在二萬四千元之下，其中又有一半收入不及平均最低薪資，且調查過程中有 60% 的受訪單親表示入不敷出，此現象已凸顯單親家庭的經濟困境。尤有甚者，有近四成的單親家長除了自己的子女外，尚須扶養父母，而經濟來源有 80% 以上須靠單親家長本人之所得，其次為父母提供，獲政府補助之比率不到一成，此結果顯示單親家庭的經濟性支援相當脆弱。

單親家庭家長對其子女管教方面感到嚴重出現問題，比率最高為「子女行為有偏差」（19.1%）、「不知如何管教」（15.8%）及「無時間管教」（12.8%）。此外，單親家庭成員感受到「對不起子女或父母」、「經濟維持的壓力」及「工作或經濟壓力」；其感情困擾嚴重度更依單親形成年數增多而遞減。

單親家庭托育與教育費用平均需五千至九千元為最高，且就讀托育及才藝班比率之提高，產生新的經濟支出項目（內政部統計處，2002）；針對子女照顧、管教、子女學業及工作、事業問題之困擾，皆是單親父母所

面臨的困境。

二、社會變遷對新移民家庭的影響

(一)新移民家庭在台灣所面臨的現實問題

　　根據內政部統計，在二○○三年台灣外籍配偶數多達 231,484 人，到了二○一一年共有 446,143 人。換句話說四個台灣男人中就有一人選擇與外籍新娘結婚。分析二○○三年因結婚來台的外籍新娘學歷狀況，來自東南亞部分，16,746 人中只有國小或國中畢業的比率就有 38% 之多；而大陸地區 27,626 位中，就有 42% 的外籍新娘是國中以下教育程度，與台灣只有 17% 比率相較，外籍新娘的教育程度實為不高。劉淑婷（2003）有關於「新台灣之子」這個新生代的教育族群報導指出：多數教育工作者覺得其教育問題還在「可」控制範圍內，但這些背景因素直接或間接地潛藏阻礙其子女未來的教育發展。郭靜晃（2005）歸納新移民家庭在台灣社會的一些社會事實，分述如下：

■ 低社經地位與語言隔閡

　　「新台灣之子」的家庭多數以勞力為主要收入方式，負責家中經濟的父親在外打拚居多，同時尋求異國婚姻的本國男子，常伴有身體殘障、心智障礙、家境貧困、缺少謀生能力等情形，加上彼此結合快速，以致婚後諸多層面落差太大，難以互相適應，衍生的家庭、社會、教育等問題不容忽視，最嚴重的是東南亞外籍配偶子女的發展常出現遲緩的現象，影響深遠（鍾重發，2003）。而來自他鄉的東南亞外籍女性配偶，多數學歷較低、語言不通、風俗文化迥異，生活適應已構成社會的一大問題，再加上生活物質條件較差，做妻子的不是打零工貼補家用，就是在家照料夫家一切生活起居，為生活奔波勞苦，在這種情況下，有一半養育責任落至母親

身上，而其「新台灣之子」上了小學後，不適應的情況馬上產生。

■ 低教育程度及親職參與度低

　　同時發現東南亞外籍女性配偶子女們的注音符號學習狀況不好，因為家中主要教育者通常沒有學過或是目不識丁。但最令學校老師困擾的是，東南亞外籍母親的中文程度不靈光，在與學生家長溝通時，總是一頭霧水，有代溝，有些家長帶孩子上學時，看到老師拔腿就跑，拒絕溝通的例子屢見不鮮（劉淑婷，2003）。

■ 東南亞外籍母親教育專班成效不彰

　　台灣各縣（市）政府也做了許多努力，其中開設「外籍新娘識字班」是最普遍的做法，但是目前很多地方已經停辦。停辦的原因，主要是因為外籍配偶本身學習意願太低，實際參與上課的人不多，來上課的外籍配偶，有的帶著小孩一同前往，嘰嘰喳喳的上課情況，讓班級經營不下去，只好停辦（劉淑婷，2003）。許多外籍配偶嫁到台灣時，年齡不到二十歲，大多數的心力都放在照顧家庭上，「新台灣之子」家庭教養不足而產生的適應問題，似乎只有提升母親教育一途，但外籍母親教育執行上的困境將是教育部未來要面臨的一大挑戰。

■ 陌生與衝擊情境

　　對這群新移民而言，面對所遷入的社會環境歷程可視為必要經歷，然而，透過婚姻移民生活，其家庭又是另一衝擊的場域，可能使外籍新娘陷入困苦情緒之中。相反的是，家庭可以正向維持或允許這群新台灣人母親繼續接觸她們的原生文化，既可有效的緩衝其壓力；遷移後必須定居、適應及完全同化三個主要的過程才算完成（廖正宏，1985）。

■ 未能融合主流文化，造成文化缺陷

在今日多元文化的趨勢下，如果出生於非主流文化的家庭，常因環境中的資源有限，而造成社會上及心理上受到剝奪與限制，就容易形成文化缺陷。文化缺陷的概念就是利用制度化來「修補」並協助某些少數族群「合於」社會主流的規範。由於少數族群的家庭和兒童有偏高的比率是貧窮家庭，出生於此類家庭的孩子常因環境資源有限，而在社會上及心理上產生影響，加上制度化的種族歧視及性別歧視，就限制了個人在社會發展中可享有的機會。因此，社會工作實務應充權增能這些少數族群的兒童及其家庭活絡於雙重的環境裡，包括他們的文化及主流社會的文化，以找到他們的自我認同，避免文化危機或被社會排除（social exclusion）。

新移民家庭及其子女在社會變遷下對其家庭所面臨的問題可分為兩個層面：家庭及其子女（郭靜晃、黃明發、韓霆正，2012）。

（二）新移民家庭在生活適應上面臨的困境探討

影響新移民家庭在台灣生活上之困境，大致可歸類為家庭、社會、心理、生理等四個面向加以探討：

■ 家庭適應

新移民因對婚姻生活尚未進入狀況，加上本身的語言能力有所限制，就必須馬上由妻子轉變為母親的角色，擔負起母親的教養責任，對於孩子的教養便無法發揮應有的功能；更因為文化背景不同的關係，孩子的教養問題在觀念及標準方面也有所差異，容易與先生或公婆產生歧見。劉秀燕（2003）研究發現：新移民子女因受到父母親社經地位較低、管教態度較為放任、家庭成員溝通困難及主要照顧者語言能力不足的影響下，致使新移民子女在行為表現上容易產生負面表現、學業成就較低落、語言程度較差的現象。新移民女性對孩子來說雖然是主要照顧者，但由於與家人對孩

子的教養態度的不一致，家庭及婚姻不但容易引起衝突，對孩子來說也容易造成日後不良的影響。簡春安（2004）研究指出：語言問題對婚姻最大的衝擊是夫妻溝通，此將成為婚姻關係中的一大困擾。當婚姻潛藏問題需要雙方好好溝通解決問題時，卻只能比手畫腳，不但不能解決問題，反而造成更多的困境；再者每種文化有它自己的婚姻關係及互動模式，不同文化對其婚姻的本質、兒女教養態度，以及責任分工也各有其差異，使得跨國婚姻常出現價值觀的衝突；加上新移民女性因跟丈夫感情基礎薄弱、缺乏娘家支持，以及婆家親友環境的不友善，常無法達到婆家的要求及迎合丈夫的需要，因此，新移民發生家暴的機率愈來愈高，發生問題時新移民無管道可宣洩其情緒，對家庭的照料與小孩的教養便會產生不良的連結關係（dysfanctional bonds）。

■ 社會適應

　　新移民除了缺乏原生家庭的支持以外，夫家的家人因擔心其與外界過度接觸會使她們的自主意識提高，希望將其生活圈局限於家庭內，以至於新移民難以接觸家庭外之文化，甚至融入當地社區的生活。另外，因為語言溝通能力的限制，更讓新移民無法獲得生活上所需的支持及社會所提供的資源，使其與社會關係疏離，社會支持系統便更顯薄弱，而造成低社會連結（social bonds）。王永慈（2001）指出新移民有被社會排除的現象，例如勞動市場的排除、人際關係孤立、團體活動及影響決策機會的排除等。

　　由於多數新移民所嫁多屬於低社經地位的家庭，因此常需要她們共同分擔經濟，外出工作賺錢以貼補家中生活所需，但許多雇主對於新移民來台的工作法規仍不甚清楚。夏曉鵑（2000）指出：新移民女性尋求工作遭受許多限制與社會保障不足，在早期未取得身分之「外籍新娘」申請工作須依「外籍勞工」的模式，由雇主提出申請，但多數雇主不願代為申請。之後《就業服務法》第51條規定：「外籍新娘」獲准居留者可逕向中央主

管機關申請工作許可。雖較過去方便許多，但因為語言隔閡，使得雇主對她們的工作態度及工作效能產生質疑，工作機會便大為降低，能順利就業者仍屬少數。

加上國人對於異國婚姻多根植於仲介買賣關係上，國人對於東南亞國家的歧見，因此多數人對於新移民多有所歧視（discrimination）；再者，因為國內媒體對新移民有污名化的現象產生，認為她們都是為了錢而嫁來台灣，結婚初期，更擔心她們會逃跑、偷錢，有些丈夫與婆家刻意不讓新移民去上中文識字班，擔心的是她們一旦掌握本地的語言、增加對外的連結，會提升她們的自主性，增加她們「逃跑」的可能，因而使得新移民一直處於社會低下階層的地位，影響社會大眾對她們的認知，導致新移民在人權上也欠缺保障，社會地位無法提升。

■ 心理適應

新移民的生活適應問題包含多個層面，包括語言及文化方面問題。語言溝通能力的不足常使新移民陷於表達的窘境，無法在適當時機表達情感及抒發自己的意見，使得異國婚姻的經營益顯困難；加上新移民常無法以本國語言或台語對外溝通，也造成生活上的不便，「語言」幾乎是新移民來台後，適應上最大的考驗。吳錦惠、吳俊憲（2005）指出：新移民由於本身因習俗、語言、社會文化差異，除了為自己帶來許多生活上的困境及溝通障礙，也會直接影響到其子女。楊詠梅（2003）指出：30% 的新移民婦女曾出現沮喪與憂鬱症狀，10% 有自殺念頭，7.5% 有明顯的無力感，這些指數皆較本國婦女比率偏高。

■ 生理適應

新移民女性來台後在半年至一年的時間內懷孕的比率相當高。待孩子出生後，她們便需要在短期之內學會語文能力及教養孩子的能力，均非易事；加上新移民女性對於台灣固有的傳統文化及風俗民情瞭解不足，日常

生活飲食及烹調方式不同，也造成許多困擾，使其在生活適應上產生許多問題。林妗鎂（2006）研究發現，新移民女性如果充實國語文能力，對於她們在台生活適應上將有正向的影響、可培養她們獨立的生活技能、擴展人際關係，同時她們還會鼓勵有同樣處境的新移民女性參與識字教育。

（三）新移民家庭子女在學校學習的適應問題探討

莫藜藜、賴佩玲（2004）指出：新移民子女教養問題包括：(1) 優生保健問題；(2) 語言學習問題；(3) 學校學習障礙；(4) 教育環境的隔閡；(5) 身分認同與文化差異等。唐淑芬、黃沛文（2007）分析新移民子女的教育困境，發現問題的由來有以下四點：(1) 新移民子女本身在學校適應、學業成就、語言學習、人際互動、文化學習及自我概念等方面的表現；(2) 家庭教育的影響，包括夫妻、婆媳與親子溝通、家庭暴力、親師溝通、新移民女性的語言能力、家庭經濟弱勢與教育資源弱勢等問題；(3) 學校教育資源不足，教師缺乏多元文化教育素養，以及相關機構的資源整合缺乏；(4) 社會與媒體存在著刻板印象或不合理的偏見。綜合上述觀點，歸納新移民子女會面臨的問題主要包括以下幾個面向：

■ 語言學習上的困擾

東南亞新移民子女使用的字詞，比同年齡兒童有明顯的減少，語言中缺乏複雜性，比較少開口主動說話或社會化行為較少，平時也較少有文字性的遊戲，間接使子女在發展上有語言表達及學習較慢的現象（王秀紅、楊詠梅，2002）。李瑞娟（2006）調查指出：新移民子女的國小一年級國語文學習成就普遍低於本國籍配偶子女。上述研究發現：新移民家庭子女其語言能力與外籍母親的國語文能力有關，也與其因家庭社經地位低落、有無接受學前教育和受學前教育的時間長短有關。但隨著學童的年級升高，因社會化擴及學校，其國語文程度與本國籍配偶子女的差距將會減少。

■ 課業學習上的障礙

若外籍母親對我們的語言、文字和對台灣的教育方式不夠瞭解時，孩子的功課便無人可正確輔導，學習的進度自然落後，這些都將影響其子女學習、學校適應、心理缺乏自信等問題。在整體學業成就表現，由於新移民子女的家庭以低社經地位者居多，因此，這些新台灣之子容易有文化刺激不足、缺乏教育資源及輔導措施不足等問題，而在學業表現上呈現落後的情形。大部分的外籍新娘其子女整體學習情形處於弱勢，造成的原因涵蓋了身心遺傳的因子、文化教養的差異、家庭結構的問題等，而外籍母親之原國教育對子女的學業成就亦有影響。

■ 親師之間的溝通問題

新移民配偶對台灣的語言、文化及學校教育多半不太瞭解，加上嫁入的夫家社經地位較低，孩子的家庭和學校教育更成為相對弱勢（莫藜藜、賴佩玲，2004）。此外，外籍配偶又受限於閱讀和撰寫能力，使得學校與家庭的溝通亦受限，且多半不主動與教師溝通，造成家庭與學校的連結不良。

■ 同儕間的認同與排斥

新移民配偶，尤其是東南亞外籍配偶的下一代，較一般人有特殊的外型，伴隨發音不正確、語言遲緩的問題，造成社會刻板印象而產生文化歧視，可能造成同儕間的排擠和歧視，成為團體中的特殊人物，因而不敢對外人提及母親，或將所受之挫折歸罪於母親等問題。

■ 文化認同問題

無論生活於都會區或其他農業區的新移民家庭子女，都有傾向被動、獨立和不太樂意透露自己國籍的態度（王世英、溫明麗等，2007）。外籍配偶常常被標籤為來自於落後的東南亞地區、買賣的婚姻模式等負向說詞，進入家庭及婚姻中自然已被曲解、矮化，無法獲得婚姻及家庭中應得

的尊重和地位。新移民家庭的子女面對整個家庭與社會對於自己母親國籍及身分的歧視，常在內心產生愈來愈大的迷惑衝突及矛盾，對於自己母親國家的文化也易產生認同問題。

　　整體而言，新移民家庭及其子女大多必須面臨的一個問題是：包含語言、生活模式與社會資訊等文化的生活適應；此外，還有來自他們在社會結構中建構的社會關係、社會支持與社會資源的支配能力。這些問題促使新移民家庭及其子女產生某些特殊需求，而台灣政府為此做了哪些社會政策、福利服務方案？透過這些舉措可為當地社會減少日後社會問題的產生？

三、社會變遷對雙生涯家庭的影響

　　職業的選擇確定了成年早期生活方式（life style）的基礎，勞動工作占據成人大多數的時間，包括活動量，身體與精神能量的耗損，現時與長期獎賞的條件。工作帶給個人身分及職業，而職業身分授予個人社會地位，並給予種種不同的發展機會。此外，職業身分也反映了個人價值系統的象徵，而生涯抉擇更是成年期社會發展的一項重要任務。

　　雖然許多人在成年期之前就有打工經驗，甚至有些人在青年期之前已有一些正式工作的經驗，然而打工與正式工作經驗是處於不同社會化的基礎，打工的經驗常是以金錢作為交換，鮮少需要太多技術化的工作技巧。

　　如圖 7-1 所示，生涯選擇過程受到六個因素的影響：個體、心理、社會／情緒、社會經濟、情境、家庭及社會（O'Neil, Ohlde, Barke, Prosser-Gelwick, & Garfield, 1980）。這些因素也受到性別角色的社會化所影響。而這些因素中的個人因素，諸如能力、興趣、態度和自我期望，最影響其個人的生涯選擇；此外，家庭、社會和經濟因素對生涯選擇之影響最小（O'Neil et al., 1980）。

　　影響就業機會的重要因素之一是教育，職業的晉升及相對的收入與學歷有密切相關。以往學校之經驗，如上大學及有專業的訓練對日後的高收入及較穩定的工作有關（Hubner-Funk, 1983），但現在則要求具有碩士學位及職業證照。生涯發展似乎有兩個階段，前一個階段是抱著一種像唐吉訶德式（騎士化）的探索，他們選擇任何一種可能工作之機會，騎驢找馬，對工作也沒有長期投入的意圖，也常表現出反覆無常的工作作為。大多數這類工作也不需要太多訓練，例如超商或速食店的工作，談不上一種職業。青年一旦賺足能滿足需求的錢，便會辭退工作，然後一直失業，直到他們又需要錢為止。到了二十多歲，隨著對工作的態度愈來愈嚴肅，他們便開始尋求一份好工作，在乎工作績效及表現，隨著時間的推移，他們工作的態度也會變成一種承諾。

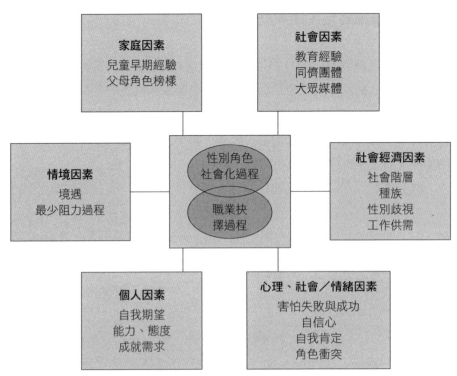

圖 7-1　影響性別角色社會化和職業抉擇過程之因素

資料來源：O'Neil et al. (1980).

　　另一個影響生涯抉擇的重要因素是性別角色社會化（sex-role socialization），其受兩個重要心理社會因素所影響：一是社會化結果，男性與女性往往對職業成功的有關技能有不同的期望，另一因素是男女兩性有不同的價值觀。性別角色認同影響了決定人的生涯目標和相應選擇的態度和價值觀，此外，男性在職業抉擇較傾向於高地位報酬，而女性則選擇較高支持性的環境，此種差異也造成職業結構和職業成就上的性別差異。

　　職業抉擇也反映了個人本身的自我認同，對某些人而言，職業抉擇是反映對父母持續性的認同，他們可能抉擇與父母一方相同或類似的工作或職業，或者父母為他們做出職業抉擇。相對於其他人，職業抉擇是個人嘗試、內省、自我評價、所發現的事實或個人省思洞察的結果，但對他們而言，他們幾乎沒有個人抉擇。

　　現代社會隨著政治、社會與經濟的轉型，女性遂成為就業市場的主力，據行政院主計處台灣地區人力資源統計年報顯示，女性勞動參與率自一九八二年的 39.30%，升高到一九九二年的 44.83%，到一九九七年為 46.13%，到了二〇〇七年接近 51.6%（行政院主計處，2007）。這些數據相對於工業國家來得低，美國約為 65% 左右，這顯示我們對女性工作參與率仍有努力的空間。

　　女性勞動參與率之影響因素很多，諸如經濟的需求，教育的提高，生育率的下降以及人口統計趨勢的改變，產業結構及需求的改變，以及托兒及托老等家庭照顧需求的滿足等，皆足以對婦女是否外出就業產生影響。就整體環境而言，女性投入工作市場，造成社會經濟力的提升，但是女性在家庭中的角色與期望，並未因家庭經濟力提升而減少，而男性也不會因女性出外工作而回家幫忙家務。相對地，女性不再是以傳統的單一角色自居，除了扮演職業婦女角色之外，同時她亦扮演母親、太太、媳婦、朋友、同事等多重角色，於是女性陷入家庭、職業、人際關係等多重角色的壓力困境中。單驥（1998）在婦女國事會議中，曾引用聯合國的一些調查統計資料，這些資料顯示：全世界大約有二分之一的婦女，她們工作時間

占全世界工時的三分之二，收入占世界總收入的十分之一，而財產占全世界資產的百分之一。

女性之工作角色的性質，對家庭生活品質、個人幸福感、企業之生產力，以及社會的安定繁榮皆有影響，所以國家政策及企業宜加以考量一些家庭取向的人事政策（張惠芬、郭妙雪譯，1998；郭靜晃，2001a）。

1. **彈性工時**：除了朝九晚五的上班時間，政府或企業可配合彈性工時及非全職工作來幫助女性員工協調工作與家庭的角色。

2. **親職假**：女性員工除了六至八星期（公務員六週，勞工八週）的產假之外，親職假（parental leave）係指提供三個月的無給假，並保證回來工作職場時給予相當請假前的工作待遇與職位。近年來，有些美商公司如 IBM，也提供家中有三歲以下的嬰孩，可以請育嬰假。然而，北歐國家將此假的福利擴及至家庭成員，如父親、祖父母也有權利申請親職假，以幫助照顧家中的兒童。

3. **兒童及老人托育**：台灣地區婦女就業雖有增加，約為 51%，仍比不上工業國家，但仍有近 40% 的職業婦女因工作關係不能親自照顧子女。台灣之幼兒托育提供率約為三成，可見社會支持系統明顯不足。所以幼兒托育除了量的增加，還有確保托育之品質，這也是職業婦女在選擇兒童替代照顧時第一個考量的因素。此外，托老機構的不足及品質也是婦女在選擇重返職場的一個考慮因素。

4. **彈性福利方案**：員工福利也是個人工作所得，在國外，員工福利平均約占平常薪資所得的 37% 以上（Alex, 1985），因此，員工福利對雇主及員工皆有很大的影響。而傳統的員工福利包括公／勞保、健保、退休金、有給假期和病假，或生命或健康保險等。而彈性福利方案是讓員工依據個人之需求選擇福利方案，例如雙生涯家庭，由於夫妻的公司皆有提供健康保險，兩人都接受，恐有資源重複之虞，因此，其中一人可以不要健康保險，而交換同等利益之福利方

案。此種措施不但對不同家庭狀況之員工比較公平，而且也可以協助企業控制成本。

5. **諮商及教育方案**：企業可以提供一些方案來因應某些工作／家庭問題，如應付工作不確定之因素、增加自己的專業能力、幫助親職功能、協調工作和家庭責任、工作壓力和財務管理技巧等，也是利用經濟的方式來協助員工協調工作與家庭之雙重角色，以避免因角色衝突而衍生了工作或家庭的壓力。

四、社會變遷對台灣家庭的另類影響

除了上述三種主要家庭型態之影響外，台灣在社會變遷上也發現還有一些衝擊，例如：

1. **家庭的子女數不斷在下降中**：台灣從三十年前一年出生有三十萬嬰兒，到了二○○一年平均子女數已是一點四位，二○一一年甚至降至○點八九五位，雖然二○一二年因龍年之關係略有上升，但台灣已成為全世界嬰兒出生率最低的國家。

2. **同性戀家庭的合法性**：荷蘭是全世界第一個承認同性戀可以合法組成婚姻的國家，美國則是佛蒙特州（Vermont State）在二○○○年同意給予同性戀婚姻完整法律的保障。在台灣，雖有法務部提出草案讓同性戀可以合法組成家庭，但遲遲未交付立法院三讀。

3. **隔代家庭的增加**：台灣有愈來愈多的父母因為不能或不願意照顧子女，而使祖父母必須擔負照顧孫子女的任務，尤其又以傳統的農業城市居較高的比率。

第三節　社會變遷對家庭功能的衝擊 ♥ ♥ ♥

　　除了家庭結構、價值使得台灣家庭類型互有消長外，社會的變遷也衝擊家庭之功能，例如性愛、經濟合作、社會化、保護、娛樂、生殖及情感等。如今受工業化、都市化的影響，家庭除了情感功能之外，其餘的社會功能幾乎可以完全被取代，比如現代年輕人的三大隱憂，即「不婚，不生，不養」，影響可謂既深且巨。

1. **以性愛功能而言**：社會的開放帶來婚前與婚外性行為之增加，個人主義和享樂主義的盛行也影響婚姻中配偶彼此的忠貞，自然也衝擊婚姻中的性愛功能。

2. **以生殖功能而言**：結婚的負擔，如經濟、照顧家人等，影響年輕一代的家庭觀，促使「少子化」。現代人開始質疑過去傳統的「養兒防老」，甚至倡儀「不做父母聯盟」，而成為自願無小孩之一員。

3. **以社會化功能而言**：家庭為個體最早及最主要的社會化機構，當個體還小時，其重要性凌駕於學校、同儕、網路與傳媒，但隨年齡趨長，其重要性卻相反。現代由於職場競爭激烈，使得父母更加忙於工作，相對於孩童之教養，就顯得力不從心。

4. **以保護照顧功能而言**：現代的家庭尋求外在機構如社服、醫療機構來取代過去保護照顧的職責，尤其是老人養護機構、幼兒托育機構已大部分取代過去家庭成員親自照顧的功能。

　　相較之下，唯一變化較少的是情感維繫的功能，這也是現代人選擇婚姻的主要目的及考量，也是維繫婚姻的最大關鍵。家庭是維持個體心理安全與情緒學習的主要來源，如果個體在家庭中的感情功能無法發揮，促使家庭潛藏了危險、傷害與暴力，那麼家庭便成了傷人或不再被人迷戀的地方。所以說，家庭會造人（people making），也可能會傷人。

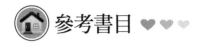
參考書目

一、中文部分

內政部統計處（2002）。「台閩地區單親家庭生活狀況調查」。台北：內政部。

王世英、溫明麗等（2006）。《我國新移民子女學習成就現況之研究》。台北市：教育資料館。

王永慈（2001）。〈「社會排除」：貧窮概念的再詮釋〉，《社區發展季刊》。95：72-84。

王秀紅、楊詠梅（2002）。〈東南亞跨國婚姻婦女的健康〉，《護理雜誌》。49：35-41。

王慧琦（1992）。《離婚者生活適應之研究》。台中：東海大學社會工作研究所碩士論文。

朱貽莊（1997）。《單親兒童性別角色之差異及其相關影響因素之研究》。台中：靜宜大學青少年兒童福利學系碩士論文。

行政院主計處（1996）。「中華民國台灣地區社會指標統計」。台北：行政院主計處。

行政院主計處（1998）。「八十七年台灣地區發展趨勢調查」。台北：行政院主計處。

行政院主計處（2007）。「中華民國台灣地區人力運用調查報告」。台北：行政院主計處。

吳婉慧（1999）。《三代情——以父母支持離婚女兒為例探究代間協助》。台北：國立台灣大學社會學研究所碩士論文。

吳錦惠、吳俊憲（2005）。〈「新台灣之子」的教育需求與課程調適〉，《課程與教學季刊》。8：53-73。

吳靜樺（1994）。《離婚家庭青少年子女生活適應之分析研究》。台北：東吳大學社會工作系碩士論文。

李端娟（2006），《外籍配偶子女國小一年級國語文學習成就之研究——以新竹縣竹北市、竹東鎮為例》。彰化：中華大學行政管理學系研究所碩士論文。

林姈鎂（2006）。《將識字教育視為一種賦權：宜蘭縣東南亞新移民女性生活適應為例》。宜蘭：佛光大學社會教育研究所碩士論文。

林萬億（1995）。〈從社會政策觀點談單親家庭〉，《單親家庭——福利需求與因應對策論文集》。

林萬億、吳季芳（1993）。〈男女單親家長生活適應之比較分析〉，《中國社會學刊》。17：127-162。

洪秀珍（2000）。《高雄縣單親婦女社會支持、社會參與生活適應之關係》。高雄：高雄師範學院成人教育研究所碩士論文。

胡正文（1999）。〈青少年階段中的親子衝突、溝通與親密關係之探討〉。輯於《家庭教養與休閒文化》。台北：實踐大學通識教育中心編印。

唐淑芬、黃沛文（2007）。〈新住民子女教育困境與因應策略〉，《研習資訊》。24(6)：139-148。

夏曉鵑（2000）。〈資本國際化下的國際婚姻：以台灣的外籍新娘為例〉，《台灣社會研究季刊》。39：45-92。

張英陣、彭淑華（1996）。〈從優勢觀點論單親家庭〉，《東吳社會工作學報》。2：227-271。

張美麗（1992）。《國中學生性別角色、同儕關係與性別教育需求之相關研究》。彰化：國立彰化師範大學教育研究所碩士論文。

張佩韻（1998）。《離婚單親父親父職角色與親子關係之研究》。台北：中國文化大學兒童福利研究所碩士論文。

張清富（1995）。《單親家庭現況及其因應對策之探討》。台北：行政院研

究發展委員會。

張惠芬、郭妙雪譯（1998）。《工作與家庭》。台北：揚智文化。

莫藜藜、賴佩玲（2004）。〈台灣社會「少子化」與外籍配偶子女的問題初探〉，《社區發展季刊》。105：55-65。

郭靜晃（2001a）。《親子話題》（第二版）。台北：揚智文化。

郭靜晃（2001b）。〈邁向二十一世紀兒童福利之願景——以兒童為中心、家庭為本位，落實整體兒童照顧政策〉，《華崗社科》。15：1-13。

郭靜晃（2005）。《親職教育：理論與實務》。台北：揚智文化。

郭靜晃、黃明發、韓霆正（2012）。《台灣新移民家庭福利政策與服務輸送——以社會排除觀點分析》。北京：北京青年政治學院新農工家庭社會融合研究所。

單驥（1998）。〈婦女經濟自主權〉。國民黨婦工會：1998年國家婦女政策會議。

彭淑華、張英陣（1995）。《單親家庭的正面功能》。台北：行政院國科會專題研究計畫成果報告。

黃迺毓、黃馨慧、蘇雪玉、唐生柏、李淑娟（1995）。《家庭概論》。台北：國立空中大學。

黃德祥（1997）。《親職教育》。台北：偉華。

楊詠梅（2003）。〈外籍新娘的優生保健與健康〉，《回饋會訊》。69。

楊懋春（1973）。《中國近百年來社會制度的變遷》。台北：財團法人楊懋春貞德紀念基金會。

廖正宏（1985）。《人口遷移》。台北：三民書局。

劉秀燕（2003）。《跨文化衝擊下外籍新娘家庭環境及其子女行為表現之研究》。嘉義：國立中正大學犯罪防治研究所碩士論文（未出版）。

劉淑娜（1984）。《寡婦家庭的支持系統與生活適應》。台北：國立台灣大學社會學研究所碩士論文。

劉淑婷（2003）。〈新台灣之子教育二三事——外籍配偶 學習意願低〉，《台灣立報》。臺北：台灣立報，2版，10月20日。

劉雅惠（2001）。《中小學教師的工作——家庭衝突及其相關因素之研究》。台北：國立政治大學教育學系碩士論文。

薛承泰、劉美惠（1998）。〈單親家庭研究在台灣〉，《社區發展季刊》。84：31-38。

簡春安（2004）。〈外籍配偶的婚姻生活適應〉，《社會福利論壇線上論文集》。檢索自中華救助總會。

藍采風（1993）。《家庭組識與現代化》。台北：巨流圖書公司。

藍采風（1996）。《婚姻與家庭》。台北：幼獅文化事業。

鍾重發（2003）。〈支援協助涉入外籍新娘子女學齡前之兒童發展〉，《兒童福利》。4：251-257。

二、英文部分

Alex, H. (1985). *Cooperations and Families: Changing Practices and Perspectives*. New York: Conference Board.

Allen-Meares, P. (1995). *Social Work with Children and Adolescents*. New York: Longman Publishers U.S.A.

Berg, B. & Kelly, R. (1979). The measured self-esteem of children from broken, rejected and accepted families. *Journal of Divorce, 2*: 263-369.

Bianchi, S. M. (1999). Feminization and juvenilization of poverty: Trends, relative risks, causes, and consequences. *American Review of Sociology, 25*: 307-333.

Bureau of Census (1993). *Poverty in the U.S.: 1992. Current Population Reports,* p.60, No.185. Washington DC: Department of Commerce.

Burgess, E. (1973). *On Community: Family and Delinquency*. Chicago, IL:

Uuiversity of Chicago Press.

Demo, D. H. & Acock, A. C. (1988). The impact of divorce on children. *Journal of Marriage and the Family, 50*: 619-648.

Garfinkel, I. & McLanahan, S. S. (1986). *Single Mothers and Their Children: A New American Dilemma.* Washington DC: The Urban Institute Press.

Herzog, R. & Sudia, C. (1971). *Boys in Fatherless Families.* Washington DC: U.S. DHEW Office of Child Development.

Herzog, R. & Sudia, C. (1973). Children in fatherless families. In B. Caldwell & H. Ricciuti (Eds.), *Review of Child Development Research* (Vol.3). Chicago IL: University of Chicago Press.

Hubner-Funk, S. (1983). Transition into occupational life: Environmental and sex differences regarding the status passage from school to work. *Adolescence, 18*: 709-723.

Kagel, S., White, R., & Coyne, J. (1978). Father-absent and father-present families of disturbed and nondisturbed adolescents. *American Journal of Orthopsychiatry, 48*: 342-352.

Kerka, S. (1988). *Single Parents: Career-related Issues and Needs.* Columbus OH: ERIC Clearinghouse.

Kuo, J. H. (1992). The relationship among moral judgment development, quality of parent-adolescent communication and well-being in families with adolescents: An interim report.《華崗理科學報》，9：93-163.

Maccoby, E. E. & Martin, J. A. (1983). Socialization in the context of the family: Parent-child interaction. In M. Hetherington (Ed.), *Handbook of Child Psychology* (Vol.4, 4th ed.). New York: Wiley.

Marotz-Baden, R. (1979). Family norm or process? Reconsidering the deficit family model approach. *The Family Coordinator, 30*: 5-14.

O'Neil, J. M., Ohlde, C., Barke, C., Prosser-Gelwick, B., & Garfield, N. (1980). Research on a workshop to reduce the effects of sexism and sex-role socialization on women's career planning. *Journal of Counseling Psychology, 27*: 355-363.

Peterson, G. W. & Rollins, B. C. (1987). Parent-child socialization. In M. B. Sussman & S. K. Steinmetz (Eds.), *Handbook of Marriage and the Family.* New York: Plenum Press.

Popenoe, D. (1988). *Disturbing the Nest: Family Change and Decline in Modern Societies.* New York: Aldine De Gruyter.

Raschke, H. & Raschke, V. (1979). Family conflict and children's self concepts: A comparison of intact and single-parent families. *Journal of Marriage and the Family, 41*: 367-374.

Weiss, R. S. (1982). Attachment in adult life. In C. M. Parkes & J. Stevenson-Hirde (eds.), *The Place of Attachment in Human Behavior.* New York: Basic Books.

Chapter 8
家庭生命週期與發展任務

家庭生命週期（family life cycle）係指夫妻從結婚後開始，依家庭的組成結構和互動關係，分為幾個歷經不同事件的階段，而每個階段皆有其發展任務。Duvall 和 Hill（1948）將家庭發展分為八個階段：

1. **第一階段（建立階段）**：新婚無子女。
2. **第二階段（初為父母階段）**：家中有新生兒至未滿三歲。
3. **第三階段（子女學前階段）**：最大子女滿三歲至未滿六歲。
4. **第四階段（子女學齡階段）**：最大子女滿六歲至未滿十二歲。
5. **第五階段（子女青少年階段）**：最大子女滿十二歲至未滿二十歲。
6. **第六階段（子女送出階段）**：子女陸續遷出家中。
7. **第七階段（中年父母階段）**：子女全部遷出，進入空巢階段。
8. **第八階段（退休階段）**：生計負擔者退休至二老去世。

Duvall（1977）及 Hill（1986）又以家庭的大小、最大子女年齡、家中生計負擔者之工作狀況等三個面向，依家庭不同發展，又分為不同之階段：

1. **依家庭大小的改變**（family size），分為五個階段：
   (1) 穩定階段（stable stage）：沒有子女（childless）。
   (2) 擴大階段（expanding stage）：養育子女（childbearing）。
   (3) 穩定階段（stable stage）：持續養育子女（childbearing）。
   (4) 收縮階段（contracting）：子女陸續遷出，家庭像發射中心（launching center）般，將子女送出。
   (5) 穩定階段（stable stage）：空巢（empty nest）。
2. **依最大子女的年齡**，分為四階段：
   (1) 小孩為學前階段（preschool children）。
   (2) 小孩為學齡階段（school age children）。
   (3) 小孩為青少年階段（adolescents）。

(4) 小孩為少年階段（young adults）。

3. **依家中生計負擔者的工作狀態**，分為兩階段：

(1) 中年歲月（middle years）。

(2) 退休階段（retirement phase）。

在歷經數十年的婚姻關係中，一系列過程各有不同的事件所衍生的階段及其角色，這些角色並非一成不變，而且家庭並非完全是夫妻皆在的，有些是單親家庭，有些是重組家庭，皆使家庭必須面對一些變異及適時做出彈性因應。彭懷真（1996）就引述了 Duvall（1977）的家庭生命週期階段，並指出每個階段之期間及發展任務。

1. **第一階段**：期間平均為兩年的「新婚期」，剛結婚，尚無小孩。

2. **第二階段**：期間為兩年半，老大出生至兩歲半。

3. **第三階段**：期間為三年半，屬「混亂期」。家中有學齡前的小孩，老大三到六歲。

4. **第四階段**：期間為七年，家中有學齡中的小孩，老大六到十三歲。

5. **第五階段**：期間為七年，家中有青少年階段的小孩，老大十三至二十歲。

6. **第六階段**：期間為八年，俗稱「發射中心期」，孩子陸續離開家庭。

7. **第七階段**：期間為十五年左右，屬「中年危機期」，由家庭空巢期到退休。

8. **第八階段**：期間為十到十五年左右，由退休到夫婦兩人都死亡。

另外，吳就君（1999）則將家庭生命週期分成十個階段，包括：

1. 第一階段為獨立性成年人，發展任務包括：(1) 工作：第一個全職工作，工作上具有自主權，維持良好的同事關係；(2) 居住：為自己的獨立生活負起責任；(3) 人際：和他人關係的協調性，維持同性朋友間的友誼及異性朋友間的親密度；(4) 情感：情感掌控宗教信仰。

2. 第二階段為兩個獨立個體相互吸引進而結婚，發展任務包括：(1) 生活：夫妻間的相互協調、彼此支持；(2) 未來：家庭計畫，生涯規劃；(3) 居住：有能力購屋，選擇居家環境及鄰居。

3. 第三階段為第一個孩子出生，發展任務包括：(1) 經濟：重新調整及配置；(2) 關係：重心放在新生兒，夫妻關係及角色扮演再調整，責任重新分配，和其他配偶家庭間建立良好關係。

4. 第四階段為第一個孩子會走路，發展任務包括：(1) 情感：需求度的拿捏，花費在家庭成員個別的時間比重；(2) 角色：父母親的角色，個人時間的利用；(3) 關係：親友間的連結，社會資源的運用。

5. 第五階段為第一個孩子開始上學，發展任務包括：(1) 教育：對孩子的支持，學校活動的參與，教育的開發；(2) 夫妻：配偶間的相互支持，對未來的計畫，再進修；(3) 關係：朋友間的聯繫。

6. 第六階段為第一個孩子已經十六歲，發展任務包括：(1) 經濟：給予教育等方面的經濟支持，經濟上的壓力；(2) 溝通：規範與自由間的協調，討論「性」話題，感受、意見的溝通；(3) 關係：配偶及家庭所屬的朋友關係網路維持。

7. 第七階段為第一個孩子高中畢業，發展任務包括：(1) 經濟：提供相關資源及相關生活空間的自由；(2) 溝通：工作、情感的討論與支持，角色的再調整；(3) 規範：讓孩子在家中找尋所要的自由空間；(4) 關係：和朋友間的關係更加深。

8. 第八階段為最小的孩子結婚或離家工作而不與父母同住，發展任務包括：(1) 變遷：生理的改變及飲食運動方面的調配；(2) 角色：作為一個充電站，提供意見、傾聽、支持等；(3) 關係：照顧年老父母，維持親友間的互動關係；(4) 規劃：為了自我發展而學習新的事物。

9. 第九階段為其中一個配偶或兩個皆退休，發展任務包括：(1) 為自己的健康而努力，面對父母親的死亡調適；(2) 角色：調適不工作的日

　　子，面對孩子因離婚等再度回到家裡；(3) 關係：親友關係的維持；
　　(4) 經濟：來源缺乏時的打算，生活目標再訂定，實現夢想。

10. 第十階段為八十歲以上，可能已失去老邁配偶，發展任務包括：
　　(1) 健康及醫療成本的配置；(2) 住所的改變：護理之家或與子女同
　　住；(3) 日常生活規律化；(4) 談論死亡：面對配偶死亡及心理調
　　適。

　　由於社會變遷劇烈，家庭型態已多樣化，家庭生命週期也早就多元化
了。上述的八階段論或是十階段論，其中多數的重心均係環繞與配合著
家中小孩的成長，各階段發展任務亦因而隨之演變；故而，便不太能說明
一些不同型態家庭的生命旅程，像是「頂客族」的家庭生命週期與上述幾
個階段便可能大為不同，一輩子僅同居或保持單身者的生命週期也一定和
此迥異；現代社會中，不同型態的家庭有著不同的生命週期階段和不同軌
跡，似乎也已是必然的趨勢了，例如單親家庭、隔代教養家庭、重組家庭
等。

　　發展任務（developmental tasks）最早由 Robert J. Havighurst 引進科
學論述之中，並抱此一概念運用整個一生的發展分析架構中。Havighurst
（1972）認為，人類發展是人們努力完成由他們所適應的社會要求的任
務，這些任務隨時間而變化，因為社會對每一種行為皆有期待，任務發展
得好，個體得到滿足與獎賞；相對地，任務發展得不好，個體將會承擔不
幸或社會譴責。Erik Erikson（1963）用適應之概念詮釋個體發展任務之
達成及品質將影響個體之危機。助人專業如醫生、心理輔導諮商者、社會
工作者則以處遇或治療取向來幫助個體的不適應及問題，提供處遇以降低
或減少問題對個人所產生的負面影響及副作用。家庭發展任務首由 Duvall
和 Hill（1948）提出將家庭分為八個階段，本章則將此八個階段分為三個
週期，並分別敘述各個週期的發展任務，以及可能影響發展任務達成之因
子。

不管其家庭生命週期的分期如何，周麗端（1999）將家庭生命週期簡化成三個階段，分別為家庭建立期、家庭擴展期以及家庭收縮期；每一階段含括的時程及發展任務也有不同，分述如下：

1. **家庭建立期**：指第一階段，主要家庭發展任務有三：
   (1) 婚姻關係的適應與協調。
   (2) 家庭規則的建立，如家務分工。
   (3) 雙方親屬的認識與熟悉。
   (4) 為人父母的準備。

2. **家庭擴展期**：包括第二到第五階段，主要家庭發展任務有五：
   (1) 初為父母的準備與適應。
   (2) 夫妻關係的調整與適應。
   (3) 親子關係的學習。
   (4) 子女間手足關係的適應與協調。
   (5) 家庭與學校的聯繫與溝通。

3. **家庭收縮期**：包括第六到第八階段，主要家庭發展任務有五：
   (1) 中老年夫妻的調整與適應。
   (2) 退休生活的安排。
   (3) 為人祖父母的準備。
   (4) 父母與成年子女代間關係的調整與適應。
   (5) 成年子女手足關係的調整與適應。

 第一節　家庭建立期及其發展任務

經過家庭準備期，俗語說「婚姻是愛情的墳墓」，結婚帶領了一對新人進入一個新的家庭里程碑，並面對一個全新且又陌生的生活方式，但婚

姻是否同童話般「從此兩人過著幸福快樂的日子」？ Goodman（1993）研究發現：家庭生活史中夫妻滿意度呈現 U 字型的分布。從**圖** 8-1 可發現結婚之後在家庭建立期及家庭擴展期，婚姻滿意度呈下降的趨勢，直到家庭收縮期，婚姻滿意度才會回升。

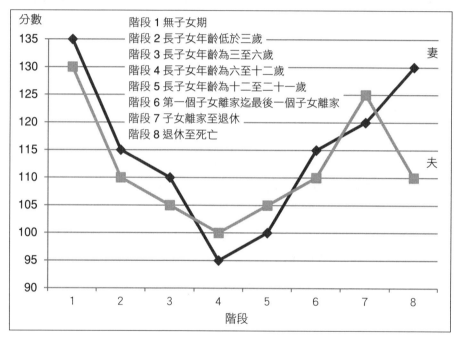

分數

階段 1 無子女期	
階段 2 長子女年齡低於三歲	
階段 3 長子女年齡為三至六歲	
階段 4 長子女年齡為六至十二歲	
階段 5 長子女年齡為十二至二十一歲	
階段 6 第一個子女離家迄最後一個子女離家	
階段 7 子女離家至退休	
階段 8 退休至死亡	

階段

圖 8-1　家庭生命週期的婚姻滿意度

資料來源：Goodman (1993).

　　由於結婚將兩個來自不同家庭的人，帶入一個全新的家庭組合，其所要面對的將不只是兩人在生活中的親密相處與調適，更有新的角色負荷、期待及需求；相對地，此種改變也帶來新的人際關係改變，如配偶、姻親、朋友的相處。整體而言，此一階段的發展任務是個人的任務以及夫妻雙方的任務。

一、個人的發展任務

進入婚姻意謂著解除單身生涯並進入與他人共同生活的方式，此外也意謂脫離原有的家庭，進入新家庭。美國有一傳統，在結婚前，朋友會為單身男女舉行告別單身的派對（bachelor party），此也意謂脫離單身之儀式。Aldous（1996）指出在家庭建立期，個人的發展任務有三：(1) 學習與配偶親密相處；(2) 夫妻角色的調整；及 (3) 人際關係的建立與維持。分述如下：

1. **學習與配偶相處**：從一人行到兩人行，所有的生活要考量兩人的需求、期待，如吃飯、使用浴室、看電視、睡覺、燈光等，皆是在婚姻中兩人必須面對與學習適應的問題。
2. **學習扮演夫妻角色**：當結婚之後，兩人從男女朋友變成夫妻的角色，當然扮演與期待一定有所不同。傳統與現代，如「男主外，女主內」或平權式夫妻的角色也衝擊兩人面對的角色扮演和期待。
3. **人際關係的建立與維持**：是指過去個人擁有的人際關係，加上結婚後共同的人際關係及親友關係。有些配偶抱怨結婚之後，個人的自由時間被束縛，尤其對中國社會而言，婚姻變成兩個家族的事。

二、夫妻共同的發展任務

結婚之後即結束個人各自獨立的生活方式，變成兩人世界，形成兩人的共同生活方式。所以兩人彼此的調適就格外重要。兩人生活方式的調整包括有：

1. **生活作息的調整**：由於此階段尚未有子女、夫妻擁有較多屬於自己的時間，雖然婚姻中增加家庭雜事、家務工作的學習，以及姻親之間的互動。如果夫妻能及早做準備、調適，將有助於進入下一階

段（子女降臨時）的準備。因此，在此一階段最重要的是夫妻在工作、家庭及休閒時間的安排，以滿足彼此的需要。

2. **家庭計畫的規劃**：在此階段中，家庭計畫包括長程計畫，如購屋和退休養老；中程計畫，如子女數與時機；及短程計畫，如儲蓄計畫及家務分工等，因此管理的方法以及夫妻價值觀的培養便形成此一階段最重要的發展任務。「計畫永遠趕不上變化」，此時的規劃並不一定永遠適合，尤其是面臨社會變遷，所以家庭計畫要迎合家人的期望與目標，也就是考量在有限的家庭資源中，做最佳及最有效的使用。

3. **夫妻情感相互依賴的建立**：愛是用來表達，首要之務是自我揭露（self-disclosure）。事實上愛需要學習，尤其兩人之間非語言及言語的溝通，使對方感受到另一半的支持與關心。夫妻溝通最重要的是雙方對不同方式的表達與關懷皆能滿意，因為溝通是一種情感的表達以及觀念及價值的傳遞。

三、家庭建立期的危機因子

家庭建立期夫妻關係之互動品質攸關婚姻之穩定性（marital stability），也是此時期最重要的任務。唐先梅（1999）指出家庭建立期的重要影響因子，分述如下：

（一）婚姻感受之差異

婚姻不一定帶給夫妻有同樣的感受，再者，基於生物因子、個人社會化經驗以及社會對兩性期待之不同，也會造成丈夫與妻子對婚姻的體會與經驗有所不同。如 Rubin（1983）研究發現：丈夫比妻子覺得配偶是個人最好的朋友比率較高；Lee（1988）研究發現：妻子比丈夫感受婚姻感情的支持度較低；相對的，感情支持也影響其對婚姻的滿意度。Thompson

和 Walker（1989）的研究發現：妻子多半會自我表達想法和感受，而丈夫則以控制不悅情緒為表達方式。

上述的研究結果似乎可總結夫妻雙方對婚姻表達親密的感情與愛有所不同，可能的解釋是男女性的特質有所不同，一般在性別角色上女性被歸納成溫暖、敏感及情感表達，而男性則被歸納為勇敢、理性及果斷等。此外，傳統的性別角色態度也影響兩性對婚姻的看法，也加強兩性對婚姻看法的差異。不管如何，當夫妻雙方由自己的角度來評量配偶在婚姻關係中的表現，如果不符合個人的期待，那會很容易感受失望與不解（Thompson & Walker, 1989）。

（二）性關係

性可以用於表達愛或滿足生理需求，性是一種心理趨力（drive）。當個人有此需求，如未能獲得滿足，將使個人感受到挫折與壓力。性關係可說是夫妻關係中最親密的行為，它可增強婚姻生活的情趣；但如果不當的性行為，可能也會造成彼此的不悅與衝突（唐先梅，1999）。過去傳統社會對性觀念有兩性的迷思，男性被允許有婚前性行為，性行為應由男性來主導；相對於女性，婚前性行為是一禁忌，且女性被要求應自我控制性需求及性行為。社會變遷也讓現代家庭益趨平權式的婚姻，家庭關係應是兩情相悅，且性關係也應滿足夫妻雙方的需求。

過去有關婚姻性關係的研究指出：性關係與婚姻滿意度有正相關（Rice, 1990），其中又以男性較為顯著（Goodman, 1993；引自唐先梅，1999：138）。然而兩性對性的態度與看法卻有顯著的不同，許多丈夫認為有良好的性關係才能促進家庭幸福美滿及婚姻的滿意度；而妻子則正好相反，她們認為幸福的婚姻才會促使性關係良好。不同的社會對性的看法也有不同，中國人一向對「性」是相當忌諱的，認為「性」是夫妻兩人私密的事情（唐先梅，1999）。美國社會崇尚個人主義，認為性是個人的需求表達。日本社會也倡導無性的婚姻生活。社會似乎對兩性關係提供一個規

範，但唯有正確性知識與性態度的獲得，才是夫妻性生活美滿的重要要素。

（三）家務的分工

在現代家庭中有一明顯的趨勢：女性從事家務的時間有明顯的下降，而男性參與家事也有稍許的提升（Gershuny & Robinson, 1988）。或許這種趨勢在西方社會是如此，但台灣社會是如此嗎？這也意謂著男女兩性在家務工作上是平等的嗎？

國外研究指出：即便是全職工作者，且共同分擔家庭的經濟來源，丈夫參與家事仍是有限的（Bergen, 1991; Kamo, 1988）。在台灣中研院的調查研究發現：台灣女性家事時間有明顯的下降，但不是因為男性的參與而減少，而是女性外出就業的比率提升；另外，有關育兒照顧的時間也由家庭之外的托育機構所替代（伊慶春，1987；呂玉瑕，1994）。唐先梅（1995）針對台北市雙薪家庭的實徵調查亦發現：夫妻的家事分工有顯著的性別差異：在家務事項，妻子遠超過丈夫，時間是丈夫的三倍；在陪孩子遊戲、管教與課業輔導上，丈夫平均為每週四小時，妻子則為每週五點七小時。在戶外、家庭維修及接送小孩上下課，是丈夫比妻子多的項目，例如，在維修項目上，丈夫平均每週二點四小時，妻子為一點五一小時；而在接送孩子上，丈夫平均為每週二點五五小時，妻子則為每週一點七七個小時。

此種家務分工其時間與量並不能反映兩性之情感。而影響此種公平感受的原因，Thompson（1991）提出三種主要因素：(1) 結果價值（outcome values）；(2) 比較參考點（comparsion referent）；及 (3) 合理化（justifications）。唐先梅（1998）針對台灣社會的實徵研究增加了其他三個因素：即中國人特有的家庭觀、家事上的支持及夫妻工作情形。

1. **結果價值**：指的不僅是傳統家事分工研究的時間與內容，還包括對家事的看法及觀點，也就是家事價值觀。

2. **比較參考點**：可瞭解人們所希望得到的是什麼，夫妻之間覺得家務公平與否，最重要的是依據參考對象的標準而定。

3. **合理化**：是指社會對兩性分工公平的事實給予相當的合理化，並使得個人在社會化過程中接受此一觀點。

4. **中國人特有的家庭觀**：中國人強調家庭凌駕於個人之上，中國人的道德多強調集體主義（collectivism），是以家庭和社會利益為重，此種價值與西方的個人主義（individualism）強調滿足個人利益為前提是有所不同的。

5. **家事上的支持**：對於男性參與家務，其象徵意義遠大於實質的參與（Thompson & Walker, 1989）。許多就業妻子對丈夫的家事參與期望常希望能獲得言語上的表達支持，而非家事上的實質協助。

6. **夫妻工作情形**：在雙生涯家庭，夫妻皆工作也會影響家務公平的看法。過去的家庭傳統價值觀是男主外、女主內，而愈平權式的婚姻，當妻子也外出上班，妻子對於同時分擔經濟又將家務工作視為女性的責任，如此的分配是不公平的。

四、婚姻的溝通

「溝通」如同前一章所述，可說是婚姻關係中不可或缺的部分，溝通是影響婚姻成功與否與親密感的基石。溝通不只是談結果，溝通過程的差異更是影響婚姻品質的重要因素，如夫妻之間常用批評、抱怨、打斷、貶低等語言，將會影響婚姻關係；相對地，夫妻溝通時常用肯定、讚美、支持的語言，則對婚姻互動關係有正面影響（Noller & Fitzpatrick, 1991）。

第二節　家庭擴展期及其發展任務 ♥ ♥ ♥

　　當兩人關係提升到三人關係，隨著家中第一個子女的誕生，家庭也進入另一個主要的階段——家庭擴展期。依家庭計畫決定生幾個小孩，從過去家中平均至少有兩到三個小孩，到現在一個或不生，皆會影響家庭生活的挑戰，除了迎接新生命來臨的喜悅之外，夫妻的角色也會產生很大的變化。

　　原本以夫妻為主的家庭關係，因新成員的加入，新的角色「為人父和為人母」成為家庭關係在此一階段的新重心。而隨著孩子的成長，為滿足他們不同年齡階段的需求，家庭的配合更成為擴展期最重要的發展任務。而在家庭的擴展期，從子女的出生到離家大約十幾年至二十幾年的時間，家庭也因子女的出生及成長階段之不同，其家庭中夫妻、親子及手足之關係也將有所轉變，因此本節將依子女成長的時間序列及發展主要任務的不同，從三階段來說明家庭互動關係之情形。此三個階段分別為：為人父母轉變階段、子女養育階段及子女青少年階段。

一、為人父母

　　Aldous（1996）曾指出：成為父母將比結婚更能使個人進入所謂的「成人」世界，因為它所需要的知識以及面對的工作及家庭的調整將更多更大。結婚雖然使個人從被教導的原生家庭進入由自己主導的家庭，並由強調一個人的生活方式轉變為兩個人的生活方式，但許多家庭責任卻要等到子女出生才會顯著，如家務工作的重新安排，家庭經濟的計畫，以及夫妻關係的調整等皆是。高淑貴（1991）根據自己過去相關研究的經驗也指出，不論對丈夫或妻子而言，升格為「孩子的媽，孩子的爸」是大大不同於以往，子女的來臨將使得家庭產生很大的轉變，如家庭內的陳設布置、生活安排及休閒活動，甚至作息起居的習慣都會有所改變。也因此並非所

有的夫妻都選擇為人父或為人母的角色。而這些打算不生子女的夫妻有些雖出於自願，但也有些為人父母者出於非自願性（唐先梅，1999）。

成為父母可能是父母期待的，也可能來自非自願性。然而不管是自願與否，皆是家庭所追求的階段性與目標。成為父母有其好處，但也有其代價。

（一）有子女的代價

1. **養育代價**：一九八〇年代，一個在美國出生的子女，從出生到大學畢業，大約要花美金二十三萬兩千元（Belkin, 1985），約合新台幣七百多萬元。

2. **居住環境**：除了金錢的花費，居住環境的考量與調整是不可避免的，從房間的增加、布置到孩子的生長環境所需是要代價的。

3. **夫妻情感**：當第一個孩子出生後，夫妻之間的關注及情感的依賴也減少了。有些研究指出：當孩子出生後離婚率也增加了；此外，嬰兒期也是兒童虐待最常發生的時期（郭靜晃，2010）。

4. **母親健康**：女性因懷孕所帶來的健康影響是值得關注的（Aldous, 1996），例如鈣質的流失、產後憂鬱等。此外，有些女性因體質或年齡因素也會帶來懷孕的危險性（郭靜晃，2010）。

（二）有子女的好處

1. **親密感**：有些夫妻認為有了孩子，才是一個完整的家庭。子女帶給夫妻的感情及生活影響很大，但夫妻之間會甘之如飴（Knox, 1988）或更形親密（高淑貴，1991）。

2. **安全感**：雖然養兒防老的傳統價值觀有了變化及修正，加上國家介入家庭的政策也在修正，子女的出生帶給家庭的安全感，仍是很多家庭所重視的。

3. **新的生活目標與重心**：子女會帶給夫妻兩人世界及工作生活新的重

心與意義，這些目標和過去兩人世界時的工作、親友關係及休閒是有所不同的（Rice, 1990）。

4. **家庭地位**：在中國或日本家庭中，子女可提升個人在家庭的地位，即俗諺所謂「母以子為貴」。

雖然為人父母是個人的選擇，但也有些人會延後為人父母的時間，其因素可能是女性教育程度提高、追求自我事業發展、經濟的壓力及單身生活的吸引力（Benokraits, 1993；引自唐先梅，1999：165）。然而為人父母也有自願性與非自願性的抉擇，非自願性多半因身體或壓力等因素造成無法受孕，但隨著替代人工生殖的方式，也可讓這些父母減除現實壓力。不孕症不一定發生在妻子身上，但社會多半會將此壓力加諸於妻子身上（Aldous, 1996）。

（三）為人父母階段的發展任務

成人發展階段有許多角色須被建立（如家庭、工作與生涯，社會公民責任等），以個人發展而言，也是個人認同及親密關係的建立。對成人而言，其生命歷程（life course）是將個人在特定階段中工作與家庭階段之排序概念，而且要歷經適應與變化，以促進個體解決角色衝突及心理成長（郭靜晃，2010：374-375）。

Rice（1990）指出，為人父母階段之主要任務有四：(1) 家務分工的重新調整；(2) 新的父母角色學習與適應；(3) 子女教養態度的協調；(4) 家庭與工作之間的重新調適。

■ 家務分工的重新調整

由於妻子在懷孕期間有許多身體不適，因此許多的家務事往往須偏勞丈夫（Rice, 1990）。尤其許多外出工作的妻子，在考慮經濟的壓力之下，並未因懷孕影響而辭去工作，因此在外出工作後，回到家中常感到相當的

疲憊及不舒服，也使得家庭中家事負責人必須有所調整，或是改變生活中的一些事務。如懷孕前每天皆回家製作晚餐的情形，改由購買晚餐或在外就食的方式以減少家事負荷，而這些改變都是在這個階段可能面對的。

然而好景不常，我們常發現丈夫在妻子懷孕期間給予妻子很多協助，也分擔許多家務，但一旦孩子出生之後，家事就全交還給妻子，表面看來似乎是少了胎兒的負擔，妻子就回復從前，甚至因子女出生更加的以傳統方式分工（唐先梅，1997）。因此，此時更需要丈夫共同來分擔，而非將所有的家事全交給妻子。所以說家務分工的重新調整應包括懷孕期及子女出生之後皆是。而家務的重新調整，除了應與妻子共同分擔外，更重要的是它表達了一種「愛」，一種對「妻子」與「子女」的愛，同時也可化解此階段的婚姻危機。

■ 新的父母角色學習與適應

準爸爸、準媽媽的預備，包括懷孕過程以及子女到來的心理準備與適應，皆對父母角色的扮演產生重要的影響。

■ 子女教養態度的協調

在教養子女的議題上，有些適合父親，有些適合母親，而教養子女誰扮演黑臉，誰扮演白臉的角色，以及教養子女的彈性都需要協調與教育。此外，孩子是否有特殊需求、子女的特質與氣質、家庭資源都挑戰著父母的親職能力（郭靜晃，2005）。雖然懷孕期間，夫妻已勾勒未來子女的教養方式、期望、看法與溝通方式。Aldous（1996）指出父母在子女出生之後，除了身心疲憊、相處時間減少，對孩子的教養因應比未有子女的父母較會產生夫妻衝突。所以說，婚姻教育及親職教育是減少夫妻衝突的因應方式之一。此外，對家庭的育兒支持及社會資源也是此時期壓力的緩衝劑。

■ **家庭與工作的重新調適**

我國婦女就業率在未生子女之前大約有 80% 至 90% 的比率，但生育子女之後，有些媽媽就退隱家庭成為一個全職母親，未來婦女就業率大約在 50% 左右；也就是說，較之歐美女性的 M 型就業曲線，台灣女性反呈倒 V 型的就業曲線（人間福報社論，2011）。綜上所述，隨著子女的出生，夫妻在工作與家庭的時間與精力必須要做調整。

二、子女養育階段

子女養育階段可說是從子女出生之後至子女成長為青少年這段相當長的時間。父母在這段時期隨著子女的出生，將家庭生活的重心從兩人的世界轉移至子女的成長為主要家庭的任務，一直要到子女長大離家，才又重新回到以兩人為主的家庭世界。在這段時間中家庭因為新成員的加入，因此家庭關係中除了原有的夫妻關係外，更加入了親子關係及手足關係，也使得原本單純的夫妻生活增加了許多變化及趣味；相對的，在這段時期家庭也面對更多的挑戰。

（一）夫妻關係

在子女養育階段，涉及經濟因素與家務分工，夫妻角色的調適、夫妻相處時間、工作狀況、子女教育問題等都影響了婚姻品質（marital quality）、婚姻調適（marital adjustment），以及婚姻滿意度（marital satisfaction）或婚姻幸福感（marital well-being）（唐先梅，1997：173）。相關研究（White & Booth, 1991; Aldous, 1996）皆指出：在子女養育階段，夫妻關係不論在婚姻調適或婚姻幸福感都處於低潮。育兒階段涉及夫妻雙方工作安排，育兒照顧的時間分配影響工作的位階或經濟力，而使得夫妻雙方的關係產生負面影響。

（二）親子關係

子女出生後，家中因有了新的成員而使原有的關係益形複雜。Reigh（2004）就指出現代人對子女的養育常有錯誤觀念，即：

1. 養育子女永遠是愉悅的。
2. 好的父母就有好的子女。
3. 愛是最有效的子女教養方式。
4. 孩子到十八歲自然會離家了。
5. 子女會永遠抱著感激的心。

親子的發展隨著子女的年齡成長而有不同的定位，但父母永遠是父母，而子女的成長需要父母、教練及朋友的角色配合。現代社會也常發生宅男、宅女，甚至到了成年之後還是賴在家裡，不外出工作而成為「啃老族」。

影響親子關係的因素大致有下列幾種（唐先梅，1999），例如如照顧者的特質，包括父母管教風格、照顧兒童的行為與態度，以及父母親的婚姻關係及社會階層。

（三）手足關係

在家庭的次系統中，手足關係較親子關係更為長久，而且手足也比較屬於同一世代族群（cohort group），其人生發展過程較為接近，也是促成個人發展中不可忽略的影響人物。其影響因子有新的手足加入，手足互動類型，如符合規範之社會行為，爭論性或反社會性行為及手足替代親職行為（McCubbin & Dabl, 1985）。

三、子女青少年階段

隨著子女年齡增加，父母對青少年子女的照顧已不再強調食衣住行等生活上的完全安排，雖然對子女生活照顧的壓力減輕，但與子女間的衝突似乎增加了。隨著家庭進入青少年子女階段，常會令人感到這是一段洶湧的家庭歲月，家中充滿著衝突與不愉快。雖然青少年子女與家人的衝突的確發生在許多家庭之中，但並非如絕大多數人的看法一般：「青少年就是叛逆的」，或是「現在的青少年比以前更容易與家庭產生衝突」。事實上，美國社會在一九七〇年代的父母比在一九五〇年代的父母更關心青少年子女，花更多的時間與他們相處，並常會修正自己的一些看法以調適青少年子女獨立性增強的事實。而青少年子女也比從前花更多的時間留在家中，故青少年子女的家庭並不如一般人所認為的「從前的親子關係較佳」。同時多數的青少年子女及其父母都不願相互產生對立與衝突，也會盡力去改善彼此較緊張的關係（McCubbin & Dabl, 1985），所以事實情況與社會大眾對青少年子女家庭的看法是有偏差的（唐先梅，1999：186）。

（一）子女青少年期的夫妻關係

Aldous（1996）指出：夫妻在子女為青少年階段所面臨的發展課題是工作發展與婚姻關係。

■ 工作發展

當子女為青少年時，意謂著父母將或已步入中年階段，此時工作較為穩定，多半進入較高的職位，收入也較為優渥。工作發展影響個人的生涯發展，例如成就與目標達成及經濟成就；工作發展也影響生活滿意度，此情形在藍、白領卻呈現不同的情況。

■ **婚姻關係**

在此階段影響夫妻關係的因素有家庭需求、夫妻角色改變、親子關係、家庭分工、工作的因素、個人的因素等（唐先梅，1999）。一般而言，當家庭需求大時，維持夫妻關係較為不易；在此階段，父親工作已達到巔峰，加上面臨青少年離家，父母放下照顧者的角色，反而投入更多的精力於家庭以外的工作，使得婚姻關係降至谷底；親子關係亦會影響夫妻關係，所以親子互動的品質仍是影響夫妻關係的重要因素（Aldous, 1996）；家庭分工常是造成夫妻關係衝突的來源（唐先梅，1995）；當子女為青少年階段，夫妻也常因工作的影響而使彼此關係降至谷底（Aldous, 1996）；個人對婚姻自信較低，則對婚姻幸福感也有不良之影響（Aldous, 1996）。

（二）子女青少年期的親子關係

從過去心理分析的觀點，青少年正處於「狂飆期」，所以青少年常會挑戰成人權威，而且青少年期的個體多追求獨立、自主，所以在此時期，親子關係最為緊張。但一九八〇年代後期的研究卻指出：青少年與父母的關係並非敵對或狂暴，而是和諧；青少年表示他們也認同及喜歡父母（Offer et al., 1988）。此外，Steinberg 和 Silverberg（1987）也發現：青少年與父母之間的衝突多半是在表面上或品味上的差異，而非主要價值觀的不同，所以這些壓力與衝突最終都會事過境遷，影響親子關係並不大。唐先梅（1999）指出：影響青少年親子關係之因素有父母親的差異、子女的成熟度、子女的性別、文化因素、工作態度等。

（三）子女青少年期的手足關係

手足關係會因個人年齡的大小、排行的順序、手足間的年齡差距，及是否要照顧幼小的手足而不同（Aldous, 1996）。

第三節　家庭收縮期及其發展任務

　　家庭收縮期是從第一個子女離家開始，家庭的成員逐漸減少，直到夫妻一人死亡後，在歷經子女的陸續離家獨立到家庭的空巢期，回復家中只有夫妻兩人的結構；而隨著夫妻面臨退休，孫子女的出生，以及配偶的死亡等事件，使得家庭在收縮期仍將因應許多的調適。本節仍以時間排序為主，分別從子女離家期及空巢階段、老年期家庭階段，以及婚姻關係的結束——配偶死亡三階段，來說明家庭在最後歷程中所面對的主要事件、發展任務，以及家庭關係變化的情形。

一、子女離家期及空巢階段

　　從第一個子女離家開始，家庭進入了收縮期，但是否為空巢階段則要視子女數而定。雖然子女離家之後，家中只有夫妻兩人，親子互動頻率減少，但互動關係卻仍維持著。美國社會在子女離家之後，仍會選擇與父母居住大約車程三十分鐘至一小時的距離。近年來，電訊業的發達、電話、e-mail 也牽連了互動方式。手足關係雖因工作或結婚成家的因素也較疏遠，但血緣關係仍影響手足間的互動。

（一）夫妻關係

　　在此階段的父母，又被稱為「三明治世代」（sandwich geveration），其必須面對養兒育女的艱辛與困難，同時也要面對日益衰老的老年父母，並要承擔照顧子女與父母的雙重責任（郭靜晃，2010）。

　　然而，此一階段又因子女處於發射期（launching period），由於子女離家，夫妻因而有更多時間相處而使夫妻關係品質變好。基本上，在此階段的夫妻關係有下列情形（唐先梅，1999）：

■ **感情的提升**

到了中年階段，照顧子女壓力減少，工作又處於穩定而高峰的階段，這也使夫妻有機會再次認識對方及瞭解對方的期望與需求（Rice, 1990）。

■ **子女離家的期待**

子女離家的期待有其文化差異性。西方社會認為「中年的夫妻享有最佳的婚姻滿意度，是看到子女的成長，並可感受到家庭延續，而不須肩負照顧子女的責任」（Aldous, 1996: 171）。然東方的中國社會似乎較不期待子女成人後就獨立成家而離家，此有與子女分離之情感因素的意涵。

■ **錯誤的中年危機觀念**

中年危機是發展或迷思？對中年女性最為迷惘。過去多以孩子為重心，而孩子長大後卻失去生活重心，面對個人青春消逝，育兒責任也失去，加上生命的有限和體力／身體狀況的下滑，皆衝擊著個人的自信。此階段的影響與個人的健康、經濟狀況有關。當個體有較健康的身體、不錯的收入及較多的自由時，雖然減少育兒的責任及較多的休閒，也可使個體身心健康及增加夫妻彼此之關係。

（二）親子關係

在子女成年並獨立階段，親子關係也從依賴走向自立。但現代社會並非所有子女在成年後皆會獨立生活，這也使得此階段的親子關係受到相當的影響，其因素有：(1) 子女婚姻及家庭狀況；(2) 父母對成年子女的期望；(3) 成人子女與父母同住的原因及文化因素（唐先梅，1999）。

（三）手足關係

手足關係如同個人發展般建立在一種長期的關係上，當兄弟姊妹成年獨立或成家之後，雖有其各人的人生舞台，但彼此關係依然存在。影響此

階段手足關係的原因主要有：(1) 過去相處的情形；(2) 性別的差異；(3) 個人的狀況；(4) 年齡的改變（唐先梅，1999）；及 (5) 父母的經濟狀況。

二、老年期家庭階段

老年期一般指的是退休（約六十五歲）至婚姻生活的結束。過去一般人多半會認為退休是夫妻關係的負面影響因素之一，因為它意味著生活標準的降低、健康的變差、收入的減少，以及個人被照顧依賴的增加。然而隨著科技及醫療的進步，人類壽命的延長，使得家庭在進入老年期階段的時間增長，而且不論是老年丈夫及妻子的健康狀況也比以前更佳。同時也由於退休制度的建立，以及對老年生活提早做準備，使得今日的老年人在財務狀況上比以前來得好。但不可否認的，相對於青壯年時期，老年夫妻仍面臨較多身體健康、財務問題，以及退休後生活安排的壓力。

（一）老年期的夫妻關係

事實上，退休事件並不會影響老年夫妻的關係（Condie, 1989）。夫妻之間衝突次數在老年階段並沒有明顯的增加，而且相較於過去，夫妻互動方式更佳，更會彼此關心，並更在意對方的感受與想法。

整體而言，雖然老年期的夫妻關係屬較佳的情形，然而仍有一些因素會影響老年夫妻的互動情形，如丈夫退休後妻子的就業狀況、財務情形、自我評價、情感的親密及相互依賴、身體的健康及休閒活動等（唐先梅，1999）。

（二）老年期的親子關係

由於核心家庭（小家庭）比率的增加以及老年人與子女同住觀念的改變，有些老年夫妻並不期望與子女同住。其中成年子女的生活方式、觀念，以及持家態度的不一致是主要原因之一。更有許多老年夫妻期待回到

兩人寧靜的生活，而不須再擔負子女養育的責任是另一原因。然而國人對此觀念卻不完全持贊同的看法，仍有許多老年夫妻與子女同住，這與文化價值觀有深切的相關。他們認為老年最大的享受在於含飴弄孫，有子女在旁侍候。然而現代的成年子女卻不一定有傳統的看法，這些成年子女在追求自我獨立，以及受到新價值觀的影響之下，在觀念及生活方式上與老年人並不完全相同，也使得許多與成年子女同住的家庭產生不少的代間衝突。

在歐美國家，由於文化及價值觀中原本就期望子女成年獨立後應離家，成年子女與老年父母同住的比率較低。但仍有一些成年子女因某些原因而與父母同住，如離婚之後財務發生危機，或是生活還未能完全獨立自主等。而這些多半也都會造成親子間較負面的影響。而王麗容（1995）針對國人的研究也指出：老年期的家庭結構對家人關係也會產生影響，三代同堂的家庭代間互動密切，但摩擦也較多；與成年子女分居的家庭，夫妻關係佳，親子的關係較疏遠，但親子間摩擦也較少。至於獨居老人或是住安養機構的老人則與家人的關係皆較為不佳。

過去針對老年期沒有與子女同住的代間關係研究中，多半認為成年子女與老年父母之間的關係與居住的距離、成年子女的性別、成年子女的年齡、孫子女的出生及家庭的大小有關（唐先梅，1999）。

（三）老年期的親戚關係

■ 祖父母的角色

現代社會對老年人愈來愈不重視，過去視祖父母為知識與生活經驗的寶庫，但因科技發達，此種角色已被網路所取代。祖父母常被冠以負向標籤，如行動緩慢、嚴格、死板、保守等。

然而這些刻板化的祖父母印象並不完全正確，Peterson（1989）即指出：最早期的研究中將祖父母區分為五種類型，分別為正規型的祖父母

（formal gradparent）、趣味尋找型的祖父母（fun-seeking gradparent），父母
代理型（parent surrogate）祖父母，家庭智慧儲藏庫型（reservoir of family
wisdom）祖父母、以及疏遠型（distant figure）祖父母，其特色分述如下：

1. **正規型祖父母**：正規型祖父母常表現出非常有興趣的參與孫子女的
   活動，並給孫子女們許多的愛，在互動上採放任的方式對待孫子
   女，也常給孫子女許多特別的對待，如給禮物或帶他們出去玩，但
   這類祖父母會將父母的職權留給子女。

2. **趣味尋找型祖父母**：趣味尋找型祖父母與孫子女之間是一種非正式
   的互動關係，他們期望與孫子女的互動是相互滿意的情感關係和遊
   戲關係，且視祖父母的角色是一種休閒性的活動。

3. **父母代理型祖父母**：父母代理型則是祖父母取代父母的角色，如子
   女外出遠行工作，將孫子女留在祖父母的身旁照顧及教養，而將父
   母的角色委由祖父母代勞；或是父母過世，由祖父母取代父母照顧
   及教養的責任，皆屬於此類型祖父母。

4. **家庭智慧儲藏庫型祖父母**：這在一般的祖父母類型中並不多見，主
   要是指祖父母是家中權力的中樞，具有主導權和決策力，成年子女
   仍遵從他們的決定，而這些祖父母多半擁有較多資源及較特殊的技
   術與能力。

5. **疏遠型祖父母**：疏遠型祖父母則是與孫子女互動較少的祖父母，他
   們雖然深愛著孫子女，但並不常與孫子女互動及聯繫。居住相距太
   遠也會產生疏遠型祖父母型態。

　　後期的研究針對不同的對象及不同的目的，亦分為不同的祖父母類
型，其中較相似的祖父母類型有家庭智者型，這類型祖父母提供許多的知
識及哲理給孫子女，也受到孫子女的喜愛。另有一類是社會象徵型祖父
母，因為多半的祖父母具有社會象徵的意義，所以此類型祖父母基本上屬
於社會對老年人及為人祖父母角色行為期望的類型。祖父母類型雖有不

同,但祖父母的人生經驗確實為孫子女提供許多有智慧的經驗及知識傳遞,是孫子女所喜歡互動的對象。雖有些老年人行動不再靈敏,但仍是孫子女心中的寶,也是孫子女最重要的精神支持者之一。

Peterson(1989)提出了一些影響祖父母與孫子女互動品質的因素,其中包括孫子女年齡、祖父母年齡、外祖父母與祖父母之間的不同、祖父母的性別、孫子女的性別、祖父母對他們角色的認知、父母角色、父母親的離婚與再婚、角色社會化、敏感區的避免,以及祖父母的效力等,皆會影響祖父母與孫子女的關係。

■ 老年人的手足關係

事實上,對五十幾歲的中年人而言,手足間的親密感受還不太被強調,而多半到六十五歲或六十五歲以上,進入老年期之後,才會明顯的增加與兄弟姊妹間感情的維繫。為何年齡愈大對手足的情誼愈重視也愈親密?主要的原因是:子女發展任務的衝突、手足間性別的差異、價值觀與看法的相似,及依戀感覺的增加;而當兄弟姊妹中一人的死亡也會增強手足間的感情(Aldous, 1996)。分別說明如下:

1. **子女發展任務的衝突**:許多老年人深深發現,當自己需要有人協助,或是感情上需要有人能依賴時,手足關係似乎比親子關係來得更重要。由於子女獨立自主後往往不在身旁,且子女在此階段正進入家庭的建立期與擴展期,有自己的家庭發展任務,不論是在家庭內部或是工作都面臨起步衝刺階段,需要投入許多的時間和精力,無法與年老的父母天天互動,故在滿足老年父母的感情需求上較不易達成。但與自己年齡相似的老年手足就不同,若身體健康還好,多半擁有較多自由的時間,可彼此互動與關心,以滿足老年期在情感上及生活照顧上的需求,所以說老年期的感情依賴中手足關係是相當重要的一環。

2. **手足間性別的差異**：雖然隨著年齡的增加，老年期的手足關係有增強的趨勢，但仍會因性別而有差異。若手足間有兄弟姊妹不同性別時，會因有女性手足而增加男性手足的互動，但女性手足間的互動仍高過於男性手足間的互動。若只有姊妹，則手足間競爭的氣氛會因年齡的增加而減低到最小；但若手足間只有兄弟，則競爭情形仍存在，只是會隨著年齡增長而稍微減弱。

3. **價值觀與看法的相似**：另一將老人手足聯繫在一起的原因是價值觀及看法的相似，由於是出生及成長在同一個家庭背景，在個人發展過程中許多社會背景也相近，因而在看法及態度上較接近，在溝通上也較能完全的表達及理解，誤會也較少，這也使得老年手足的聯繫更為密切。

4. **依戀感覺的增加**：對老年人而言，手足間的依戀感覺增加，可增加老年人的生活幸福感。而老年手足間不論是透過拜訪、電話，或信件的互動，由於彼此擁有許多共同的回憶，尤其是在童年時期和青少年時期許多美好時光的相伴，包括個人目標、興趣及觀念的相互分享等，使得老年手足間有許多談話的內容。此外，由於手足彼此也都進入老年階段，對於此階段將面對的配偶死亡及自己生命的消逝，似乎都只有手足才能體會彼此心中的感觸，而這也使得老年手足的依戀感覺增加。

5. **手足間一人的死亡**：當手足間有一人死亡，將更增加其他手足間的感情維繫。許多老年人發現當他們的兄弟姊妹中有人過世，其所代表的不只是親人的離去，而是過去記憶中一部分的消褪，這部分屬於兩人的共同回憶將不再有人可一起分享，只有鎖在存活者個人的內心之中，而這也使得還活著的手足間更珍惜彼此相處的時光，進而感情的依賴及維繫更為增強。

三、婚姻關係的結束

對老人而言，最困難的挑戰莫過於準備配偶的死亡，以及接受和調適沒有伴侶的生活方式。由於丈夫的預期壽命較短，且丈夫的年齡多半比妻子來得大，因而年老時期妻子面對配偶死亡的情形多過於丈夫；且面臨配偶死亡之後獨自生活的時間，老年寡婦要比鰥夫來得長。然而，不論是老年丈夫或妻子當面臨配偶的離去時，都將是非常的沮喪及難過，且此一傷痛將持續影響活著的丈夫或妻子（唐先梅，1999）。

■ 配偶死亡之後角色的改變

老年期最困難的，也最不願面對的就是配偶的死亡。雖然就婚姻關係而言，配偶的死亡意謂著婚姻關係的結束，但對活著的丈夫或妻子而言，除了面臨老伴過世的悲痛外，還要面對許多角色上的轉變及調適（Pitcher & Larson, 1989）。George（1980）即指出了幾點老年鰥夫及寡婦在面對角色上的轉變時所面臨的困境，這包括了對原有夫妻角色的認定、社會位置的改變、行為模式的轉變、配偶死亡的預期，以及新角色準則的認知。

■ 新角色壓力的來源

由於鰥夫及寡婦新角色的轉變本身即具有持續性，有挫折感，及困難性的壓力，所以在面對新的角色時應先瞭解哪些因素是造成此一新角色的壓力來源，如此才能適當的因應角色的轉變。事實上，鰥夫及寡婦角色壓力的來源是來自多面向而非單獨的因素，而其主要來源可分為四類，分別為：(1) 新角色的任務；(2) 人際關係的衝突；(3) 新角色的束縛；以及 (4) 新角色重建的壓力（Pitcher & Larson, 1989）。

■ 喪偶的影響

配偶的死亡對個人而言可說是人生中最大的衝擊之一。除了前面所說

的角色轉變及壓力產生外，對個人的影響也是多方面的，從短期悲傷持續的影響，到長期死亡率、生活滿意度、心理健康、知覺身體健康，到寂寞感等，都受到喪偶的影響。

參考書目 ♥ ♥ ♥

一、中文部分

人間福報（2011）。《社論》女性就業創造「聰明的經濟」，http://www.
　　merit-times.com.tw，檢索日期：2013 年 7 月 31 日。

王麗容（1995）。〈老年期的社會發展〉。輯於沙依仁、江亮演、王麗容編
　　著，《人類行為與社會環境》。台北：國立空中大學。

伊慶春（1987）。〈已婚職業婦女職業取向、工作狀況、工作滿意度和子女
　　照顧方式之研究〉，《中國社會學刊》。11：93-120。

吳就君（1999）。《婚姻與家庭》。台北：華騰文化。

呂玉瑕（1994）。〈兩性的角色分工與家庭發展〉。救國團社會研究院編
　　印，《與全球同步跨世紀研討會實錄（下）》。台北：救國團社會研究
　　院。

周麗端（1999），周麗端、吳明燁、唐先梅、李淑娟著。〈家庭理論與應
　　用〉，《婚姻與家人關係》。台北：國立空中大學。

唐先梅（1995）。「雙薪家庭家事分工之研究」。行政院國科會專題研究計
　　畫成果報告（NSC 84-2412-H-180-001）。台北：行政院國家科學委員
　　會。

唐先梅（1997）。「家務工作公平觀」。行政院國科會專題研究計畫成果報
　　告（NSC 87-2412-H-180-001）。台北：行政院國家科學委員會。

唐先梅（1999），周麗端、吳明燁、唐先梅、李淑娟著。〈家庭建立期〉，
　　《婚姻與家人關係》。台北：國立空中大學。

高淑貴（1991）。《家庭社會學》。台北：黎明文化事業。

郭靜晃（2005）。《親職教育理論與實務》。台北：揚智文化。

郭靜晃（2010）。《人類行為與社會環境》。台北：揚智文化。

郭靜晃（2012）。《兒童教保機構行政管理》。台北：揚智文化。

彭懷真（1996）。《婚姻與家庭》。台北：巨流圖書公司。

二、英文部分

Aldous, J. (1996). *Family Careers: Rethinking the Developmental Perspectives.* Thousand Oaks, CA: Sage.

Belkin, L. (1985). Affording a child: Parents worry as costs keep rising. *New York Times, May 23*: C1, C6.

Benokraits, N. V. (1993). *Marriage and Families.* Englewood Cliff, NJ: Prentice-Hall.

Bergen, E. (1991). The economic context of labor allocation: Implications for gender satisfaction. *Journal of Family Issues, 12*: 140-157.

Condie, S. J. (1989). Visits of distant living and adult children and elderly parents. Paper presented at the annual meeting of the American Anthropological Association. Philadelphia, PA.

Duvall, E. M. & Hill, R. L. (1948). *Report of the Committee on the Dynamics of Family Interaction.* Washington DC: National Conference on Family Life.

Duvall, E. M. (1977). *Marriage and Family Development.* New York: Lippicott.

Erikson, E. (1963). *Childhood and Society* (2nd ed.). New York: Norton.

George, L. (1980). *Role Transitions in Later Life.* Monterey, CA: Books/Cole.

Goodman, N. (1993). *Marriage and the Family.* New York: Harper-Collins Publishers Inc.

Havighurst, R. J. (1972). *Developmental Tasks and Education* (3rd ed.). New York: David McKay.

Hill, R. L. (1986). Life cycle stages for types of single parent families: Of family development theory. *Family Relations, 35*: 19-29.

Kamo, Y. (1988). Determinants of household divisions of labor: Resources, power, and ideology. *Journal of Family Issues, 9*: 177-200.

Knox, D. (1988). *Choices in Relationships: An Introduction to Marriage and the Family.* St. Paul, MN: West.

Lee, G. R. (1988). Marital Satisfaction in later life: The effects of nonmarital roles. *Journal of Marriage and the Family, 50*: 775-783.

McCubbin, H & Dabl, B. D. (1985). *Marriage and Family: Individuals and Life Cycle.* New York: John Wiley & Sons.

Noller, P. & Fitzpatrick, M. A. (1991). Marital communication in the 80s. In A. Booth (ed.), *Contemporary families: Looking forward, looking back,* 42-53. Minneapolis, MN: National Council on Family Relations.

Offer, D., Ostrov, E., Howard, K. I., & Atkinson, R. (1988). *The Teenage World: Adolescents' Self-image in Ten Countries.* New York: Plenum Press.

Pitcher, B. L. & Larson, B. C. (1989). Elderly widowhood. In S. J. Bahr & E. T. Peterson (Eds.). *Aging and the Family* (pp.59-81). Lexington, MA: Lexington Books.

Peterson, E. T. (1989). Grandparenting. In S. J. Bahr & E. T. Peterson (Eds.), *Aging and the Family* (pp.159-174). Lexington, MA: Lexington Books.

Reigh, M. (2004). *9 Ways to Bring Out the Best in You & Your Child.* New York: Wood Lake Publishing Inc.

Rice, F. P. (1990). *Intimate Relationships, Marriage, and the Family.* Mountain View, CA: Mayfield Publishing.

Rubin, L. B. (1983). *Intimate Strangers: Men and Women Together.* New York: Harper & Row.

Steinberg, L. & Silverberg, S. B. (1987). Adolescent autonomy parent-adolescent conflict, and parental well-being. *Journal of Youth and Adolescence, 16*: 293-312.

Thompson, L. (1991). Family work: Women's sense of fairness. *Journal of Family Issues, 12*: 181-196.

Thompson. L. & Walker, A. J. (1989). Genders in families: Women and man in marriage, work and parenthood. *Journal of Marriage and the Family, 51*: 845-871.

White, L. K. & Booth, A. (1991). Divorce over the life course: The role of marital happiness. *Journal of Family Issues, 12*: 5-21.

Chapter 9
家庭暴力

　　家庭會造人（people making），然而家庭也會傷人，甚至造成死亡。過去常將家庭比喻為「避風港」、「溫暖的窩」。但今日社會，家庭已成為一個嚴重的社會議題，台灣每年有一萬五千例兒童受虐通報成案的事件，目睹暴力也超過三萬件，而婚姻暴力有 3.8 萬人，其中女性占 3.6 萬人（內政部統計處，2006）。到了二〇一二年，家庭暴力通報有 115,203 件，其中婚姻暴力通報有 61,309 件，兒少保護通報有 31,353 件，老人虐待通報有 3,625 件（內政部統計處，2013）。

　　家庭暴力有不同的暴力型態，以受害者來分類可分為配偶虐待、子女虐待及對父母或長輩之虐待。

　　什麼是暴力？國外學者 Straus、Gelles 和 Steinmetz（1980）將暴力定義為「意圖或被認定有意圖引起他人身體上的痛苦，或傷害他人的行為」。暴力行為分為兩類：一為「一般性暴力」（normal violence），包括打耳光，推、擠和拍打；另一為「虐待性暴力」（abusive violence），包括用拳頭攻擊、踢、咬、使人窒息、毆打、開槍射擊、刺殺、意圖開槍射擊或意圖刺殺等。

　　國內學者（陳若璋，1993）則定義為「暴力行為是指含有或將引起高度敵意、不安全感、衝突等強烈情緒的行為，包括肢體暴力、口頭暴力、性暴力」。

　　由上述定義可知，暴力的界定不由受暴者是否有明顯的傷害來認定，而是由施暴者的行為作為診斷標準。例如，一位施暴者手握拳頭做威脅狀，雖然施暴者並未真正打人，但威脅的行為已造成受暴者心生畏懼、焦慮，也算是一種暴力。因而在暴力事件中，受害者傷害的程度可分為不須治療、傷害，甚至死亡。

　　所謂「家庭暴力」（family violence）係指發生在家庭成員間的暴力行為，造成其中一方的生理或心理上的傷害（陳若璋，1993）。而根據《家庭暴力防治法》（一九九八年六月二十四日公布，一九九九年六月二十四日全面實施）中第 2 條第 1 款及第 2 款規定：「家庭暴力：指家庭成員間

實施身體或精神上不法侵害之行為」、「家庭暴力罪：指家庭成員間故意實施家庭暴力行為而成立其他法律所規定之犯罪」。又第 3 條規定：「本法所定家庭成員，包括下列各員及其未年子女：

1. 配偶或前配偶。
2. 現有或曾有同居關係，家長家屬或家屬間關係者。
3. 現為或曾為直系血親或直系姻親。
4. 現為或曾為四親等以內之旁系血親或旁系姻親。」

在《家庭暴力防治法》的保護之下，被害人得以書面向法院聲請「民事保護令」（簡稱保護令）。依第 9 條之規定，又可分為通常保護令、暫時保護令及緊急保護令。第 12 條但書亦規定：「但被害人有受家庭暴力之急迫危險者，檢察官、警察機關或直轄市、縣（市）主管機關，得以言詞、電信傳真或其他科技設備傳送之方式聲請緊急保護令，並得於夜間或休息日為之。」免於受害人再度受到家庭暴力的傷害。家庭暴力其法律保護範圍包括未成年子女、配偶、前配偶、外籍配偶、同居關係、直系血親、直系姻親、四親等以內旁系血親、旁系姻親等。

 第一節　家庭暴力迷思 ♥ ♥ ♥

家庭暴力已成為大眾傳播媒體的一個重點主題。幾乎每天都可以自報章雜誌、收音機或電視報導中看到有關子女或配偶受虐的個案。全國對家庭暴力的關注，已使得大眾心目中都深植這個主題。然而，有關家庭暴力的一些錯誤訊息仍然存在。由於許多人依「常識」判斷而造成這個重要社會問題的迷思，以致社會未能正確處理這個問題。Gelles 和 Cornell（1990）整理出這些迷思，並嘗試提出正確的訊息，分述如下：

■ 迷思 1：家庭暴力不多見

很不幸地，事實並非如此。以美國為例，每年約有兩百萬個孩子受到虐待與疏忽；幾乎有同樣數目的人遭到配偶的嚴重攻擊；另外約兩百五十萬個為人父母者受到虐待。很顯然家庭暴力已成為美國一個重大的社會問題。

■ 迷思 2：家庭暴力源自於精神不正常

如果真是如此，那麼討論到家庭暴力時可以歸罪於有病的人所做的不正常行為。然而，所有相關研究都顯示，大多數家庭暴力的施暴者都沒有精神上的疾病。以一般標準而言，這些人都屬「正常」。

■ 迷思 3：家庭暴力最主要的原因是酒精與藥物

一如前述精神疾病導致暴力行為，接受這種看法便是把這個問題歸咎於行為偏差者。儘管許多施暴者都沉溺於酒精與藥物，但這兩者之間並無直接的關係。酒精與藥物與暴力相關，但並沒有足夠的證據顯示其因果關係。

■ 迷思 4：家庭暴力主要發生於低階層家庭

雖然低階層家庭的受虐案件較多，但實際受虐人口並不僅限於此一階層。很不幸的，家庭暴力事件可能出現在任何社會階層。

■ 迷思 5：既然家庭暴力可能出現在任何族群，因而社會因素便不重要

這個說法的前半段是正確的，但後半段並不盡然。本章隨後將探討社會因素對虐待事件的影響力。

■ 迷思 6：受虐兒童長大以後也會成為施虐者

雖然大致屬實，但稍嫌誇張。受虐兒童長大之後較易成為施虐者，然而這兩者之間並沒有絕對的因果關係。

■ **迷思 7：有的妻子樂於受虐，否則她們寧可離家**

實情是沒有人真正能夠享受被虐的滋味。有些受虐的妻子仍然保持現狀——但有的人並非全然如此——這牽涉到許多不同的因素存在，比如恐懼、罪咎感、羞恥心，或經濟因素。

■ **迷思 8：家庭暴力與愛情是並存的**

很令人意外的是，沒有任何證據支持這個論點。施暴者與受虐者往往表示愛著對方。施虐者儘管有愛情存在的情況下也有暴力行為。受虐者往往會把加諸於其身上的痛苦反映在整個家庭關係上。

■ **迷思 9：男性是主要的施虐者**

論及事實真相，婦女攻擊丈夫的比率與丈夫攻擊妻子的比率相當。雖然丈夫通常較妻子強壯，並且造成的傷害也大，但妻子仍較常用武器攻擊（通常是廚房用刀）。在家庭事故中，丈夫與妻子彼此互傷的比率相等（Robertson, 1987）。

家庭暴力為何發生？什麼樣的家庭較容易發生？我們常有些錯誤的推斷。根據陳若璋（1993）指出：一般人對家庭暴力的錯誤觀念以及事實情況可參見**表** 9-1。

表 9-1　**家庭暴力的迷思與事實**

迷思	事實
一、婚姻暴力	
‧發生在低社經家庭	‧各種社經家庭都可能發生
‧受害者有被虐傾向	‧絕大多數被虐者沒有被虐狂
‧受害者因行為不檢或未盡職	‧受虐者與其行為好壞沒有絕對相關
‧施暴者都為脾氣暴躁、長相凶惡	‧有些施暴者內向、害羞、文質彬彬
‧毆打只是偶發行為	‧毆打常持續性出現
‧只有在酗酒或使用藥物時才發生暴力	‧與酗酒或使用藥物沒有絕對關係
‧施暴者與受害者有精神疾病	‧只有少數施暴者有精神疾病

（續）表 9-1　家庭暴力的迷思與事實

迷思	事實
二、兒童與青少年虐待	
·父母為兒童與青少年好才打他	·兒童與青少年常是父母情緒發洩的代罪羔羊
·父母常是無心失手而傷害兒童與青少年	·大多數父母會意識到自己行為有問題，有些父母則不願控制自己
·受害者頑劣	·受害者與其是否頑劣沒有絕對關係
三、家庭內性虐待	
·家庭內不太可能發生性虐待	·性虐待者為熟識者比例約占二分之一以上，包括父母、手足、繼父母、叔伯等長輩，與手足的朋友、鄰居等
·施虐者都是男性	·施虐者男女都有，只是男性較多
·只有女性才會受到性虐待	·受害者不全是女性
·低社經家庭才會發生	·各種社經家庭都有可能發生
·施虐者是為滿足性慾	·大多數是為滿足權力感
·施虐者是有身心障礙的人	·施虐者大多是一般正常社會大眾

資料來源：陳若璋（1993）。

 # 第二節　婚姻暴力 ♥ ♥ ♥

一、定義

　　婚姻暴力是指發生在已結婚並居住在一起的配偶之間的暴力行為（Straus et al., 1980）。也就是指配偶之一方受到另一方言語、肢體、性等方式的虐待（陳若璋，1993）。

　　夫妻彼此間肢體暴力相向並不新鮮。近來這個問題較為人注意，並且被視為一個社會問題。一項全國性的調查（Straus et al.,1980）發現，在一九七五年時，約 28％的已婚夫妻與同居者之間，在共同生活期間曾有遭

受對方虐待的情形。另一個類似的調查（Straus & Gelles, 1986）發現婚姻的暴力稍減。然而，有人懷疑這次數據是否真的減少，或是由於研究方式的差異，或是有的家庭不願說出來。

二、發生原因

根據一項針對台灣地區 3,620 位婦女所做的「生活狀況調查」（內政部，1998）指出，近一年內曾被先生施暴的比率有 3.3%，而受先生施暴的主要原因為個性問題、溝通問題，其次為經濟問題，再其次為家庭問題及婚姻問題（參見**表 9-2**）。

表 9-2　已婚婦女受先生施暴的主要原因與比率

主要原因	百分比
個性問題	59.6%
溝通問題	49.7%
經濟問題	40.0%
家庭問題	22.3%
婚姻問題	16.4%
其　他	16.6%

註：每個人可選答三項，因而百分比會超過 100%。
資料來源：內政部統計處（1998）。

三、模式

婚姻暴力行為可分為五種模式（周月清，1995）：

1. **身體毆打**：指施暴者對受害者身體各部位的種種攻擊行為，例如擠、推、抓、拉、踢等。

2. **性暴力**：指施暴者對受害者胸部或陰部的攻擊，或用武力或身體暴力脅迫進行性活動。

3. **破壞東西或寵物虐待**：藉由破壞配偶擁有物或寵物的虐待，雖無直接攻擊受害者，但也屬於一種虐待。

4. **精神虐待**：精神虐待雖沒有直接的攻擊身體，但間接地傷害受虐者，包括以自殺、武力、抱走孩子或外遇來威脅，脅迫配偶做他（她）不想做的事，控制配偶的行動，用言語傷害配偶的自尊或否認配偶的想法和感覺，隔離配偶與外界的關係等。

5. **情緒虐待**：上面四種虐待皆伴隨有情緒虐待，直接或間接會影響受虐者的自尊及自我生存價值。

四、婚姻暴力對子女的影響

夫妻的婚姻暴力除對配偶有不良影響外，由國內外的研究發現，也會對其子女造成負面影響。根據 Fantuzzo 和 Lindquist（1989）指出有下列五項不良影響：

1. **外在行為問題**：經歷父母婚姻暴力的子女較沒有父母婚姻暴力行為的子女有攻擊行為。

2. **情緒問題**：經歷父母婚姻暴力的子女，較容易有消沉、焦慮、沮喪、害怕、失眠、尿床、抽筋、自殺等問題；這些問題中，焦慮是很普遍的現象。

3. **社會功能**：經歷父母婚姻暴力的子女，社會表現能力比一般兒童差。

4. **學業**：經歷父母婚姻暴力的子女，容易上課不專心，影響學業。

5. **發展**：經歷父母婚姻暴力的子女，語言發展或認知學習都比一般兒童低。

國內研究也發現，當家庭有暴力行為、家人關係不良、父母親行為不良等問題，處在這種家庭的青少年較易有暴力、犯罪行為（王淑女，1994）。另一研究發現，當父母存在婚姻暴力，其子女的悲傷、退縮、害怕、焦慮、沮喪、憂鬱等內向性問題行為，攻擊、不服從、破壞、違規犯過等外向性問題行為，較父母間沒有婚姻暴力之子女為多（曾慶玲，1998）。

綜合上述國內外研究之發現，家暴對孩子的影響有下列情形：(1) 加害他人；(2) 排斥接觸；(3) 缺乏安全感；(4) 合理化；(5) 創傷症候群（post-traumatic syndrome disorder）；(6) 肢體暴力；(7) 精神虐待等問題。

五、婚姻暴力發生的特質

以下分受虐婦女、受虐丈夫、引起婚姻暴力的社會因素三大面向，分述之：

(一) 受虐婦女

■ 社會階級

每個社會階層都可能有配偶虐待的情形。然而，由於中產階級較重視隱私，並且善於隱藏，因此勞工階級的虐待事件看起來較多。中產階級家庭也較多專業的協助，也因而減少了暴力事件受到警局的注意。

■ 性別

儘管一般人看法不同，但事實上丈夫、妻子對配偶暴力相向的機率相當（Robertson, 1987: 351）。通常這種暴力事件都是雙向的。長久以來，人們就知道暴力是互為因果的，配偶之間的暴力行為也是如此。此外，妻子較傾向威脅或實際上使用武器。這個原因，可能是妻子試圖彌補自己在體

能上的弱勢。

■ 涵蓋範圍

　　據統計，美國每一年約有兩百萬女性至少歷經其丈夫或前夫的虐待。此外，這類女性中三分之一的人會在其後六個月以內再度受虐。每一年，約三千名女性被打得半死。很顯然的，受虐妻子在美國是一個廣泛而持續的問題。

■ 暴力的三個循環階段

　　研究人員與諮商人員發現，受虐妻子通常都歷經三個階段：第一，一個小問題發生了而引起緊張。第二，愈來愈強烈的問題引致暴力相向。第三，丈夫乞求原諒他的暴行，發誓永不再犯，妻子也希望自己能夠相信丈夫的懺悔以及不再施暴的誓言。然而，如果未曾把這個潛藏的暴力原因找出來，則暴力事件仍可能循這個循環週期發生，並且一次比一次嚴重。其循環性過程為衝突發生→甜蜜和好→緊張再起→衝突再生。

■ 家庭的特質

　　有許多存在於家庭中的因素，是可能引起妻子受虐的原因。暴力可能發生於：

1. 丈夫是受雇工人，或失業，或半職工作，家庭收入少於六千美元。
2. 丈夫與妻子都面臨財務困境，妻子對家庭生活水準不滿。
3. 家中至少有兩名子女。
4. 丈夫和妻子都來自於父親虐待母親的家庭。
5. 婚齡少於十年，夫妻雙方都不是白人，雙方年齡都低於三十歲。
6. 婚姻衝突高於一般比例，家庭壓力與個人壓力都較高。
7. 其中一人完全主宰決策，彼此皆以口頭攻擊對方。

8. 雙方都經常喝酒，不一定是酗酒者。

9. 至少兩年未曾在社區中有社會參與，妻子大多是全職主婦。

■ 受虐婦女的社會背景因素

除了上述易致使妻子受虐的家庭環境以外，夫妻之間一些互動關係也是造成妻子受虐的關鍵因素（Goldberg, 1983）。

1. **傳統的，依賴丈夫的妻子。**一個經常覺得自己無助且時時需要信心的女人，會使得其丈夫在感情上對她疏離。她因此要求得更多，並且感到被拒絕，而丈夫卻感到快要窒息了。

2. **無法公平協調衝突的夫妻。**他們未能發展出一種非毀滅性的解決衝突方式。他們不能夠公開地或很有方法地表達自己的憤怒或失望的情緒。她抱怨、憤怒，而他退縮、不滿，並進而試圖控制她。

3. **彼此關係變得乏味。**這個問題起自於雙方都缺乏為彼此關係注入活力的技巧。夫妻雙方彼此相依，但卻向外尋求自己婚姻中所沒有而自己卻渴盼的刺激。

4. **一對依賴性高而無安全感的夫妻。**彼此因為需求而相互依賴，造成自我成長的障礙。

5. **彼此怨恨但卻畏懼改變現狀的夫妻。**一則是恐懼改變本身，一則是畏懼改變的結果。因而只得持續不愉快的婚姻，彼此間甚至相互牽制，以致無法成長與改變，造成沒有人贏的局面。

6. **衝突循環。**同樣的老問題一再被提出來爭執。在每一個新回合時，挫折感與憤怒更加重。

7. **丈夫企求從婚姻中獲得，但是卻無法表達。**很矛盾的是，這類丈夫痛恨妻子無法瞭解他的需求，而事實上他從未表達出來過。

8. **妻子尋求獨立自主與權力。**如果未能很明確地表達出這個願望，她會愈感緊張。她可能會抱怨丈夫獨裁並且試圖控制她。

9. **對對方個性不同的看法**。這可能會造成彼此關係的緊張。例如，丈夫可能認為妻子是一個易怒的孩子，永不滿足；而妻子則認為丈夫遲鈍、冷血。兩種情緒彼此交錯，因而造成毀滅性行為的惡性循環。

10. **妻子無法明白表示自己對婚姻不滿之處**。她不具體的抱怨使丈夫感到憤怒與罪咎。由於這些埋怨都太籠統，丈夫也無法處理。

11. **婚姻初期有太高的期盼**。大多數夫妻都無法達到這標準，因而感到憤怒不滿，造成彼此關係的緊張。

■ 何以許多妻子仍維持受虐情形下的婚姻

妻子們並不樂於被虐，但卻仍有一些妻子停留在如此惡劣的環境之中，為什麼？

1. **恐懼**：大多數妻子如果仍然停留在一個受虐的環境之中，是因為恐懼如果把受虐事情張揚出來，會遭受丈夫更強烈的暴力侵襲，甚至包括被殺害。近來有一些個案，顯示雖然有一些保護措施，但是仍有妻子被丈夫或同居者殺害的情況。

2. **文化傳統**：許多妻子被教以應該順從丈夫，丈夫具有以肢體方式管理妻子的權力。這個傳統是自從英國習慣法（English common law）通過，並且迄今仍留存在許多美國家庭之中。

3. **童年時的受虐經驗**：在成長階段經常眼見家中的暴力相向，使得妻子誤以為肢體暴力是家庭生活的一部分。無論是自己本身受虐，或是見到雙親之一方受到另一方的虐待，她都會誤以為家庭必然會有暴力。

4. **愛情**：令人驚異的是，受虐的妻子往往仍愛著丈夫。她們把暴力視為婚姻的一部分，這一部分應予忍受，並且享受其餘的生活部分。

5. **低度自尊**：受虐的妻子認為一切都應歸咎於她自己。此外，對自己沒有信心，認為自己的一切價值都在於擁有一個丈夫，無論丈夫做什麼都可以接受。

6. **依賴**：這是受虐妻子仍然不願離開的一個普遍原因。教育程度低與工作能力不強的妻子認為，除了婚姻以外沒有任何退路，而不顧這個關係究竟有多麼惡劣。

（二）受虐丈夫

依據全國性的調查顯示，丈夫受虐的數量與妻子相當。雖然兩性受虐的數量差不多，但是丈夫受妻子虐待的案例較少曝光。這可能有幾種原因，且男人比女人不願承認遭遇困難。此外，在美國社會中，如果一個丈夫受妻子虐待，更是有失身分而不易令人啟口。

正由於丈夫受虐的案例較少曝光，因而有關其發生的原因與造成的結果便很難以得見。一般推測這類婚姻暴力，源自於夫妻之間溝通不良，以及在許多美國家庭之中妻子受到傳統權力分配不均的挫折感所致。許多研究人員認為妻子之所以虐待丈夫，起自於抵制體能比她們強的丈夫。而一位研究人員 Turner（1980）卻認為，受虐丈夫多半是因妻子體型較大較強，因而可以欺負殘障、生病、年老或體型較弱的丈夫。

（三）引起婚姻暴力的社會因素

有些社會因素被視為是引起美國家庭暴力的來源，雖然單獨來看，這些因素與婚姻暴力並無實際關聯性，但許多因素結合在一起，便可能形成一個易產生婚姻暴力的環境。

1. **傳統的父權**：所有的權利都是法律所賦予的。美國的法律源自於英國法，這個法律賦予丈夫高於妻子的權利，丈夫並且得以肢體方式實行他的權利。有的丈夫用傳統所賦予的權利而虐待妻子，而有的

妻子則以反攻擊因應之。因此，家庭中的父系威權也是導致婚姻暴力的原因之一。

2. **經濟壓力**：人們往往會對引起自己痛苦者產生挫敗與攻擊心理。如果這個痛苦的根源無法確定，或太過強烈，因而就可能轉而對較沒有權力者施暴，而這一切都是在這個遭受折磨者的掌控之中。經濟壓力就是無法確定原因的一種壓力。即使可以找出引起這個壓力的對象，如公司老闆或國會，但是這些人權力過高，無法抵制。而家人卻較可以對付，也是發洩的安全對象。

3. **上一代傳下來的暴力型態**：所有的研究人員都認為，本身曾是虐待事件的犧牲者，或曾在家中親眼目睹受虐事件者，有相當大的傾向成為施虐者。這種惡性循環將一代代傳下去。

4. **缺少社會與個人控制力**：由於社會缺少足以排解尚未引發暴力事件壓力的機能，因而可能導致虐待事件。美國有關以教育社會服務系統來協助家庭發展人際溝通技巧，並且解決足以釀成暴力事件衝突的機構，比其他國家少。因而，能夠發展出適當技巧，並且有個人控制力，以因應壓力與困擾的專業人員很少見。

綜合上述，引起家庭暴力之成因有很多，包括加害者本身的身心狀態、價值觀的偏差、人格的違常、家庭結構與功能失常、社會及社區環境等因素。

第三節　青少年兒童虐待 ♥ ♥ ♥

一、定義

　　父母對子女負有管教的責任與義務，因而經常會以肢體處罰或口頭責罵方式管教子女，所以父母對其子女的暴力非常難以界定，尤其國人常會用「不打不成器」來合理化不當的管教。一些研究顯示（Garbarino et al., 1992; Gelles, 1989），有 84% 至 97% 的父母，在其子女為孩童年代，會體罰子女。

　　如何才算是兒童與青少年虐待呢？兒童與青少年虐待是指兒童與青少年的父母或親友，對十八歲以下的兒童、青少年施加身體或精神上的傷害、性虐待、疏於處置、惡待等，致使兒童、青少年的健康與福利遭受損害或威脅（陳若璋，1993）。

二、形式

　　根據余漢儀（1995）、陳若璋（1993）、Goodman（1993）等人的研究，青少年兒童虐待有如下幾種形式：

1. **身體虐待**（physical abuse）：指兒童與青少年身體因受暴力而留下一些臨床上可以檢驗的傷害，例如瘀血、傷痕、燒燙傷、裂傷、骨折等，依受傷的部位及嚴重程度明顯不是出於意外造成的。男性對兒童施虐的比率比女性來得高。

2. **精神虐待**（mental abuse）：對兒童、青少年施以不人道、不合理行為，造成其心智、心理與情緒上的嚴重傷害，包括拒絕、貶抑、威嚇、孤立、強化或教導其不符社會規範之行為、剝削等。

3. **性虐待及亂倫**（sexual abuse and incest）：亂倫是性虐待的一種，指在血親間發生性關係。其他的性侵害施虐者則可能是陌生人。性虐待及亂倫包括性脅迫、強暴、性行為展示、窺淫狂、性謀殺、娼妓、拉皮條、妓院、戀童癖、兒童色情、以孩童從事色情交易等身體接觸及非身體接觸。亂倫對孩子的影響是持久性的。

4. **疏忽**（neglect）：疏忽是指照護者沒有提供孩童最基本的維生必需，或正常身心發展所需的照護程度。包括無法供給或故意不供給兒童充足的食物、衣物、住所、醫療照顧，或免於身體傷害的監護，以及照顧不足而導致嚴重的營養不良或成長受阻。

台灣在二〇〇五年處理兒童少年受虐情形，以身心虐待為最多占72.36%（其中身體虐待占 51.01%、疏忽占 32.05%、精神虐待占 11.51%、性虐待占 5.43%），遺棄占 4.32%，其他占 23.32%（內政部兒童局，2006）。

三、青少年兒童虐待的原因

兒童虐待大多來自功能失調的家庭，而受虐的子女正是名副其實的代罪羔羊。由於媒體大肆報導，社會大眾的意識覺醒，使得近二十年來，兒童虐待和疏忽事件的報告率大幅提升。然通報率升高和新個案數的增加，兩者之間並不容易區辨，但是登上平面媒體的比率卻是增加的。虐待兒童的行為，是一連串複雜的社會心理歷程，其背後可能導因於以下幾個因素（郭靜晃，2007）：

1. **個人人格特質**：是指施虐者個人的壓力和人格特質。施虐者常將生活壓力或婚姻失調累積的壓力發洩在兒童身上。例如，有些成年人比較容易虐待孩子，或有些孩子比較容易被別人凌虐。

2. **交互作用模式**：施虐的原因是由於系統失去功能所致。低階層家庭

的父母相信身體處罰是正當的管教方式，比較容易虐待兒童。父母的精神疾病及藥物、毒品濫用也是兒童虐待的原因之一。即使在美國，一九八五年約有一百九十萬名兒童遭受家庭虐待（U.S. Census Bureau, 1989），大約占全國兒童總數的 11%。這些受虐兒童遭受施虐之來源通常是飽受貧窮壓力，沒有工作及旁人協助的年輕媽媽（Gelles, 1989）。相對於台灣的情形，每年約有九千至一萬名孩童遭受虐待，大約兩萬五千名則為目睹暴力兒童。

3. **社會環境論**：環境、社會文化變遷帶來的立即性壓力導致兒童虐待（張寶珠，1997）。例如，在某些文化情境脈絡或社會中，虐待事件比較容易發生。彭淑華（2005）針對兒童少年機構所做的質化研究亦發現，我國兒童少年機構的工作人員對於安置院童之直接及外顯暴力亦是存在的；方案虐待涉及安置機構組織內部之糾葛紛爭、經營理念及機構重管理輕輔導等，皆為間接影響安置兒童及少年之權益；體系虐待則涉及整個安置體系建制，如收容量不足、不適當之安置等，也會影響安置兒童及少年之權益。

　　總之，對於有關兒童受虐或疏忽的看顧，並不僅止於受虐兒個案層面上的干預，還進一步擴及到包括兒童及其家庭和所處社會的整體改造，而且因應的兒童保護與安置工作，亦應掌握微視面與鉅視面的雙重進路（參見**表** 9-3）。**表** 9-3 是從區位學觀點（ecological aspect）來說明我國兒童受虐或疏忽之情境，不僅包括微視系統（如原生家庭）、居間系統（如機構）、外圍系統（如政府福利制度）以及鉅視系統（如社會之行動、信念與價值等）。他山之石，可以攻錯。反觀美國的兒童保護工作，其處遇的方式已由過去只注重個案工作轉移到使用多系統的複雜處遇模式，如短期的寄養服務、長期規劃的家庭重聚服務、家庭維繫服務、或收養服務等；也強調兒童保護社會工作者的訓練，工作人員也體認此項工作跨領域合作的必要性。

表 9-3 兒童虐待的層面分析

主要受虐情境	施虐來源	主要虐待行為	示例說明
家庭：含原生家庭、同居家庭、寄養家庭、收養家庭等	父母、手足、親友、主要照顧者	身體虐待、精神虐待、性虐待或性剝削、疏忽	毆打、砸、撞、燙傷等；口語暴力、冷嘲熱諷等；性侵害、強迫性交易等；漠視、不滿足兒童的基本需求與權利
機構：學校、安置收容機構、嬰幼兒托育中心、幼兒園或醫療單位	機構工作人員、主要照顧者、其他安置者與其親友等	體罰等不當管教、不當使用精神病理藥物、無意或故意延長隔離時間、使用機械設備限制其行動、階級、種族、性別歧視、方案濫用非法禁見與探視、未提供法律規定的服務性、侵害與性剝削	交互蹲跳、暴力威脅、餵食鎮靜劑及安眠藥等、以單獨禁閉為懲戒手段等限制兒童活動、嘲弄兒童之人格權、未評估拒絕親友探視、拒絕兒童福利專業協助、性騷擾、強暴等
社會：社會之行動、信念與價值等	兒童所處社會環境等	不適宜的教養文化、性別刻板印象、不平等、權力暴力、允許暴力存在、兒童是無能的	不打不成器等觀念、遵守主流性別角色教育、生涯發展暴力是和諧的必要手段、成人的決定是出於愛與善

資料來源：馮燕、李淑娟、劉秀娟、謝友文、彭淑華（2000）。

若再細部的分析，導致青少年兒童虐待的家庭因素有下列五點（Goodman, 1993）：

1. **需求較多的子女**：孩子生病、殘障或過動兒，以及其他種種情緒問題，都會造成家庭，尤其是父母的壓力。他們可能造成父母親們精神與肉體上的負荷，在某些狀況下，父母即有可能施虐。子女的沉

重負荷是父母施虐的原因之一，但非唯一的原因。

2. **不實際的父母角色觀**：太年輕的，或自己本身不成熟的父母，可能對如何做父母有不實際的看法。新生兒的到來造成某種程度的意外，改變了日常生活與婚姻關係。他們無法或無能力重新調整自己的生活，並且無法依孩子的需求而改變生活順序。為人父母者的日常生活需求造成憤怒與不滿，以至於有可能對子女施暴。

3. **對「保護者」角色認識不足**：有的父母永遠都不曾學會如何適當地撫育子女，他們無法分辨處罰孩子與虐待孩子之間的差別。這些父母不明瞭如何阻止孩子做不當行為，並且未能事先訂定明確而一貫的限制事項。缺乏親職技巧的人多半是青少年父母或單親母親。

4. **壓力**：父母在生活上遭受壓力，也往往與家庭暴力有所牽連，例如經濟不景氣造成失業率上升與事業發展受阻。這些情況會使得成年人遭受到相當大的壓力，而可能造成對其他人，包括家人的暴力相向。男女兩性關係的改變，在許多家庭也產生權力角逐，最後引致暴力事件。

5. **藥物濫用**：酗酒及濫用其他藥物的父母或保護者，也往往與虐待子女案件有關。對藥物的依賴將凌駕一切其他事務之上，照料子女成為其次的事；而子女干擾到自己對藥物的需求時，便會被推向一邊。依賴藥物的人通常挫折的忍受力較低，也較易對子女的正常活動採取暴力相應。

 # 第四節　老人虐待 ♥♥♥

　　近三十年來，世界上老人受虐待有日益增加之**趨勢**，許多年長者受到子女或照顧者的虐待與疏忽（蔡啟源，2005）。Goodman（1993）估計每年受虐的美國老人大約在五十萬至兩百五十萬人之間，但僅有 10％的比

率曝光。台灣的老年人口逐漸增加，至二〇〇八年底已增加到 2,402,220人，占總人口的 10.43%，台灣早已步入高齡化社會。以 113 保護專線服務來看，二〇〇八年老人虐待諮詢案件數為 454 件，二〇〇九年增加至 584件。若以占全國家暴通報案件數的比率來看，從二〇〇五年占 2.59%，二〇〇九年增加至 3.04%，顯示老人虐待的求助人口呈現逐年成長之趨勢（闕淑芬、謝雅渝，2000）。

一、定義

從許多方面來看，年長者虐待與兒童虐待事件都很相似，都是較無助的一方，受到應負照料之責者的虐待。脆弱而又依賴人的年長者，通常都需要人長期施以感情上與實質上的照料。而這種壓力，卻可能使子女或照料者回應以疏忽或虐待。

近年，稱之為棄老（granny dumping）的現象日增。猶如棄嬰（baby dumping）是不受歡迎的新生兒，棄老是由於人們無力，或不想照料年邁的雙親或父母。年長者通常可能會被送至一些公共場所，諸如醫院、診所、火車站或電影院，等待相關機構處理。

大多數受虐老人都是女性。這可能是因為女性的壽命較長，並且晚年生活較需要人照料所致。施虐老人者也多是女性；這個原因，則可能是因為擔任照護工作的女性多於男性。

照顧年長者，對於家庭而言是一大負擔。許多成年人都必須同時設法滿足自己的成年子女以及年老父母之所需，這類成年人被稱之為三明治世代（sandwich generation），被夾在兩種彼此可能會衝突的需求之間。這些責任可能會淘光家庭的經濟資源，侵蝕感情基礎，並且阻擋了家庭主要支撐者的工作晉升機會。這些因素也可能引起夫妻的壓力，並且迫使協助照料者，通常是妻子／女兒，受到更多的壓力，而這些壓力將導致虐待或疏忽年老者（Goodman, 1993）。

　　傳統社會的觀念認為，子女對老人應負有照顧、奉養的義務，但隨著價值觀的轉變以及老年人口比率增加，老人因缺乏照顧資源，而產生老人被虐待的事實。

　　老人保護的廣義定義，主要是對一些需要保護或是無法照顧自己日常生活的老人，還包括沒有人協助的老人，使其脫離危險或有害的環境（李瑞金，2000）。國內已在《老人福利法》明列專章，於一九九七年六月將老人年齡降為六十五歲外，更增列老人保護措施專章，其中第 41 條規定對老人保護將受害人與加害人關係主要著眼於直系血親尊親屬和契約關係兩部分；另外，針對保護措施則提供包含適當之短期保護與安置。

　　《老人福利法》在二〇〇七年一月三十一日修正，其中針對老人保護更增訂相關人員執行職業時之通報責任，直轄市、縣（市）並應結合警政、衛生、社政、民政及民間力量，定期召開老人保護聯繫會報，以強化老人保護網絡（依《老人福利法》第 44 條規定）。此內容點出老人保護服務網絡包括社政、警政、衛生、民政及民間部門，提供諮詢、社區關懷、居家服務、機構安置、緊急救援、失蹤老人協尋等服務。

　　內政部社會司（2009）所推動的老人保護相關服務措施主要有四項：

1. 設置相關資訊及資源「單一窗口」。
2. 強化獨居老人之關懷服務。
3. 提供緊急救援服務。
4. 成立「失蹤老人協尋中心」。

二、老人虐待的類型

　　保護與虐待其實有其關聯性，在保護之前要先確定是否有虐待之事實，而老人虐待類型之劃分，實不出「虐待—疏忽／遺棄—剝削／剝奪—妨害／侵犯」之範疇（蔡啟源，2005）。

蔡啟源（2005）提出老人虐待類型至少可分為九種十三類：

1. **身體／生理／暴力性虐待**（physical / violent abuse）。
2. **精神性虐待**（mental abuse），又可細分為心理性虐待（psychological abuse）及情緒性虐待（emotional abuse）。
3. **物質性虐待**（material abuse）。
4. **財物性虐待**（financial abuse）。
5. **醫療性虐待**（medical abuse）。
6. **遺棄**（abandonment）。
7. **疏忽／怠慢**（neglect / negligence），又可分為刻意疏忽／怠慢（active / intentional neglect）及非刻意疏忽／怠慢（passive / unintentional neglect）。
8. **自我疏忽**（self-neglect），又可分為刻意及非刻意自我疏忽。
9. **性虐待**（sexual abuse）。

近年來，由於對人權（human right）、自主權（autonomy）、自決權（self-determination）的強調與注重，若對老人之對待有此方面之違反或剝奪，那則可再增一類。若由法律之規定來看，則受虐類型是有其法律依據（參見**表 9-4**）。

表 9-4　老人虐待的相關法令規定

受虐類別	依據	說明
遺棄	民法（第 1114 -1121 條）、刑法（第 293-295 條）、老人福利法（第 25、27、30 條）	依法令或契約有扶養義務而不予適當照顧，任老人流落街頭等其他處所而違反法令規定者。
身體／生理／暴力性虐待	民法（第 192 -195 條）、刑法（第 277-281 條）、老人福利法（第 25、30 條）、家庭暴力防治法（第 2-3 條）	源於施虐者疏忽或故意之行為，致使老人身體或身體功能遭受傷害或毀損。例如： (1) 暴力行為：運用戳、刺、打、捶、擊、推、撞、搖、摑、踢、捏及燒等方式對待老人。 (2) 未接受或拒絕醫療、接受太多或太少或不適當的醫療。 (3) 強迫餵食。 (4) 任何形式的體罰。
心理／情緒虐待	刑法（第 302-303 條）、老人福利法（第 25、30 條）、家庭暴力防治法（第 2-3 條）	源於施虐者的言語或行為，造成老人心理及情緒上極度之痛苦、折磨、為難或恐慌。例如： (1) 言語上的攻擊、威脅、恐嚇、脅迫、侮辱及侵擾。 (2) 故意排斥、孤立、隔離老人，斷絕其與家人、朋友或外界社會的互動。 (3) 干擾老人日常活動，如：睡眠。
疏忽／怠慢物質性虐待	老人福利法（第 25、27、30 條）	涉及施虐者刻意或非刻意對老人置之不顧、未提供各類適當的照顧與支持。包括： (1) 依法令或契約有撫養義務者拒絕或無法履行對老人之照顧責任與義務。 (2) 拒絕或無法提供老人基本維生，例如三餐、水、衣物、藥物、個人安全與衛生用品，及其他因義務或契約所需提供之基本必需品。

（續）表 9-4　老人虐待的相關法令規定

受虐類別	依據	說明
自我疏忽	老人福利法（第 25、27、30 條）	老人本身因精神狀態不清楚或心智低弱的問題或症狀，表現出自我放棄、自我怠慢的行為而危及其健康與安全。通常指老人拒絕接受適當的生活必需品，例如水、食物、衣著、庇護、個人衛生、醫生指示用藥及安全預防等。
性侵害	民法（第 18 -195 條）、刑法（第 221、222、225、228、277-281 條）、家庭暴力防治法（第 2-3 條）、性侵害犯罪防治法（第 1-17 條）、社會秩序維護法（第 83 條）	指非出於老人自願的任何性接觸，例如與無行為能力之老人發生性關係、未經老人同意而任意撫摸其身體。
財物性虐待	民法（第 767 條）、刑法（第 320、324、335、337 條）	指採取不當或非法手段運用老人之資金與財產，例如： (1) 未經老人授權或同意擅自取得老人之支票兌現。 (2) 濫用或偷取老人之現金或財產。 (3) 強迫或欺騙老人簽署任何文件，如契約或遺囑等。 (4) 不當使用保護權、監護權或法定代理權。

資料來源：蔡啟源（2005）。

三、老人虐待的成因與處遇

依 O'Malley、Segal 和 Perez（1979）及蔡啟源（1998）的看法，老人虐待成因可分為兩大類：

1. **身心發展障礙**：老人因身心障礙，需要依賴他人照護，而照護者之

心態、人格及行為有問題時，皆可能會導致老人虐待。

2. **社會—文化立場**：老人在社會—文化方面的困境有：(1) 對老人有根深柢固的歧視觀念；(2) 有限的社會資源；(3) 社會既存的傳統規範和習俗慣例；(4) 宗教的根深柢固觀念；(5) 法律界定需要保障人口群的權益。

如果要減少虐待老人的事件，很顯然地，最佳辦法就是卻除照料者的壓力。具體協助是最有效的，例如由社會機構提供一些必要性的協助，像是購物、陪同老人赴醫院、陪伴老人等等，如此可減輕照料者在感情上、肉體上的負擔。教育照料者，使其明瞭年老者的正常起居及他們的生活能力等都是有幫助的。而針對施虐者與受虐者提供諮商與治療也是有必要的。此外，從社區整體照護（community fall care）之原則，對於社會加強社會教育及倡導友善老人的社會舉措，以加強老人保護工作。

參考書目 ♥ ♥ ♥

一、中文部分

內政部兒童局（2006）。「兒童少年暴力通報案件」。台北：內政部兒童局。

內政部社會司（2009）。〈老人福利與政策〉，《2009 年老人福利年報》。台北：內政部社會司。

內政部統計處（1998）。「台灣地區婦女生活狀況調查報告」。台北：內政部。

內政部統計處（2006）。「婚姻暴力通報案件」。台北：內政部家庭暴力及性侵害防治委員會。

內政部統計處（2013）。「家庭暴力事件通報案件統計」。台北：內政部家庭暴力及性侵害防治委員會。

王淑女（1994）。〈青少年的法律觀與犯罪行為〉，《輔仁學誌》。26：337-375。

余漢儀（1995）。《兒童虐待——現象檢視與問題反省》。台北：巨流圖書公司。

李瑞金（2000）。〈我國老人保護服務之評估〉，《社區發展季刊》。92：84-98。

周月清（1995）。《婚姻暴力：理論分析與社會工作展望》。台北：巨流圖書公司。

張寶珠（1997）。〈正視兒童虐待現象與預防輔導工作〉，《社區發展季刊》。77：174-177。

郭靜晃（2007）。〈我國兒童保護服務與展望〉，《社區發展季刊》。116：98-122。

陳若璋（1993）。《家庭暴力防治與輔導手冊》。台北：張老師出版社。

彭淑華（2005）。〈保護他（她）？傷害他（她）？——兒童少年安置機構中之機構虐待圖像之檢視〉。中華民國青少年兒童福利學會，文化大學社會福利學系主辦，「邊緣／高風險青少年社區及外展工作理論、實務與實踐」國際研討會（2005/11/16-17）。台北：中國文化大學。

曾慶玲（1998）。《父母親婚姻暴力對兒童問題行為影響研究》。台北：國立台灣師範大學家政教育研究所碩士論文。

馮燕、李淑娟、劉秀娟、謝友文、彭淑華（2000）。《兒童福利》。台北：國立空中大學。

蔡啟源（1998）。〈安、療養機構中老人虐待問題之探討〉，《社區發展季刊》。台北：內政部，108。

蔡啟源（2005）。〈老人虐待與老人保護工作〉，《社區發展季刊》。108：185-199。

闕淑芬、謝雅渝（2000）。〈從 113 保護專線服務經驗談老人保護工作〉，《社區發展季刊》。130：226-234。

二、英文部分

Fantuzzo, J. W. & Lindquist, C. U. (1989). The effects of observing conjugal violence on children: A review and analysis of research methodology. *Journal of Family Violence, 4*: 77-94.

Garbarino, J., Dubrow, N., Kostelny, K., & Pardo, C. (1992). *Children in Danger: Coping with the Consequences of Community Violence.* San Francisco: Jossey-Bass.

Gelles, R. J. & Cornell, C. P. (1990). *Intimate Violence in Family.* Newbury Park, CA: Sage.

Gelles, R. J. (1989). Child abuse and violence in single-parent families: Parent absence and economic deprivation. *American Journal of Orthopsychiatry, 59*: 492-501.

Goldberg, H. (1983). *The New Male-female Relationship*. New York: Signet.

Goodman, N. (1993). *Marriage and the Family*. New York: Harper Collins Publishers Inc.

O'Malley, H. C., Segal, H. D., & Perez, R. (1979). *Elder Abuse in Massachusetts: Survey of Professionals and Paraprofessionals*. Boston: Legal Research and Service to the Elderly.

Robertson, I. (1987). *Sociology* (3rd ed.). New York: Worth.

Straus, M. A., Gelles, R. J., & Steinmetz, S. K. (1980). *Behind Closed Doors: Violence in the American Family*. Garden City, NJ: Anchor.

Straus, M. A. & Gelles, R. J. (1986). Societal changes and change in family violence from 1975 to 1985 as revealed by two national surveys. *Journal of Marriage and the Family, 48*: 465-79.

Turner, J. S. (1980). Our battered American families. *Marriage and Family Living, 62*: 24-29.

U.S. Census Bureau (1989). *Statistical Abstract of the U.S.* Washington: U.S. Government Printing Office.

Chapter 10
家庭政策

二十世紀以來由於社會巨輪的變動，也帶來婚姻、家人關係、家庭等面臨諸多的挑戰，例如離婚形成的單親家庭、少子化、老年人口上升等。然而家庭本是極私密的組織，且法律不入家門，但社會變遷所帶來婚姻與家庭的變動與發展，促使家庭也衍生需要外在的支持，所以政府就以社會福利政策作為介入點。

 # 第一節　家庭政策意涵 ♥ ♥ ♡

政策是一種有關價值追求及目標完成的選擇。價值與時事性議題相反，價值是持續的，而時事性議題則會隨時間而改變。價值與個人自由、家庭福祉、公平、平等、正義、機會平等、生活、權利、效率、經濟安全、生活品質有關。政策包含一連串相關的選擇或決定，使人們能支持一致同意的行動，以追求價值，完成目標（Zimmerman, 1988）。家庭政策也是一種社會政策，但家庭政策比社會政策還要複雜。Baumheier 和 Schorr（1977）指出，社會政策是由一些原則與程序構成，在處理社會中個人與團體的關係時，社會政策可以指引行為，也就是社會關係與社會資源之社會現象的暫時行動（Gil, 1973）。

家庭政策是政府為家庭所做的任何行動，它的範圍比社會政策還廣。家庭政策將家庭福祉的尺度與標準具體化，不論是政策目標或評量政策成果，皆以家庭為考量。

家庭政策目標或目的可能是內隱的（implicit），如美國、台灣；也可能是外顯的（explicit），如挪威、瑞典（Kamerman & Kahn, 1978）。外顯的家庭政策會詳細建構家庭的目的與目標，如領養服務、寄養照顧、家庭計畫、受虐婦女的援救計畫及兒少保護服務、婦幼衛生、家庭生活教育與日間托育等政策。內隱的家庭政策則沒有明確建構家庭目標，卻對家庭具有影響的政策，如對智能不足兒童的特殊教育計畫、社會保險受益的退休

調查、新購屋者的稅賦抵免等。

以美國為例，美國家庭一直被期望能持續享有富裕，習慣於社會所提供抉擇之新自由。在一九四○年代的嬰兒潮（baby boom）及一九七○年代美國經濟衰退，也衝擊到社會產生新問題——貧窮，加上自一九六○年兒童的出生率遞減（自一九六○年至一九七七年至少減少 25%），也提醒人們正視兒童的價值，尤其更要關心兒童所身處的家庭。特別是自一九八○年代的「福利體制改革」，政府提出各種方案，如失依兒童家庭補助計畫（Aid to Family with Dependent Children, AFDC）、啟蒙計畫（Head Start）、兒童津貼（Children's Allowances, CA）、負所得稅（Negative Income Tax, NIT）、婦嬰食物補助（Supplementary Food Program for Woman, Infants and Children, WIC）、家庭扶助方案（Family Assistance Program, FAP）、國民所得保險方案之全國補助（Universal Demogrant, UD）、全國所得保險計畫（National Income Insurance Plan, NIIP）、安全所得補助（Supplementary Security Income, SSI）、薪資所得抵免（Earned Income Tax Credit, EITC）、社會服務的綜合補助（Block Grant）、較佳工作與所得計畫（Better Jobs and Income Plan）等。一直到二○○○年代，柯林頓總統為了因應 AFDC 的龐大經費支出及避免造成家庭對福利之依賴，將 AFDC 制度改成「需要家庭的暫時補助」（Temporary Aids to Needy Family, TANF）（郭靜晃，2004）。在二○○七年底，美國總統歐巴馬（Barack Obama）及副總統喬拜登（Joe Biden）所提出的強化家庭與社區的競選政策，如支持有薪工作的家庭、健保政策、擁有住宅政策、大學生貸款，以及退休年金等支持及強化家庭力量等家庭政策。

家庭政策的制定目的在於產生新行為，以期消除某些問題或改善家庭生活情境，其制定有其過程及發展（參見**圖 10-1**）。所以說來，家庭與政府間關係的社會行為是一持續的過程，在某一時間點盛行著一種價值前提，但在另一個時間點，又有不同的價值存在，例如計畫生育，因此可以說，政策是最能反映社會變遷的一種事實。

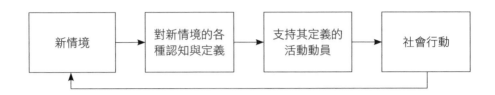

圖 10-1　家庭政策的制定與發展

　　Zimmerman（1988）更提出家庭政策是有其架構的：(1) 政策是理性選擇；(2) 政策是漸進選擇；(3) 政策是競爭情境中的理性選擇；(4) 政策選擇是利益團體抗爭下的平衡狀態；及 (5) 政策選擇是菁英喜好。此外，家庭政策不以個人為單位，而是以體系為概念；政策的目標是促進家庭成員間發揮功能，促進家庭邊界的維持，回饋環境的訊息以求取系統的平衡和適應的機能。

 # 第二節　台灣家庭政策的制定背景 ♥ ♥ ♥

　　隨著社會變遷衝擊著台灣家庭及社會福利的發展（目前已占 GDP 的 22.5%）以及國際間資訊的擴散，台灣從一九九四「國際家庭年」陸續舉辦多次國際研討會，如中華兒童福利基金會舉辦的「關懷單親家庭研討會」、中山大學的「家庭與社會福利研討會」、政治大學的「家庭、人力資源與社會發展研討會」、台北市政府的「迎接國際家庭年——推動以家庭為中心的福利體系研討會」、輔仁大學的「現代社會中家庭平衡與發展研討會」等；接著在一九九七年又有人口學會的「邁向二十一世紀國家、家庭與社會福利研討會」、東吳大學的「全國家庭福利與家庭政策研討會」、中央研究院的「第一屆家庭與社會資源分配研討會」。家庭政策於是成為二十世紀末最火紅的社會議題。

　　台灣家庭政策於二○○四年十月十八日由行政院社會福利推動委員會

第八次會議通過擬訂現階段家庭政策，其原因是基於目前我國經濟持續成長，伴隨著所得分配不均的擴大，失業與低所得階層家庭的經濟弱勢更加明顯；資訊科技的發展，改變了人際溝通關係與互動模式；跨國人口流動規模加大，外籍家庭看護人力的引進，以及跨國婚姻的比率升高，改變了傳統家庭的文化認知；新型住宅聚落的大量興建，傳統社區關係解組，新的社區關係形成；育齡婦女生育率下降，家庭人口組成規模縮小，人口快速老化，家庭照顧的對象由兒童轉變為老人；離婚率升高，單親家庭比率隨之提高，家庭結構日趨多元；婦女勞動參與率升高，兩性平等觀念逐漸取代男主外女主內的父權體制；家庭暴力事件頻傳，婚姻與親子家庭關係不穩。單靠呼籲維護傳統家庭倫理似乎無法因應上述社會、經濟變遷對我國家庭的衝擊（行政院，2004）。

一、政策制定背景

我國社會、經濟、人口結構變遷，家庭受到的影響至為深遠，分述如下：

（一）出生率下降

人口出生率下滑將使台灣於未來二、三十年內達到人口零成長後轉為負成長，可能會導致勞動力不足、人口老化加速、扶養老人負擔過重等社會經濟問題。

1. **出生率**：我國出生率從一九七一年 25.64‰、一九八一年 22.97‰、一九九一年 15.70‰、二〇〇一年 11.65‰，下滑到二〇〇三年的 10.06‰。

2. **育齡婦女總生育率下降**：我國婦女總生育數（每一婦女一生中所生育的子女數）一九五一年 7.04 人、一九六一年 5.59 人、一九七一

年 3.71 人、一九八一年 2.46 人、一九九一年 1.72 人、二〇〇一年
1.34 人，到二〇〇三年已下降到 1.24 人。

（二）人口老化快速

我國老年人口比率因國民壽命延長及出生率降低而顯著上升。六十五
歲以上人口估計在未來二十年內將增加近一倍，占總人口比率由目前的
9% 升高為 16%，老年人口的照顧及扶養負擔，將更為沉重。

1. **老年人口占總人口比率升高**：我國老年人口占總人口比率由一九七六
   年 3.64%、一九八一年 4.41%、一九八六年 5.28%、一九九一年
   6.53%、一九九六年 7.86%，升高到二〇〇三年 9.24%。
2. **人口老化的速度快**：老年人口數比由 7% 升高到 14% 所需的年數，
   日本二十三年、台灣二十六年、英國四十五年、德國四十五年、美
   國七十年、瑞典八十五年。顯見我國是世界上人口老化速度最快的
   國家之一。人口老化速度過快，將擠壓因應高齡社會準備的時間。

（三）離婚率升高

我國粗離婚率（對／千人）於一九七一年 0.36‰、一九八一年
0.83‰、一九九一年 1.38‰、二〇〇一年 2.53‰，二〇〇三年已爬升到
2.87‰，倍增於十年前，攀升速度很快，單親家庭比率也因此而升高。

（四）女性勞動參與率上升

我國女性勞動參與率從一九七一年 35.37%、一九八一年 38.76%、
一九九一年 44.39%、二〇〇一年 46.1%，逐年上升到二〇〇三年
47.14%，雖然比率並非很高，但已足以影響家內照顧、家庭關係、家事分
工，以及女性在職場的公平對待問題。

（五）跨國婚姻增加

由於全球化下的跨國人口流動，我國的跨國婚配率從一九九八年 15.69%、一九九九年 18.62%、二〇〇〇年 24.76%、二〇〇一年 27.10%、二〇〇二年 28.39%，快速攀升到二〇〇三年的 31.85%，不僅比率高，且增加速度亦十分快速，跨國婚姻組成的家庭所面臨的社會、文化適應問題，亟待協助。

（六）失業率升高

我國平均失業率從一九九六年 2.6%、一九九七年 2.72%、一九九八年 2.69%、一九九九年 2.92%、二〇〇〇年 2.99%、二〇〇一年 4.57%、二〇〇二年 5.17%，到二〇〇三年又些微下降到 4.99%。因著全球化的產業重新布局以及高科技的發展，失業率提高似難避免。失業率提高將影響家庭的失業、家庭的經濟維持與家內關係的變化。

（七）多元家庭觀念的浮現

傳統家庭的定義被挑戰，單親家庭、繼親家庭、同性戀家庭、未婚生育家庭、未成年家庭、個人（不婚）家庭等多元家庭觀念漸被接納，然其家庭成員的福祉亦應得到照顧。

（八）家庭內的照顧負荷

1. **有偶就業婦女家事工作負荷仍高**：依行政院主計處二〇〇二年「台灣地區社會發展趨勢調查」，就業婦女平均每日家事工作時數為二點四六小時，而夫為一點一二小時，顯示就業婦女其家事負擔仍高於男性，婦女的工作與家庭平衡並未獲有效解決。

2. **老人與子女同住比率下降**：我國老人與子女同住比率從一九八六年 70.24%、一九九三年 67.17%、一九九六年 64.3%、二〇〇〇年

67.79%，下滑到二〇〇二年 63.40%，顯示老人仰賴公共照護體系提供照顧的需求愈來愈迫切。

3. **女性承擔家務勞動比率高**：依行政院主計處一九九八年「台灣地區社會發展趨勢調查」，家務分工情形，女性為主要負責人占 91.2%，男性為主要負責人占 6.9%，其他 1.9%。可見男性承擔家務勞動的觀念尚待普及。

4. **婦女親自照顧幼兒的比率高**：依行政院主計處二〇〇三年「婦女婚育與就業調查」，十五至六十四歲已婚女性子女的照顧方式，三歲以下以自己照顧為主，高達 69.65%；由親屬照顧 22.35%、保母照顧 7.41%、外籍傭工照顧 0.13%、育嬰所及其他 0.46%。顯示台灣已婚婦女在子女照顧上，仍須靠自己照顧或親屬代勞，亟須公共部門與社會提供協助。

（九）性別平權的國際趨勢

兩性平等的追求已普及全球，我國亦然。性別平等不只涉及社會、政治、經濟、教育層面，也涉及家內平權的推動。

（十）與家庭相關的社會問題層出不窮

例如，少年犯罪、婚姻暴力、兒童虐待、老人虐待、精神疾病、遊民、自殺、學童中輟等，在在顯示家庭在教育、扶養、照顧，以及滿足成員需求的能量在下降中，需要被支持，才能減少社會問題的發生，降低社會成本的支出。

二、家庭政策制定過程

根據二〇〇二年第三次全國社會福利的決議，國家應制定家庭政策。遂由內政部主責於二〇〇二年十二月開始蒐集家庭政策及實施方案參考資

料，並召開會議討論。隔年一月二十七日內政部社會司召開研擬「家庭政策及實施方案」相關事宜跨部會座談會。二月二十一日及三月五日內政部社會司再召開研擬「家庭政策及實施方案」相關事宜內部會議。四月二日內政部社會司邀請學者專家與相關部會代表舉行研擬「家庭政策及實施方案」座談會。四月二十五日內政部社會司商請台灣社會政策學會古允文教授研擬「家庭政策及實施方案」，並分別於五月二日、六月二十四日召開跨部會研商會議。六月二十四日台灣社會政策學會研擬完成「家庭政策及實施方案」。社會司依據該版本草擬「家庭政策及實施方案」（草案），並分別於八月二十七日、九月二十九日、十日二十四日召開研商會議。復將結論於十一月五日函請相關部會及地方政府提供修正意見。然意見遲遲不能整合。及於二○○四年一月三十日委請林萬億教授主持整合會議，將「家庭政策及實施方案」（草案）結構翻新，確定政策制定背景分析、政策目標、政策制定原則。三月三日完成政策內容界定。四月十六日完成「家庭政策」（草案）定稿。七月二十日內政部召開跨部會協調會議通過將本草案送行政院社會福利推動委員會討論。十月十八日行政院社會福利推動委員會第八次會議通過「家庭政策」，於十一月二日函發相關單位及縣市政府配合辦理。至此，我國的家庭政策宣告確定（林萬億，2006）。

三、政策目標

我國家庭政策制定的核心思想，乃基於支持家庭的理念，而非無限制地侵入家庭，或管制家庭。國家與社會應認知家庭在變遷中，已無法退回到傳統農業社會的家庭規模、組成與功能展現；同時，也深信家庭的穩定，仍是國家與社會穩定與發展最堅實的基礎；而家庭所面對的問題與需求，亟須國家與社會給予協助。因此，家庭政策制定的目的，一方面基於維持傳統家庭的穩定，另一方面在於回應上述我國社會、經濟、文化變遷對家庭產生的影響，茲臚列於次：

1. 保障家庭經濟安全。

2. 增進性別平等。

3. 支持家庭照顧能力，分擔家庭照顧責任。

4. 預防並協助家庭解決家庭成員的問題。

5. 促進社會包容。

四、政策制定原則

基於支持家庭的政策主軸，家庭成員不論性別、年齡、身體條件、種族、宗教信仰、語言、文化、婚姻狀況，應被尊重與公平對待。家庭間亦不應因經濟條件、婚姻狀況、子女之有無、種族身分、居住地理區域等而有差別對待。但為了保障弱勢者的生存權利，國家必須提供適當的補救，以利家庭維持功能。據此，提出以下原則作為規劃家庭政策具體實施方案的根據，以保證上述家庭政策目標得以被實現：

1. 肯定家庭的重要性。

2. 尊重多元家庭價值。

3. 充權家內與家庭間的弱勢者。

4. 公平照顧家庭成員的福祉，並兼顧差別正義的原則。

5. 平衡家庭照顧與就業。

6. 促進家庭的整合。

五、政策內容

（一）保障家庭經濟安全

1. 建立全民普及之年金保險制度，保障老年、遺屬、有經濟需求之身

心障礙者的基本經濟安全。

2. 結合人口政策，加強對弱勢家庭的經濟扶助，以減輕其家庭照顧之負擔，並確保家庭經濟穩定。

3. 運用社區資源，提供低所得家庭的青、少年工讀與接受高等教育機會，以累積人力資本，協助其進入勞動市場，並穩定就業。

4. 協助低收入家庭有工作能力者，參與勞動市場，及早脫離貧窮。

5. 針對不同型態的家庭組成，研擬符合公平正義之綜合所得稅扣除額及免稅額，以保障家庭經濟安全與公平。

（二）增進性別平等

1. 落實兩性工作平等法及就業服務法，消除性別歧視的就業障礙。

2. 貫徹兩性工作平等法有關育嬰留職停薪之規定，研議育嬰留職期間之所得維持。

3. 鼓勵公民營機構提供友善員工與家庭之工作環境，減輕員工就業與家庭照顧的雙重壓力。

4. 推廣與教育兩性共同從事家務勞動之價值。

（三）支持家庭照顧能力，分擔家庭照顧責任

1. 提供家庭積極性服務，減少兒童、少年家外安置機會，進而達成家庭養育照護功能的提升。

2. 建構完整之兒童早期療育系統，協助發展遲緩兒童接受早期療育。

3. 普及社區幼兒園設施、課後照顧服務，減輕家庭照顧兒童之負擔。

4. 鼓勵企業與社會福利機構合作辦理企業托兒、托老及員工協助方案，增進員工家庭福祉。

5. 規劃長期照護制度，支持有需求長期照顧的老人、身心障礙者、罕見疾病患者之家庭，減輕其照顧負擔。

6. 提供社區支持有精神病患者之家庭，以減輕其照顧負擔。

7. 培養本國籍到宅照顧人力，減低家庭對外籍照顧人力的依賴。

（四）預防並協助解決家庭內的問題

1. 落實家庭教育法，提供婚姻與親職教育等課程，協助家庭成員增強溝通技巧、家庭經營能力。

2. 提供家庭服務，協助家庭增進配偶、親子、手足、親屬間的良好關係。

3. 為保障兒童、少年權益，協助離婚兩造順利完成兒童、少年監護協議，引進家事調解制度，以降低因離婚帶來之親職衝突。

4. 增強單親家庭支持網絡，協助單親家庭自立。

5. 提供少年中輟、行為偏差之處遇服務，以預防少年犯罪或性交易行為之產生。

6. 為終止家庭暴力，提供家庭暴力被害者及目睹者相關保護扶助措施，並強化加害者處遇服務，進而達到家庭重建服務。

7. 倡導性別平權，破除父權思想，加強家庭暴力防治宣導與教育，以落實家庭暴力防治工作。

8. 建立以社區（或區域）為範圍的家庭支持（服務）中心，預防與協助處理家庭危機。

（五）促進社會包容

1. 積極協助跨國婚姻家庭適應本地社會。

2. 協助跨國婚姻家庭之子女教育與家庭照顧。

3. 提供外籍配偶家庭親職教育訓練與婚姻諮商服務。

4. 宣導多元文化價值，消弭因年齡、性別、性傾向、種族、婚姻狀況、身心條件、家庭組成，以及血緣關係等差異所產生的歧視對待。

　　除了「家庭政策」的擬訂，台灣也面對社會變遷的人口影響，如人口低度成長、快速老化、外籍配偶移入增加等。內政部於二○○三年開始修訂自一九九二年以來的人口政策，並擬訂「人口政策白皮書」。但由於與行政院婦女權益促進會之間對如何提高生育率、建立托育體制、第三胎是否補助等各持己見，當時也造成此部白皮書暫時難產。

　　總統府也於二○○五年六月，將少子化、高齡化及外籍配偶增加等人口結構改變列為國家安全隱憂議題、列入「國家安全報告」，引導政府部門立即採取因應對策，避免少子化問題在若干年後成為影響台灣國力維繫、人口素質的沉重問題。

　　據此，內政部決定在短時間內改提出「人口政策綱領」，呈報行政院核定。行政院終於在二○○六年六月七日院會通過中華民國人口政策綱領，並責成政務委員林萬億督導內政部、衛生署、教育部、勞委會、經建會等部會盡速完成少子、老化、移民等議題的對策計畫，進而整合成人口政策白皮書。

六、家庭政策的內容特色

　　家庭政策內容包括：保障家庭經濟安全、增進性別平等、支持家庭照顧能力、分擔家庭照顧責任、預防並協助家庭解決家庭內的問題、促進社會包容等六大項。其中，經濟安全項下建立全民普及之年金保險制度，將是未來首要工作，同時促進經濟弱勢家庭的就業（社區發展雜誌，2006）。

　　關於支持家庭照顧能力一項，兒童早期療育系統、社區幼兒園、課後照顧、長期照護系統等的建立是其重點。關於預防並協助家庭解決家庭內的問題一項，最值得一提的是為保障兒童、少年權益，協助離婚兩造順利完成兒童及少年監護協議，引進家事調解制度，以降低因離婚帶來之親職衝突。這種制度在瑞典的家庭法中明白規定（Hydén, 2001），由地方社會福利主管機關執行離婚雙方兒童照顧、住宅及監護權調解，其決議作為家

事法庭審判依據，俾利降低離婚爭議，預防兒童及少年貧窮與虐待事件發生。

另一項值得推廣的是以區域為範圍的家庭支持（服務）中心的設置，以預防及處理家庭危機。此處所謂的家庭服務不宜被窄化為家庭維繫方案（Family Preservation）。美國的家庭維繫方案是依一九八〇年的收養協助與兒童福利法案（Adoption Assistance and Child Welfare Act）所提及的在家危機介入服務，如築家（Homebuilders）方案與以家庭為基礎的服務（Family-Based Service）。主要是避免不必要的兒童家外安置。家外安置被認為是昂貴的，且不利兒童的情緒與心理健康。

家庭維繫方案的對象包括：貧窮、虐待與疏忽、壓力、藥癮、酒癮的家庭。採取二十四小時、密集的服務與支持，以利家庭恢復適當的功能。然而，這項本是為了省錢與穩定兒童情緒的家庭服務，卻因財政束縛、界定不一、缺乏整合、共識不足、訓練不夠、成效不彰而被修正（Kelly & Blythe, 2000）。一九九三年美國國會通過家庭維繫與支持服務方案（Family Preservation and Support Services Program），目的仍是減少家外安置，但成效仍被質疑。一九九七年改名為促進強化與穩定家庭（Promoting Strong and Stable Families），內容包括收養與安全家庭法案（Adoption and Safe Families Act），強調針對特定兒童，提供短時間的家庭重整服務。

而新的綜合性家庭與兒童服務，是指結合學校為基礎的保健室服務、家庭資源中心、社區學校中心等方案，前者負責學童與少年在學校的基本健康照顧；家庭資源中心在社區負責提供轉介、教導、提供家庭活動及親職支持團體；後者提供學童、少年與家庭課後活動，鼓勵社區使用學校資源，將學校社會工作師也結合進來，提供個別化家庭服務計畫（Individualized Family Service Plan, IFSP）（Sabatino, 2001）。兒童與家庭綜合服務方案的目的是將各種地方型服務兒童與家庭的設施整合進來，預防問題嚴重化。

目前這類兒童與家庭綜合服務方案已擴及就業、學力提升、家庭暴

力、兒童及少年保護、老人照顧、身心障礙者服務、社會救助、外籍移民、犯罪預防、濫用藥物、酗酒、中輟服務、兒童照顧等。採取單一窗口，一站服務到底（one stop）的做法，減少社區居民奔波於機構間的旅途勞頓，以及機構間服務的片段化與不連續弊病。

目前國內各縣市大多設有家庭暴力暨性侵害防治中心、區域綜合社會福利服務中心、家庭教育中心、就業服務站；加上委託民間團體所辦理的特殊對象服務中心，如單親家庭服務中心、婦女服務中心、原住民家庭服務中心、老人服務中心、身心障礙服務中心、早療中心、長照管理中心、外籍配偶服務中心；若再加上民間自行辦理的家庭扶助中心、原住民服務中心、少年服務中心等。如果能將這些服務中心整合，將成為家庭最重要的資源網絡。

綜觀台灣的家庭政策，其焦點在於支持家庭及補充家庭功能，以社會福利體系採取有限制的介入家庭。國家的角色在於協助家庭角色功能的不足，其目標是內隱性，不似外顯性。

家庭政策的主張，如工作與家庭的支持系統、女性角色、企業支持家庭之角色等。不過新的家庭政策已凸顯政府的決心，從過去殘補式的福利政策漸進朝向支持性的福利政策。

 ## 第三節　家庭政策的運用——以新北市政府家庭教育中心為例 ♥ ♥ ♥

家庭政策是一範圍很廣的社會政策，與政府各個部門皆有關，如社政、勞工、教育、經建會、衛生局等。本節嘗試以建構健康家庭以期提升家庭生活知能，促進家人身心健康，營造幸福家庭，建立溫馨祥和社會為目標。

一個健康的家庭其特質有（藍采風，1996）：

1. 健康的家庭有一股濃烈「家」的感覺。

2 健康的家庭有共同的目標。

3. 健康的家庭有家風、有傳統。

4. 健康的家庭有齊聚一堂的時間。

5. 健康的家庭要求每個家人都能負責、互敬。

6. 健康的家庭有良好的溝通模式。

7. 健康的家庭充滿互信的氣氛。

8. 健康的家庭給予子女難忘的童年。

9. 健康的家庭能夠面對問題，克服困難。

10. 健康的家庭具有高度的宗教取向。

11. 健康的家庭有強烈的凝聚力。

12. 健康的家庭提供子女成長的機會。

這十二項家庭的健康特質，有些是重複的，有些是相關或有連鎖性的。

各學者對健康家庭的觀點稍有不同。有強調健康家庭及非問題家庭者，其視家庭為一種社會團體，著重家庭成員間的動態關係。當家庭沒有問題行為發生時，即為健康家庭。郭筱雯（1993）整理並分析健康家庭的定義，認為健康家庭即品質較高的家庭，包括家庭關係的有效運作，家庭資源的有效運用，以達成個人及家庭潛能的充分發展，並使家庭有能力有效的處理壓力與危機。換言之，健康家庭即指家庭成員關係之和諧與功能之順利實施，以達成個人與整個家庭需要之滿足。其將健康家庭的特質歸納十六點如下：

1. 有效溝通。

2. 情感的滿足與開放。

3. 家庭成員間相互瞭解、接納，甚至支持與讚賞。

4. 家庭成員共同參與家中活動。

5. 提供家庭成員成長的機會。

6. 強調有效、積極解決家庭的危機與衝突。

7. 強烈的家庭結合感。

8. 精神上的幸福。

9. 家庭組織有結構,但不固著。

10. 注重家庭成員的需要。

11. 要求每個人都負責任。

12. 有家風、有傳統。

13. 有共同目標。

14. 要給子女難忘的童年。

15. 家庭成員適應家庭的變化。

16. 親職訓練。

由以上可知,健康的家庭非一蹴可幾,也需要終生不斷的學習才行(林淑玲,2002)。

家庭是人們學習的第一個場所,因此透過家庭生活教育,可建立一個充滿愛及關懷與重視學習的家庭。台灣各縣市的家庭教育中心即以家庭教育法為依據,致力推廣家庭教育活動,並朝向學習型家庭發展,以達成健康家庭的理想。要如何建構一個學習型家庭,翁福元(1999)以社會支持網絡的觀念,提出學習型家庭的一些建構要素:

1. **集體學習**:家庭成員是集體相互學習。

2. **創造新知**:透過有系統的學習來增強家庭能量,如解決家庭問題的能力。

3. **轉化與改變**:將學習到的新知識,轉化為家庭整體的經驗或行為的改變。唯有知行合一,知識才能轉化並產生力量。

4. **持續的過程**:學習是持續不間斷的。

　　新北市文林國小校長郭正雄曾以家庭政策為主題，運用政府家庭教育中心來推動家庭教育以支持家庭功能，規劃一系列的家庭教育內容，並以學校及社區為資源，分述如下（郭正雄，2013）：

一、親職教育

■ 目標

1. 增進父母職能之教育活動。
3. 協助父母瞭解父母角色態度與責任。
3. 建立良好親子溝通與調適。
4. 善盡養育與教育子女、管教職責、學業協助、交友輔導等。

■ 在學校方面

1. 建立高風險家庭通報機制，強化教育人員通報責任。（特教課）
2. 設置親職教育中心學校。（特教課）
3. 辦理新住民家庭教育及生活適應輔導方案。（特教課）
4. 辦理弱勢家庭子女課後照顧。（特教課）
5. 實施各級學校重大違規學生家長之家庭教育課程。（特教課）
6. 辦理親職教育講座及落實家長日等親師活動。（特教課、家庭教育中心）
7. 推廣學習型家庭教育專案。（家庭教育中心）

■ 在社區方面

1. 結合社區志工，加強宣導社區家庭教育的重要性。（家庭教育中心）
2. 設置家庭教育諮詢專線，提供免費諮詢。（家庭教育中心）
3. 設置家庭教育中心志工團，推展各項服務。（家庭教育中心）
4. 結合縣屬及鄉鎮市圖書館，推動親子共讀活動。（文化局）

5. 發送親職教育宣導手冊。（民政、社會、教育、衛生等局）

6. 培訓家庭教育專業人員及種子教師。（家庭教育中心）

7. 結合社教站推展家庭教育工作。（家庭教育中心、社教站）

二、子職教育

■ 目標

1. 增進子女本分之教育活動。

2. 協助子女瞭解自己的家庭角色與應有的責任。

3. 學習晚輩對於父母或其他長輩應有的態度與責任。

■ 在學校方面

1. 規劃中小學家庭教育四小時課程，並編寫教材。（家庭教育中心）

2. 辦理家庭教育種子教師培訓。（家庭教育中心）

3. 落實中小學家庭教育四小時教學活動。（家庭教育中心）

4. 推廣學生社區及家庭服務學習。（特教課）

5. 辦理中途輟學、虞犯少年、偏差行為學齡個案及其家庭生活輔導。
（特教課）

6. 推薦全縣孝悌楷模表揚。（社教課）

7. 辦理弱勢家庭兒童各項營隊。（家庭教育中心）

■ 在社區方面

1. 鼓勵民間團體開發及投入家庭服務相關方案，辦理社區親子活動。
（家庭教育中心）

2. 協助社區辦理公益親子活動。（家庭教育中心）

3. 推廣社區兒童劇場，辦理各項兒童營隊。（家庭教育中心）

4. 辦理社區幼童軍活動。（社教課）

5. 辦理新住民子女認識多元文化各項活動。（社教課）

三、兩性教育

■ 目標

1. 增進性別知能之教育活動。
2. 認識性別的角色。
3. 學習與異性及人際關係相處之道。
4. 建立性別平等、平權的概念。
5. 有效認識性侵害及其預防方法。

■ 在學校方面

1. 依性別平等教育法設立性別平等教育委員會。（特教課）
2. 推動性別平等教育方案等融入課程教學。（特教課）
3. 成立性別平等教育中心學校。（特教課）
4. 營造性別平等及友善校園。（特教課）
5. 落實各級學校性別平等教育課程教學。（特教課）
6. 創新及開發性別平等教育相關之教學方法。（特教課）
7. 提升教師運用性別平等教育相關教學方法之能力。（特教課）

■ 在社區方面

1. 辦理性侵害、性交易被害人及其子女庇護宣導安置。（社會局）
2. 建立性侵害防制單位聯繫協調機制。（社會局）
3. 辦理婦女保護及新住民婦女保護研討活動。（社會局）
4. 宣導性別平等教育法、兩性工作平等法、性侵害犯罪防治法，並辦理各項性別平等教育工作。（各單位）

四、婚姻教育

■ 目標

1. 增進夫妻關係之教育活動。
2. 推廣婚前教育，兩性正向交往，選擇合宜配偶，謹慎面對婚姻。
3. 調適新婚與規劃家庭計畫，有效經營婚姻。
4. 學習夫妻良好溝通，夫妻家務分工。
5. 培養解決婚姻及家庭問題之能力。

■ 在學校方面

1. 協助發展婚前系列教材，研訂獎勵措施。（家庭教育中心）
2. 落實高中職四小時婚前教育課程。（家庭教育中心）
3. 防制家庭暴力，輔導學生自我保護。（特教課）
4. 辦理未婚教師聯誼活動。（家庭教育中心）

■ 在社區方面

1. 編製家庭婚姻手冊。（家庭教育中心）
2. 結合企業辦理婚前教育。（家庭教育中心）
3. 辦理婚前健康檢查宣導活動。（衛生局）
4. 辦理新住民婦女產前家庭訪視。（衛生局）
5. 辦理幸福婚姻經營之系列活動。（家庭教育中心）
6. 結合公益團體成立婚姻諮詢網絡。（家庭教育中心）
7. 協助與輔導新住民婚姻教育活動。（衛生局、教育局）
8. 配合人口政策，提倡優生保健。（家庭教育中心）
9. 表揚楷模夫妻。（社會局）

五、倫理教育

■ 目標

1. 增進家庭成員相互尊重及關懷之教育活動。

2. 體認照顧父母長輩的責任，落實家庭倫理教育。

3. 建立和諧互助、親密的親屬關係。

4. 瞭解生命的意義與價值，並有效規劃老年生活。

■ 在學校方面

1. 推動弱勢家庭扶助與轉介服務。（社會局、特教課）

2. 發展中老年人家庭教育主題方案。（社區大學、特教課、社會局）

3. 推動尊重不同家庭多元型態的觀念。（家庭教育中心）

4. 辦理心靈改革推展活動講座。（家庭教育中心）

5. 落實生命教育活動。（特教課）

6. 辦理高關懷青少年輔導專案。（特教課）

■ 在社區方面

1. 弱勢家庭與跨文化家庭支持性的服務方案。（社會局）

2. 辦理健康和諧楷模家庭、模範父親、模範母親表揚。（社會局）

3. 辦理重陽敬老活動。（社會局）

4. 辦理好人好事表揚。（社會局）

5. 辦理小太陽生活成長營。（社會局）

6. 辦理少年關懷輔導方案。（社會局）

7. 結合民間團體辦理心靈成長活動。（家庭教育中心）

六、家庭資源及管理

■ 目標

    1. 增進家庭各類資源運用及管理之教育活動。

    2. 有效管理家庭財物，並能善用社會資源。

    3. 維護家人健康，規劃家庭休閒生活。

■ 在學校方面

    1. 成立家庭教育中心學校，推廣家庭教育及行動研究。（家庭教育中心）

    2. 成立九大區家庭教育工作站學校。（家庭教育中心）

    3. 強化家庭 e 化學習，整合運用家庭資源數位資料檔案，並建置家庭教育網站。（家庭教育中心）

    4. 建構學校與社區策略聯盟。（家庭教育中心）

    5. 培訓各級學校家庭教育志工。（家庭教育中心）

■ 在社區方面

    1. 設立社區家庭教育工作站。（家庭教育中心）

    2. 結合社區相關機構、社團或協會、基金會，共同推動社區家庭教育。（家庭教育中心）

    3. 建立家庭教育專業師資檔案。（家庭教育中心）

    4. 辦理新世紀婦女學苑。（社會局）

    5. 建立家庭教育多元資訊管道，強化更新內容，提供及時服務網絡及家庭教育相關諮詢。（家庭教育中心）

    以上的學習方案是以教育部為主導，然而家庭政策是一涉及範圍很廣的社會政策，並非單一部門可以掌握。例如：經濟安全是屬於經建會及內

政部管轄，外籍配偶的居留、身分又屬於外交部、陸委會及內政部管轄，婦女就業屬於勞委會，兒童教育隸屬內政部及教育部，老人照護屬於社政單位，福利的擬訂則屬於財政部等，其中有關家庭的需求與充權又有部會之間的矛盾與衝突。因此，如何建立整合群組機制，以滿足各式家庭需求的家庭政策才是當務之急。為達到上述之整合，胡秀娟（2005）提出制定家庭政策之原則：

1. 肯定家庭的重要性。
2. 尊重多元家庭。
3. 充權家內與家庭間的弱勢者。
4. 公平照顧家庭成員的福祉，並兼顧公平正義原則。
5. 平衡家庭與工作。
6. 促進家庭的整合。

參考書目 ♥ ♥ ♥

一、中文部分

行政院（2004）。「行政院家庭政策」。台北：行政院，http://sowf.moi.gov.
tw/18/19.htm。

林萬億（2006）。《社會福利：台灣經驗的歷史制度分析》。台北：五南圖
書公司。

內政部社區發展雜誌社（2006）。〈社論〉，《社區發展季刊》。114：1-4。

胡秀娟（2005）。〈家庭政策面臨的挑戰〉，《網路社會學通訊期刊》。45
（3/15 發刊），取自 http://mail.nhu.edu.tw/~society/e-j/45/45-29.htm。檢
索日期：2013 年 5 月 20 日。

翁福元（1999）。「從邁向學習社會談學習型家庭之社會支持網絡的建構：
一個研究的初步規劃〉。國立台灣師範大學家政教育學系：學習型家
庭理論與實務討會。

林淑玲校閱（2002）。〈婚姻溝通與婚姻衝突〉，《婚姻與家庭》。嘉義：濤
石文化事業。

郭正雄（2013），新北市家庭教育政策與課程研發工作概述。取自 http://
www.family.ntpc.gov.tw/web66/_file/2013/upload/000/22420-1.doc。檢索
日期：2013 年 5 月 20 日。

郭筱雯（1993）。《已婚婦女對健康家庭知覺之研究》。台北：國立台灣師
範大學家庭教育研究所碩士論文。

郭靜晃（2004）。《兒童福利》。台北：揚智文化。

藍采風（1996）。《婚姻與家庭》。台北：幼獅文化事業。

二、英文部分

Baumheier, E. C. & Schorr, A. L. (1977). Social policy., in J. B. Turner, R. Moris, M. N. Ozawa, B. Phillips, B. Schreiber, & B. K. Simon (Eds.), *Encyclopedia of Social Work.* Washington DC: NASW.

Gil, D. (1973). *Unraveling Social Policy.* Cambridge, MA: Schenkman.

Hydén, M. (2001). For the child's sake: Parents and social work discuss conflict-filled parental relation after divorce. *Child and Family Social Work, 6*: 115-128.

Kelly, S. & Blythe, B. (2000). Family Preservation: a potential not yet realized. *Child Welfare, 79(1)*: 29-42.

Kamerman, S. K. & Kahn, A. J. (1978). *Family Policy: Government and Families in Fourteen Countries.* New York: Columbia University Press.

Sabatino, C. A. (2001). Family-centered sections of the IFSP and school work participation. *Children & Schools, 23*: 241-252.

Zimmerman, S. L. (1988). *Understanding Family Policy: Theoretical Approaches.* CA: Sage.

社工叢書

婚姻與家庭

著　　者／黃明發
出 版 者／揚智文化事業股份有限公司
發 行 人／葉忠賢
總 編 輯／馬琦涵
主　　編／范湘渝
地　　址／新北市深坑區北深路三段 260 號 8 樓
電　　話／(02)8662-6826　　8662-6810
傳　　真／(02)2664-7633
網　　址／http://www.ycrc.com.tw
　E-mail ／service@ycrc.com.tw
印　　刷／鼎易印刷事業股份有限公司
ＩＳＢＮ／978-986-298-099-6（平裝）
　　　　　978-986-298-109-2（精裝）
初版一刷／2013 年 6 月
定　　價／平裝新臺幣 350 元
　　　　　精裝新臺幣 450 元

國家圖書館出版品預行編目資料

婚姻與家庭 / 黃明發著. -- 初版. -- 新北市：
揚智文化, 2013.06
　　面；　　公分　-- （社工叢書）
　ISBN　978-986-298-099-6（平裝）. --
ISBN　978-986-298-109-2（精裝）

　　1. 婚姻　2. 家庭

544.3　　　　　　　　　　　　102011287